U0599598

全国高校电子商务及
法律专业核心课程教材

Electronic
Commerce Law

全国高校
"电子商务及法律"
专业联盟推荐教材

电子商务安全管理

主编 侯安才 方丽娟 副主编 石晓梅 殷聪 苗华

WUHAN UNIVERSITY PRESS
武汉大学出版社

图书在版编目(CIP)数据

电子商务安全管理/侯安才,方丽娟主编.—武汉:武汉大学出版社,2020.9

全国高校电子商务及法律专业核心课程教材

ISBN 978-7-307-21652-5

Ⅰ.电⋯　Ⅱ.①侯⋯　②方⋯　Ⅲ.电子商务—安全技术—高等学校—教材　Ⅳ.F713.36

中国版本图书馆 CIP 数据核字(2020)第 128995 号

责任编辑:程牧原　　责任校对:汪欣怡　　版式设计:马　佳

出版发行:**武汉大学出版社**　(430072　武昌　珞珈山)

(电子邮箱:cbs22@ whu.edu.cn　网址:www.wdp.com.cn)

印刷:武汉中远印务有限公司

开本:720×1000　1/16　印张:17.75　字数:355 千字　插页:1

版次:2020 年 9 月第 1 版　2020 年 9 月第 1 次印刷

ISBN 978-7-307-21652-5　定价:45.00 元

总　序

张李义

近年来，我国电子商务发展迅速。据商务部发布的《中国电子商务报告2019》，2019年电子商务零售额突破10万亿元人民币，占社会消费品零售总额比例超过20%，电子商务从业人数超过5000万人，同时微商、直播电商等电子商务新模式和新业态不断涌现。在2020年年初的新型冠状病毒肺炎疫情期间，电子商务对居民生活保障起到了决定性作用。但是随着电子商务的发展，出现的法律问题也越来越多，存在刷单、删除差评、泄露消费者信息、侵犯知识产权等涉嫌违法问题，这些行为在《中华人民共和国电子商务法》中均有明确的界定和处罚措施，国家市场监督管理总局也出台了相应的监管指导意见，但尚有许多电子商务从业者对这些法律法规和监管指导意见缺乏相应的知识，违法现象时有发生，因此需要编写电子商务法律方向的教材，指导其学习相关的法律法规。

教育部2012年颁布的专业目录（《普通高等学校本科专业目录（2012年）》）中增加了电子商务及法律本科专业（专业代码：120802T），归属于电子商务类（代码1208），目前已经有18所学校开设本专业。2015年，北京邮电大学、西北政法大学、湖北大学、重庆理工大学等4所高校在西北政法大学成立了电子商务法律联盟，秘书处设在西北政法大学，其宗旨是对该专业的教学进行相应的指导，并初步提出了教材出版计划。2016年，在湖北大学举行的联盟第二次年会上，武汉大学出版社对教材的出版计划给予了大力支持，联盟成员会议决定由武汉大学出版社进行教材的组织工作。2017年的联盟第三次年会上，武汉大学出版社王雅红副总编辑对教材的编写要求进行了具体布置，并初步形成了教材编写规范和相应的教材目录，包括《电子商务概论》《电子商务法》《电子商务与民法》《电子商务与商法》《网店运营》《网络调查与数据整合分析》《供应链与企业信息化管理》《网络销售原理与实务》《电子商务安全管理》《电子支付与网络金融》等。这套教材结合互联网与电子商务的发展，体现跨学科的知识体系特色，融合了电子商务与法律方面的理论与应用案例。教材编写得到了有关高校的大力支持，作者、出版社以及编委会克服了2020年年初疫情带来的种种困难，教材作者陆续向出版社提交书稿，系列教材已经逐步进入出版程序，相信会陆续和读者见面。

　　这套教材不仅可以作为电子商务及法律专业的课程教学教材，也可以作为电子商务监管部门、相关企业进行互联网和电子商务方面的法律培训的教材。我们希望通过这套教材，提高电子商务从业者的法律素养，促进中国电子商务的健康有序发展。

前　言

随着互联网的普及与电子商务的爆发式增长，电子商务安全问题愈加凸显，在互联网安全技术、交易安全技术进一步成熟的同时，关于电子商务安全管理、电子商务法律法规、电子商务信用体系等非技术问题显得更加重要。在高等教育领域，针对电子商务、电子商务法律、信息管理等非计算机类专业的电子商务安全方面的教材也显得越来越重要。

电子商务安全研究的主要内容涉及安全电子商务的体系结构、现代密码技术、数字签名技术、身份和信息认证技术、防火墙技术、虚拟专用网络、Web安全协议、安全电子邮件系统、防治病毒技术、网络入侵检测方法、证书管理、公钥基础设施、数字水印技术、数字版权保护技术等，也包括电商企业内部管理、行业规范、政府法律法规等的制定，更加离不开用户安全意识的提高、电子商务安全引导与教育、整个社会信用体系的建设。总而言之，电子商务安全是一个系统工程。

所谓"三分技术、七分管理"，电子商务安全涉及技术和管理两个方面，针对管理类、法学类专业学生特点，本教材本着轻技术、重管理，兼顾知识体系完整性的原则，争取做到内容完整、结构合理、知识新颖、结合实际、实用性强等。本教材具有以下特点：

（1）结构合理、系统性强

全书结构以"网络安全—交易安全—安全管理—法律法规"为主线，在每个章节以"问题—措施—应用"为组织方式，结构合理、逻辑性强。力争做到理论联系实践、由浅入深、抽象内容形象化，便于学习与理解。

（2）内容丰富、强调应用

本书涵盖网络安全、安全协议、电子支付、安全管理、法律法规、信用体系等本课程的绝大部分内容，内容紧跟信息技术发展潮流，包含木马攻击、钓鱼网站、交易欺诈、移动支付、网上银行、电子商务法等新兴技术问题和电子商务热点，在强调内容完整的同时，更加强调知识的实用性。

（3）形式新颖、满足教学改革

每章结构的组织是以"问题—技术—应用"为主线，弱化技术与原理，强化管理与应用，收集典型的应用案例，尽力做到理论与应用相结合，各章包括学习方略、理论论述、本章小结、课后习题、案例分析等部分；提供了丰富的网站、视频、文献等参考资料；适合学生课前预习、课后练习，能够满足教师案例教学、研讨式教学、网络教学的需要。

（4）教学支持完善、交互性强

我们为使用本书的教师提供支持，包括电子教案、教学大纲等教学材料。并愿意与各位同仁积极探讨教学中的问题与体会，相互学习、共同进步。在使用本书的过程中，读者如有任何问题，都可以通过电子邮件与我们交流，我们一定会给予答复。E-mail 地址如下：houancai@163.com；fanglj08@126.com。

本教材编写由"电子商务与法律联盟"的高校共同完成。参与编写的作者均为相关高校本课程的一线教师，有着丰富的知识积累和教学经验。浙江万里学院侯安才老师负责总体规划、组织协调，以及第一、六、七章的编写；西北政法大学方丽娟老师负责初审、校对，以及第二、三、八章的编写；西北政法大学石晓梅老师负责第九、十章的编写；重庆理工大学殷聪老师负责第五章的编写；南京理工大学苗华老师负责第四章的编写。感谢各位编者的通力合作和辛勤付出。

尽管在本书编写过程中，编者花费了大量的精力，但由于技术发展日新月异，加之编者水平有限，书中难免存在疏漏之处。敬请各位读者批评指正，并提出建设性意见。

编　者

2020 年 1 月

目　　录

第一章　电子商务概述

【本章主要内容】

电子商务概述

电子商务安全问题

电子商务安全对策

【本章学习方略】

本章重点内容

(1)电子商务与传统商务的区别

(2)电子商务安全现状

本章难点内容

(1)电子商务安全威胁的根源

(2)电子商务安全体系的层次结构

　　随着信息技术日新月异的发展，人类正在进入以网络为主的信息时代，基于互联网的电子商务已逐渐成为人类进行商务活动的新模式。越来越多的人通过互联网进行商务活动，电子商务的前景非常诱人，但随之而来的安全问题却变得越来越突出。如何建立一个安全、可靠、便捷的电子商务应用环境，保证其交易过程中信息的安全性，使基于互联网的电子交易和传统交易方式一样安全可靠，已经成为关乎今后经济发展的重要问题。

　　本章主要介绍电子商务安全的概念，电子商务面临的安全威胁、安全特点、安全环境、安全技术、安全体系结构、安全服务及安全协议等内容。

第一节　电子商务概述

一、电子商务的概念

　　电子商务是指以信息网络技术为手段，以商品交换为中心的商务活动；也可理解为在互联网、企业内部网和增值网上以电子交易方式进行交易活动和相关服务的活动，是传统商业活动各环节的电子化、网络化、信息化。以互联网为媒介的商业行为均属于电子商务的范畴。

　　电子商务通常是指在全球各地广泛的商业贸易活动中，在因特网开放的网络环境下，基于客户端/服务端应用方式，买卖双方不谋面地进行各种商贸活动，实现消费者的网上购物、商户之间的网上交易和在线电子支付以及各种商务活动、交易活动、金融活动和相关的综合服务活动的一种新型的商业运营模式。见图1-1。

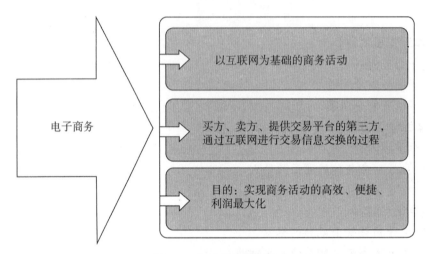

图 1-1　电子商务概念图

　　各国政府、学者、企业界人士根据自己所处的地位和对电子商务参与的角度与程度的不同，给出了许多不同的定义。

　　狭义上讲，电子商务（Electronic Commerce，简称 EC）是指：通过使用互联网等电子工具（这些工具包括电报、电话、广播、电视、传真、计算机、计算机网络、移动通信等）在全球范围内进行的商务贸易活动。是以计算机网络为基础所进行的各种商务活动，包括商品和服务的提供者、广告商、消费者、中介商等有关各方行为的总和。人们一般理解的电子商务是指狭义上的电子商务。

　　广义上讲，电子商务一词源自"Electronic Business"，就是通过电子手段进行的商业事务活动。通过使用互联网等电子工具，使公司内部、供应商、客户和合作伙伴之间，利用电子业务共享信息，实现企业间业务流程的电子化，配合企业内部的电子化生产管理系统，提高企业的生产、库存、流通和资金等各个环节的效率。

　　联合国国际贸易程序简化工作组对电子商务的定义是：采用电子形式开展商务活动，它包括在供应商、客户、政府及其他参与方之间通过任何电子工具，如 EDI、Web 技术、电子邮件等共享非结构化商务信息，并管理和完成在商务活动、管理活动和消费活动中的各种交易。

电子商务模式分为：ABC（即 Agent、Business、Consumer）、B2B、B2C、C2C、B2M、M2C、B2A（即 B2G）、C2A（即 C2G）、O2O 等。

电子商务是互联网爆炸式发展的直接产物，是网络技术应用的全新发展方向。互联网本身所具有的开放性、全球性、低成本、高效率的特点，也成为电子商务的内在特征，并使得电子商务大大超越了作为一种新的贸易形式所具有的价值，它不仅会改变企业本身的生产、经营、管理活动，而且将影响到整个社会的经济运行与结构。以互联网为依托的"电子"技术平台为传统商务活动提供了一个无比宽阔的发展空间，其突出的优越性是传统媒介手段根本无法比拟的。

电子商务存在的价值就是让消费者通过网络购物、支付，节省了客户与企业的时间和空间，大大提高了交易效率，特别对于工作忙碌的上班族，大量节省了其宝贵时间。在消费者信息多元化的 21 世纪，可以通过足不出户的网络渠道，如百度微购、淘宝、新蛋等了解本地商场商品信息，然后再享受现场购物乐趣，这已经成为消费者的习惯，方便消费者满足自身需求。

二、电子商务系统结构

借助网络进行电子交易是电子商务实施的重要环节。对于网上交易而言，通信、计算机、电子支付以及网络安全等现代信息技术是其实现的保证。

电子商务的框架结构是指电子商务活动环境中所涉及的各个领域以及实现电子商务应具备的技术保证，如图 1-2 所示。从总体上来看，电子商务框架结构由三个层次和两大支柱构成。电子商务框架结构的三个层次分别是：网络层、信息发布与传输层（也称传递层）、电子商务服务和应用层。两大支柱是指社会人文性的公共政策和法律规范以及自然科技性的技术标准与网络协议。

1. 网络层

网络层指网络基础设施，是实现电子商务的最底层的基础设施，它是信息的传输系统，也是实现电子商务的基本保证。它包括远程通信网、有线电视网、无线通信网和互联网。因为电子商务的主要业务是基于互联网的，所以互联网是网络基础设施中最重要的部分。

2. 信息发布与传输层

网络层决定了电子商务信息传输使用的线路，而信息发布与传输层则解决如何在网络上传输信息和传输何种信息的问题。目前互联网上最常用的信息发布方式是在 WWW 上用 HTML 语言的形式发布网页，并将 Web 服务器中发布传输的文本、数据、声音、图像和视频等的多媒体信息发送到接收者手中。从技术角度而言，电子商务系统的整个过程就是围绕信息的发布和传输进行的。

3. 电子商务服务和应用层

电子商务服务层实现标准的网上商务活动服务，如网上广告、网上零售、商品

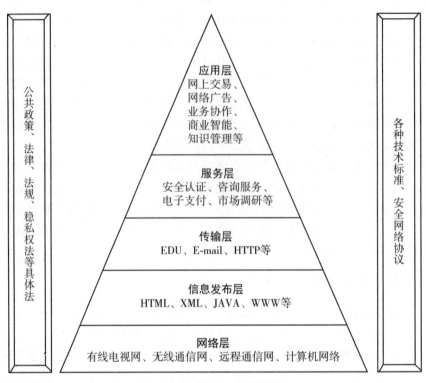

图 1-2　电子商务系统结构图

目录服务、电子支付、客户服务、电子认证（CA 认证）、商业信息安全传送等。其真正的核心是 CA 认证。因为电子商务是在网上进行的商务活动，参与交易的商务活动各方互不见面，所以身份的确认与安全通信变得非常重要。

4. 公共政策和法律规范

随着电子商务的产生，由此引发的问题和纠纷不断增加，原有的法律法规已经不能适应新的发展环境，制定新的法律法规并形成一个成熟、统一的法律体系，成为世界各国发展电子商务的必然趋势。法律维系着商务活动的正常运作，对市场的稳定发展起到了很好的制约和规范作用。

5. 技术标准和网络协议

技术标准定义了用户接口、传输协议、信息发布标准等技术细节。它是信息发布、传递的基础，是网络信息一致性的保证。就整个网络环境来说，标准对于保证兼容性和通用性是十分重要的。网络协议是计算机网络通信的技术标准，要进行通信，就必须按照通信双方预先共同约定好的规程进行通信。

三、我国电子商务的发展

自 1995 年至今，在 20 多年的时间里，中国电子商务经历了从"工具"（点）到"渠道"（线）再到"基础设施"（面）这三个不断扩展和深化的发展过程。电子商务在"基础设施"上进一步催生出新的商业生态和新的商业景观，进一步影响和加速传统产业的"电子商务化"，进一步扩展其经济和社会影响，由此"电子商务经济体"开始兴起。

中国、美国成为全球互联网经济体中最耀眼的"双子星座"。据标普资本（标普旗下的财经资信公司）的数据显示，当今全球互联网 10 强企业中，美国占 6 家，中国占 4 家。在全球 25 大互联网公司中，美国和中国互联网公司所占席位比例是14∶6（数据来自 KPCB）。美国的互联网公司如苹果、谷歌、亚马逊和 Facebook 仍然是领导者，但中国互联网公司如腾讯、百度、阿里巴巴、京东商城、唯品会等势头颇猛，正在迎头赶上。

电子商务从工具、渠道、基础设施到经济体的演进，不是简单的新旧替代的过程，而是不断进化、扩展和丰富的生态演进过程。

我国电子商务发展经历了四个阶段（来源：阿里研究院）。

1. 工具阶段（1995—2003 年）

工具阶段，是互联网进入中国的探索期、启蒙期。中国电子商务以企业间电子商务模式探索和发展为主。早期，应用电子商务的企业和个人主要把电子商务作为优化业务活动或商业流程的工具，如信息发布、信息搜寻和邮件沟通等，其应用仅局限于某个业务"点"。

1995 年 5 月 9 日，马云创办中国黄页，成为最早为企业提供网页创建服务的互联网公司，1997 年垂直网站中国化工网成立，1999 年 8848、携程网、易趣网、阿里巴巴、当当网等一批电子商务网站先后创立。1999 年底，正是互联网高潮来临的时候，国内诞生了 370 多家从事 B2C 的网络公司，到 2000 年发展到了 700 家，但随着 2000 年互联网泡沫的破灭，纳斯达克急剧下挫，8848 等一批电子商务企业倒闭。2001 年，人们还有印象的电商网站只剩下三四家。随后，电子商务经历了一个比较漫长的"冰河时期"。

2. 渠道阶段（2003—2008 年）

渠道阶段，电子商务应用由企业向个人延伸。2003 年，"非典"的肆虐使许多行业在春天感受到寒冬的冷意，而电子商务却时来运转。电子商务界经历了一系列的重大事件，如 2003 年 5 月，阿里巴巴集团成立淘宝网，进军 C2C 市场。2003 年12 月，慧聪网在香港创业板上市，成为国内 B2B 电子商务首家上市公司。2004 年1 月，京东涉足电子商务领域。2007 年 11 月，阿里巴巴网络有限公司成功在香港主板上市。

同时，随着网民和电子商务交易的迅速增长，电子商务成为众多企业和个人的新的交易渠道，如传统商店的网上商店、传统企业的电子商务部门以及传统银行的网络银行等，越来越多的企业在线下渠道之外开辟了线上渠道。2007年，我国网络零售交易规模达561亿元。网上商家随之崛起，并逐步将电子商务延伸至供应链环节，促进了物流快递和网上支付等电子商务支撑服务的兴起。

3. 基础设施阶段(2008—2013年)

电子商务引发的经济变革使信息这一核心生产要素日益广泛运用于经济活动，加快了信息在商业、工业和农业中的渗透速度，极大地改变了消费行为、企业形态和社会创造价值的方式，有效地降低了社会交易成本，促进了社会分工协作，引爆了社会创新，提高了社会资源的配置效率，深刻地影响着零售业、制造业和物流业等传统行业，成为信息经济重要的基础设施或新的商业基础设施。越来越多的企业和个人基于和通过以电子商务平台为核心的新商业基础设施降低交易成本、共享商业资源、创新商业服务，也极大地促进了电子商务的迅猛发展。

2008年7月，中国成为全球"互联网人口"第一大国。据中国互联网络信息中心(CNNIC)统计，截至2008年6月底，我国网民数量达到了2.53亿人，互联网用户首次超过美国，跃居世界第一位。2010年"两会"期间，温家宝同志在2010年《政府工作报告》中，明确提出要加强商贸流通体系等基础设施建设，积极发展电子商务。这也是首次在全国两会的《政府工作报告》中明确提出大力扶持电子商务。2010年10月，麦考林登陆纳斯达克，成为中国首家B2C电子商务概念股，同年12月，当当网在美国纽约证券交易所挂牌上市。2011年，团购网站迅猛发展，上演"千团大战"局面，中国团购用户数超4 220万。2012年，淘宝商城更名"天猫"独立运营，品牌折扣网站"唯品会"在纽交所挂牌交易。2012年，淘宝和天猫的交易额突破10 000亿元，"双十一"当天交易规模362亿元。2013年，阿里巴巴和银泰集团、复星集团、富春集团、顺丰速运等物流企业组建了"菜鸟"，计划在8~10年内建立一张能支撑日均300亿网络零售额的智能物流骨干网络，让全中国任何一个地区做到24小时内送货必达。

4. 经济体阶段(2013年以后)

2013年中国超越美国，成为全球第一大网络零售市场。2013年，我国电子商务交易规模突破10万亿元大关，网络零售交易规模1.85万亿元，相当于社会消费品零售总额的7.8%。2014年2月，中国就业促进会发布的《网络创业就业统计和社保研究项目报告》显示，全国网店直接就业总计962万人，间接就业超过120万人，成为创业就业新的增长点。2014年6月，我国网络购物用户规模达到3.32亿，我国网民使用网络购物的比例为52.5%。2014年4月，"聚美优品"在纽交所挂牌上市。同年5月京东集团在美国纳斯达克正式挂牌上市。9月，阿里巴巴正式在纽交所挂牌交易，发行价每股68美元，成为美国历史上融资额最大规模的IPO。

2014 年，我国快递业务量接近 140 亿件，跃居世界第一。我国快递业务量已经连续 44 个月同比、累计增长平均增幅均超过 50%，李克强同志先后五次对快递业"点赞"。2015 年 5 月印发的《国务院关于大力发展电子商务加快培育经济新动力的意见》(国发〔2015〕24 号)，进一步促进了电子商务在中国的创新发展。

从中国网络购物市场的发展历程来看，以淘宝网为代表的 C2C 交易平台的出现和成长对于早期用户网上购物习惯的培养起到了至关重要的作用。近年来，随着人们线上消费习惯的逐渐养成，数字消费大军的队伍日益壮大，越来越多的商家和品牌意识到发展线上业务的重要意义，纷纷在电商领域增大投入，将线上官方旗舰店作为提升产品销量、增加品牌曝光、宣传品牌文化的前沿阵地，从而带动了整个 B2C 电商行业近年来的快速增长。从市场份额来看，B2C 网络购物市场中，天猫的市场份额位居第一，京东占比有所增长。与 2015 年相比，2016 年京东、苏宁易购、唯品会的份额有所增加。从增速来看，2016 年京东、苏宁易购、唯品会的增速高于 B2C 网络购物市场 31.6% 的整体增速(中国电子商务交易规模见图 1-3)。

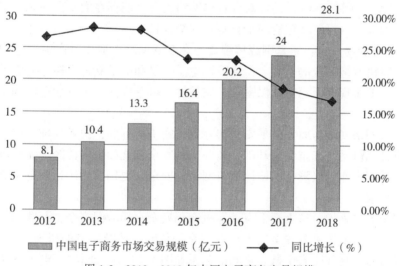

图 1-3　2012—2018 年中国电子商务交易规模

电子商务总体来讲发展势头良好，现正处于上升阶段，中国电商销售额逐年在增长，2017 年更是达到了 9750 亿美元，排名世界第一。同时，网络购物的人数的规模也在逐年增加。据《第 43 次中国互联网络发展状况统计报告》统计，截至 2018 年 12 月，网络购物用户规模达 6.10 亿，较 2017 年年底增长 14.4%，网民使用比例为 73.6%；手机网络购物用户规模达 5.92 亿，占手机网民的 72.5%，年增长率为 17.1%；网上外卖用户规模达 4.06 亿，较 2017 年年底增长 18.2%，网民使用比例为 49.0%；手机网上外卖用户规模达 3.97 亿，占手机网民的 48.6%，年增长率为 23.2%；网络支付用户规模达 6.00 亿，较 2017 年底增长 13.0%，网民使用比例为 72.5%。

中国电子商务存在的巨大经济潜力，使得许多企业和就业者都跃跃欲试。经历了网络泡沫的中国电子商务，目前已经进入平稳发展阶段，前景看好。

第二节　电子商务安全问题

一、电子商务安全的概念

1. 电子商务安全的定义

电子商务的一个重要技术特征是利用 IT 技术来传输和处理商业信息，因此，电子商务安全从整体上可分为两大部分：计算机网络安全和商务交易安全。

(1)计算机网络安全的内容包括：计算机网络设备安全、计算机网络系统安全、数据库安全等。其特征是针对计算机网络本身可能存在的安全问题，实施网络安全增强方案，以保证计算机网络自身的安全为目标。

(2)商务交易安全：紧紧围绕传统商务在互联网络上应用时产生的各种安全问题，在计算机网络安全的基础上，保障以电子交易和电子支付为核心的电子商务的顺利进行。即实现电子商务的保密性、完整性、可鉴别性、不可伪造性和不可抵赖性等。

计算机网络安全与商务交易安全实际上是密不可分的，两者相辅相成、缺一不可。没有计算机网络安全作为基础，商务交易安全就犹如空中楼阁，无从谈起。没有商务交易安全作为保障，即使计算机网络再安全，也仍然无法达到电子商务所特有的安全要求。

从安全等级来说，从下至上有计算机密码安全、局域网安全、互联网安全和信息安全之分，而电子商务安全属于信息安全的范畴，涉及信息的机密性、完整性、认证性等方面。这几个安全概念之间的关系如图 1-4 所示。同时，电子商务安全又有它自身的特殊性，即以电子交易安全和电子支付安全为核心，有更复杂的机密性概念、更严格的身份认证功能，对不可拒绝性有新的要求，需要有法律依据性和货币直接流通性特点。

2. 电子商务安全需求

电子商务安全需求也可称为电子商务安全要素。电子商务威胁的出现，导致对电子商务安全的需求。为真正实现一个安全的电子商务系统，保证交易的安全可靠，要求电子商务要具备有效性、机密性、完整性、可靠性和不可否认性。

(1)有效性。电子商务以电子信息取代纸张，如何保证电子形式贸易信息的有

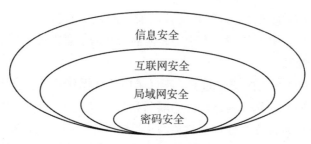

图 1-4　信息安全等级关系

效性则是开展电子商务的前提。电子商务作为贸易的一种形式，其信息的有效性将直接关系到个人、企业或国家的经济利益和声誉。因此，要对网络故障、操作错误、应用程序错误、硬件故障、系统软件错误及计算机病毒所产生的潜在威胁加以预防和控制，以保证贸易数据在确定的时刻、确定的地点是有效的。

（2）机密性。电子商务作为贸易的一种手段，其信息直接代表着个人、企业或国家的商业机密。电子商务建立在开放的互联网环境上，维护商业机密是电子商务全面推广应用的重要保障。因此，要预防非法的信息存取和信息在传输过程中被非法窃取。

（3）完整性。数据输入时的意外差错或欺诈行为，可能导致贸易各方信息的差异。此外，数据传输过程中信息的丢失、重复或信息传送的次序差异也会导致贸易各方信息的不同。贸易各方信息的完整性将影响到贸易各方的交易和经营策略，保持贸易各方信息的完整性是电子商务应用的基础。

（4）可靠性。可靠性是指防止计算机失效、程序错误、传输错误、自然灾害等引起的计算机信息失效或失误，保证存储在介质上的信息的正确性。

（5）不可否认性。在无纸化的电子商务模式下，通过手写签名和印章进行贸易方的鉴别已是不可能的。因此，要在交易信息的传输过程中为参与交易的个人、企业或国家提供可靠的标志。这种标志信息用来保证信息的发送方不能否认已发送的信息，接收方不能否认已收到的信息，身份的不可否认性常采用数字签名来实现。

二、电子商务安全内容

电子商务是一个复杂的系统，涉及网络平台、信息交换、企业管理、社会信用、电子支付等方面，在各个方面都不同程度地存在着安全问题。

1. 网络系统安全

电子商务简单地说就是利用互联网进行的交易活动，电子加商务，是以电子为辅、商务为主的新型商业模式。因此，要保证电子商务活动能够安全地开展，首先最重要的是要确保网络系统的安全。

（1）物理实体的安全问题。物理实体的安全问题主要包括计算机、网络、通信设备等的机能失常，电源故障，由于电磁泄漏引起的信息失密、搭线窃听、自然灾害等带来的安全威胁。

（2）计算机软件系统的安全漏洞。不论采用什么操作系统，在默认安装的条件下都会存在一些安全问题，网络软件的漏洞和"后门"是进行网络攻击的首选目标。只有专门针对操作系统安全性进行相关的和严格的安全配置，才能达到一定的安全程度。我们一定不要以为操作系统默认安装后，再配上很强的密码系统就是安全的。

（3）TCP/IP 的安全缺陷。网络服务一般都是通过各种各样的协议完成的，因此网络协议的安全性是网络安全的一个重要方面。如果网络通信协议存在安全上的缺陷，那么攻击者就有可能不必攻破密码体制即获得所需要的信息或服务。值得注意的是，TCP/IP 最初是为内部网设计的，主要考虑网络互联互通的问题，没有考虑到安全威胁的问题，所以 TCP/IP 在安全方面可以说是"先天不足"。

（4）黑客的恶意攻击。以网络瘫痪为目标的袭击效果比任何传统的恐怖主义和战争方式都来得更强烈，破坏性更大，造成危害的速度更快，范围也更广，而袭击者本身的风险却非常小；他甚至可以在袭击开始前就消失得无影无踪，使对方没有实施报复打击的可能。

（5）计算机病毒的危害。计算机病毒是网络安全威胁的主要因素之一，目前全球出现的数万种病毒按照基本类型划分，可分为引导型病毒、可执行文件病毒、宏病毒、混合病毒、特洛伊木马和互联网语言病毒 6 种类型。

（6）安全产品使用不当。虽然不少网站采用了一些网络安全设备，但由于安全产品本身的问题或使用问题，这些产品并没有起到应有的作用。很多厂商的安全产品对配置人员的技术背景要求很高，超出对普通网管人员的技术要求，就算是厂商在最初给用户做了正确的安装、配置，一旦系统改动，需要改动相关安全产品的设置时，就很容易产生许多安全问题。

2. 交易信息传输的安全

所谓信息传输问题，就是指在进行网上交易的时候，因传输的信息失真或者信息被非法窃取、篡改和丢失，从而导致网上交易的一些不必要的损失。从技术上看，网上交易的信息传输问题主要包括以下几个方面。

（1）冒名偷窃：为了获取重要的商业秘密、资源和信息，竞争对手或者"黑客"常常采用冒名源 IP 地址来进行欺骗攻击。

（2）篡改数据：攻击者利用非法手段掌握了信息的格式和规律后，通过各种手段方法，将网络上传输的信息数据进行删除、修改、重发等，破坏数据的完整性和真实性，损害他人的经济利益，或者干扰对方的正确决策。

（3）信息丢失：在交易中存在的信息丢失，是因为线路问题、安全措施不当或因为在不同的操作平台上转换操作不当导致的。

（4）信息破坏：由于计算机技术发展迅速，原有的病毒防范技术、加密技术、防火墙技术等始终存在被新技术攻击的可能性。计算机病毒的侵袭、"黑客"的非法入侵、线路窃听等很容易使重要的数据在传输过程中泄露，威胁电子商务交易中的安全。另外，外界的干扰也会影响到数据的真实性和完整性。

（5）信息伪造：在网上交易过程中，信息传输问题可能来源于用户以合法身份进入系统后，买卖双方都可能在网上发布虚假的供求信息，或者以过期的信息冒充现在的信息，从而骗取对方的钱款或货物，如表1-1所示。

表 1-1　　　　　　　　　　　　典型的信息传输安全威胁

威胁	描 述
窃听	网络中传输的敏感信息被窃听
重放	攻击者事先获得部分或全部信息，以后将此信息发送给接收者
伪造	攻击者将伪造的信息发送给接收者
篡改	攻击者对合法用户之间的通信信息进行修改、删除、插入，再发送
非授权访问	非法获取系统访问权，进入网络系统读取、删除、修改、插入信息等
拒绝服务攻击	攻击者使系统响应减慢或瘫痪，阻止合法用户获得服务
行为否认	通信实体否认已经发生的行为
旁路控制	攻击者发掘系统的缺陷或安全脆弱性
电磁射频截获	攻击者从发出的无线射频或其他电磁辐射中提取信息
人员疏忽	授权的人为了利益或由于粗心将信息泄露给未授权的人

3. 电子商务安全管理

虽然我们在不断地更新安全技术，把防火墙做得很安全，但如果黑客并不去窃取信息或数据，而只是去阻塞网站，则对这种原始而野蛮的攻击方式靠单纯的技术是很难解决的，只有靠管理或其他方法去防范才可。网上交易管理上也存在诸多问题，主要表现在以下几个方面。

（1）交易流程管理问题：在网络交易中介介入交易的过程中，客户进入交易中心，交易中心不但要监督买方按时付款，而且要监督卖方按时提供合同所要求的货物。在这里面,管理问题大量存在,假如管理不善,将会导致巨大的潜在风险。

(2)人员管理问题:在网上交易中,最薄弱的环节是人员管理。由于工作人员的职业道德水平不高、安全教育和管理松懈等问题的存在,使得通过网络犯罪的现象越来越严重,并且多数反映在内部管理人员上。

(3)交易技术管理问题:网上交易只经历了很短的时间,若没有比较完善的控制机制,使得网上交易技术管理的漏洞众多,也会带来很大的交易问题。所以,在交易技术方面,仍然需要对其加强管理和规范。

(4)安全法律法规问题:开展电子商务需要在企业和企业之间、政府和企业之间、企业和消费者之间、政府和政府之间,明确各自需要履行的法律义务和责任。其主要涉及的法律问题有国际加密问题、网络链接问题、网络隐私问题、域名侵权纠纷问题、电子商务的税收问题,还有电子商务交易中提供参与方合法身份认证的CA中心涉及的法律问题、电子合同签订涉及的法律问题、交易后电子记录的证据力问题及网络知识产权涉及的法律问题等。

4. 电子商务的信用安全

信用基于买卖双方的信义。在传统贸易中,由纸介质合同来约束双方行为,因此,是否有效执行合同就是信用安全的具体体现。在虚拟的电子商务交易中,在利益的驱动下,伪造、抵赖、逃债等问题时有发生。在电子商务交易中存在的信用问题主要表现在以下几个方面。

(1)来自买方的信用问题:对于消费者来说,可能在网络上利用信用卡进行支付时的恶意透支,或者使用伪造的信用卡来骗取买方的货物。

(2)来自卖方的信用问题:卖方不能按质、按量、按时寄送消费者购买的货物,或者不能完全根据合同来履行合同内容,造成对买方权益的损害。

(3)买卖双方都存在的抵赖问题:电子商务交易是直接通过网络进行的,其信用可能得不到保证,存在买方不付款、卖方不发货的抵赖行为。

5. 电子商务安全支付

传统支付系统的安全问题是人人所共知的,如伪造现金、伪造签名、拒付支票等。在电子商务环境下的网上支付过程中,同样会出现诸多安全问题,具体表现为以下几个方面。

(1)在通信线路上进行窃听,并滥用收集的数据(如信用卡号等)。

(2)向经过授权的支付系统参与方发送伪造的消息,以破坏系统的正常运作来盗用交换的财产(如商品、现金等)。

(3)不诚实的支付系统参与方试图获取并滥用其无权读取或使用的支付交易数据。

第三节　电子商务安全对策

一、电子商务安全技术

1. 网络安全技术

（1）防火墙技术。防火墙是保护企业保密数据和保护网络设施免遭破坏的主要手段之一，可用于防止未授权的用户访问企业内部网，也可用于防止企业内部的保密数据未经授权而发出。即使企业内部网络与互联网相连，也可用防火墙管理用户对内部网中某些部分的访问，保护敏感信息或保密信息。防火墙技术主要有：包过滤、代理服务、状态监控等。

（2）虚拟专用网 VPN。虚拟专用网（Virtual Private Networks，VPN）是企业内部网在互联网上的延伸，通过一个专用的通道来创建一个安全的专用连接，从而可将远程用户、企业分支机构、公司的业务合作伙伴等与公司的内部网连接起来，构成一个扩展的企业内部网。虚拟专用网是企业常用的一种安全解决方案，它利用不可靠的公用互联网作为信息传输媒介，通过附加的安全隧道、用户认证和访问控制等技术，实现与专用网相类似的安全性能。

对于商务网站来说，它是一种理想的性价比较高的安全防护手段，既可以为企业提供类似专用网的安全性，同时又可以为企业节约成本。

（3）入侵检测技术。入侵检测是继防火墙之后的又一道防线。防火墙只能对黑客的攻击实施被动防御，一旦黑客攻入系统内部，则没有切实的防护策略，而入侵检测系统则是针对这种情况而提出的又一道防线。

（4）蜜罐技术。蜜罐是故意让人攻击的目标，引诱黑客前来攻击。所以攻击者入侵后，你就可以知道他是如何得逞的，随时了解针对服务器发动的最新的攻击和漏洞；还可以通过窃听黑客之间的联系，收集黑客所用的种种工具，并且掌握他们的社交网络。

（5）防病毒技术。计算机病毒是指编制或者在计算机程序中插入的破坏计算机功能或者毁坏数据，影响计算机使用，并能自我复制的一组计算机指令或者程序代码。病毒具有寄生性、传染性、隐蔽性、潜伏性、可触发性、破坏性。

2. 信息与交易安全技术

（1）信息加密技术。信息加密技术作为主动的信息安全防范措施，利用加密算法，将明文转换成无意义的密文，阻止非法用户理解原始数据，从而确保数据的保密性。

（2）数字证书和认证技术。数字证书和认证技术是网络通信中标志通信各方身份信息的一系列数据，通过运用对称和非对称密码体制建立起一套严密的身份认证系统。

（3）安全通信技术。SSL（安全套接层协议）提供了两台计算机之间的安全连接，对整个会话进行了加密，从而保证了信息的安全传输。SSL 具有三个特点：采用对称密码体制来加密数据；采用信息验证算法进行完整性检验；对端实体的鉴别采用非对称密码体制进行认证。

（4）安全电子交易技术。安全电子交易（SET）是通过开放网络进行安全资金支付的技术标准，SET 向基于信用卡进行电子化交易的应用提供实现安全措施的规则：信息在互联网上安全传输，保证传输的数据不被黑客窃取；其订单信息和个人账号信息隔离，当包含持卡人账号信息的订单送到商家时，商家只能看到订货信息，而看不到持卡人的账户信息；持卡人和商家相互认证，以确定通信双方的身份。

3. 安全管理技术

俗话说"三分技术、七分管理"，大力加强电子商务系统的安全管理是十分必要的。在行政管理方面应加强安全组织机构的责任和对其的监督，加强业务运行安全和相关规章制度。安全管理技术主要包括：加强企业内部安全管理、加速培养电子商务人才、加强政府监管和法律法规建设等。

电子商务的迅猛发展，冲击了国际贸易和市场营销的传统观念、管理体制和运行模式，也对信息、贸易、管理等方面的教育提出了新的课题。电子商务既需要互联网技术、大型数据库技术、电子支付系统、电子商务平台以及基于这个平台的开发技术，又需要国际贸易、市场营销、广告策划、工商管理方面的专业知识。

目前中国没有专门的电子商务法。目前电子商务迅猛发展，电子商务法律法规急需跟进，要根据不同的细分领域逐步完善，其他先前颁布的电子商务法律规范包括：《中华人民共和国合同法》《中华人民共和国电子签名法》《计算机信息系统安全保护条例》《中国互联网络域名注册实施细则》《互联网电子公告服务管理规定》《中国互联网络域名管理办法》《非经营性互联网信息服务备案管理办法》《互联网 IP 地址备案管理办法》《电子认证服务管理办法》《公用电信网间通信质量监督管理办法》《中华人民共和国计算机信息网络国际联网管理暂行规定》《中国公众多媒体通信管理办法》《互联网信息服务管理办法》《地震信息网络运行管理办法》等。

二、电子商务安全体系

电子商务安全不单单是一个技术问题，更是一个管理问题；不单单是消费者的问题，更是电商企业平台的问题；也不单单是电商经营者的问题，更是需要行业自律、政府监管以及整个社会的关心的问题。电子商务安全是一项系统工程，电子商务的基础结构包括电子商务网络基础、电子商务安全基础结构、电子商务支付系统和电子商务业务系统。其中，电子商务的安全基础结构是基于其他各层系统建立起来的。

所以要保证电子商务系统的安全，必须将安全网络设备、安全技术、安全管理、法律法规等有机结合，才能形成较为完整的电子商务安全体系(见图1-5)。

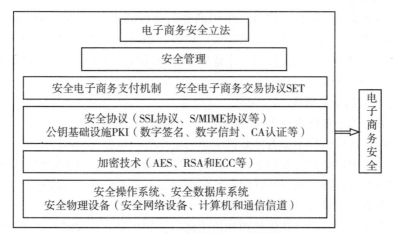

图1-5 电子商务安全体系结构图

1. 网络基础设施层

互联网是电子商务系统的基础，网络本身的安全是电子商务安全的基本保证。电子商务系统是依赖网络实现的商务系统，需要利用互联网基础设施和标准，所以构成电子商务安全框架的底层是网络安全基础设施。它包括安全物理设备、安全操作系统、安全数据库系统等内容。网络基础设施是电子商务的最底层，它是各种电子商务应用系统的基础，并提供信息传送的载体和用户接入的手段及安全通信服务，保证网络最基本的运行安全。其主要内容包括：网络隐患扫描、网络安全监控、内容识别、访问控制、防火墙技术等。

2. 加密技术层

加密技术是电子商务采取的主要安全措施，其目的在于提高信息系统及数据的安全性和保密性，防止秘密数据被外部破坏和分析。加密技术通常分为对称加密和非对称加密两类。

目前，常用的非对称加密算法有 RSA，对称加密算法有 DES，在实际应用中通常将两种加密技术结合起来使用，综合 DES 的高速简便性和 RSA 密钥管理的方便性、安全性，既保证了数据安全，又提高了加密和解密的速度。

3. 安全认证层

安全认证层中的认证技术是保证电子商务安全的必要手段，它对加密技术层中提供的多种加密算法进行综合运用，进一步满足电子商务对完整性、抗否认性、可靠性的要求。目前，仅有加密技术不足以保证电子商务中的交易安全，身份认证技术是保证电子商务安全不可缺少的又一重要技术手段。安全认证技术主要有：数字摘要、数字签名、数字时间戳、数字证书、认证中心、智能卡技术等。

4. 交易协议层

除了各种安全控制技术之外，电子商务的运行还需要一套完善的安全交易协议。不同交易协议的复杂性、开销、安全性各不相同。同时，不同的应用环境对协议目标的要求也不尽相同。目前，比较成熟的协议有：安全电子交易协议 SET、安全套接字层协议 SSL 等。

5. 电子商务安全管理

安全管理除了电商企业内部管理外，还涉及政府和社会监管。目前，国际上信息安全方面的协调机构主要有计算机应急响应小组、信息安全问题小组论坛。计算机应急响应小组以协调互联网安全问题解决方案为目的。它的主要作用是解决互联网上存在的安全问题，调查互联网的脆弱性并发布有关信息，是信息安全方面规模最大、最著名和最具权威性的组织。

政府有关信息安全的其他管理和执法部门，如公安部、国家安全部、国家保密局、国家密码管理委员会和国务院新闻办公室等，分别依据其职能和权限进行信息安全的管理和执法活动。

6. 电子商务法律法规

我国互联网起步较晚，而电商发展较快，相应的法律法规还跟不上电商发展的步伐，支撑环境和保障体系相对缺乏。例如，美国拥有良好的物流体系、支付体系和信用体系等，而我国还不具备这些条件；相关法律、法规的制定滞后于电子商务的发展；监管、管理不到位。

本 章 小 结

近年来，网络技术和电子商务迅猛发展，人们在网络上进行从日常生活用品、书籍购买，到房产交易、股票炒作、资金运作等活动。网络安全问题成为人们一直关注的话题。电子商务安全的重要性已不言而喻。安全问题是电子商务推进中的最大路障。营造信誉良好、安全可靠的交易环境，才能让众多的企业和消费者支持电子商务，否则消费者不信任网上交易，企业没有把握在网上营销，电子商务便只能是"水中花、镜中月"。

从电子商务安全的内容来说，电子商务安全主要分为网络安全和交易安全两个方面。网络安全主要指互联网的开放性、ICP/IP 协议本身的缺陷、软件系统本身的漏洞、信息在传输过程中的易攻击性以及病毒、后门等恶意软件的破坏等带来的安全威胁，主要通过防火墙、入侵检测系统、加密认证技术、虚拟专用网技术、防病毒技术等来防范。交易安全威胁主要包括冒名顶替、发送虚假信息、交易流程不规范等带来的安全威胁，主要通过加密认证技术、安全交易协议以及管理方面的措施来防范。

电子商务安全不仅仅是一个技术问题，更是一个涉及范围极广的社会问题，这一问题将长期存在，并时刻影响电子商务的正常健康运行。保障电子商务安全必须从技术、管理、法律法规、社会信用等多个角度努力，需要消费者、商家、政府及全社会的参与，共同营造电子商务的安全环境，为开创电子商务的未来献计献策。

课 后 习 题

一、填空题

1. 电子商务安全从整体上可分为两大部分：计算机网络安全和(　　)。

2. 常用的五种网络安全技术：防火墙、虚拟专用网、入侵检测技术、防病毒技术和(　　)。

3. 1969 年美国国防部高级研究计划署建立了 ARPANet 网络，并建立(　　)网络体系结构，它是互联网的主流协议，它是一种实际上的工业标准。

4. 电子商务安全协议主要有(　　)和(　　)两个协议。

二、选择题

1. 网上交易中，如果在订单传输过程中订货数量发生了变化，则破坏了安全需求中的(　　)。

    A. 可用性　　　　B. 机密性　　　　C. 完整性　　　　D. 不可抵赖性

2. (　　)原则保证只有发送方和接收方才能访问消息内容。

    A. 机密性　　　　B. 完整性　　　　C. 身份认证　　　　D. 访问控制

3. 电子商务安全涉及的三种因素中，没有(　　)。

    A. 人　　　　　　B. 过程　　　　　C. 设备　　　　　D. 技术

4. 在下列计算机系统安全隐患中，属于电子商务系统所独有的是(　　)。

    A. 硬件的安全　　B. 软件的安全　　C. 数据的安全　　D. 交易的安全

5. 不可否认业务中，用来保护收信人的是(　　)。

    A. 源的不可否认性　　　　　　　　B. 递送的不可否认性

    C. 提交的不可否认性　　　　　　　D. 委托的不可否认性

6. 计算机网络安全的威胁中系统本身的缺陷不包括(　　)。

    A. 计算机硬件、网络硬件

    B. 操作系统、网络软件、数据库管理系统

    C. 应用软件、网络通信协议等

    D. 计算机病毒、黑客攻击

7. 保证实现安全电子商务所面临的任务中不包括(　　)。

    A. 数据的完整性　　　　　　　　B. 信息的保密性

    C. 操作的正确性　　　　　　　　D. 身份认证的真实性

三、名词解释

1. 电子商务安全

2. 电子商务安全体系

四、简答题

1. 电子商务安全要素有哪些?

2. 当前电子商务系统面临的主要安全威胁有哪些?

3. 如何认识信息安全"三分靠技术,七分靠管理"?

案 例 分 析

360 发布"双十一"网购安全生态报告：揭示网购安全六大威胁

买得划算更要买得安全。360 安全大脑最新发布了《2018"双十一"网购安全生态报告》,从占便宜的"薅羊毛"设备、仿冒购物 App、App 漏洞、垃圾短信、网页挖矿木马、网购诈骗等六大维度,揭示了消费者正面临的网购安全威胁。根据报告,这些安全问题涉及消费者财产安全、隐私安全、购物体验等方方面面,不容乐观。

盗取账号骗人钱财 仿冒 App 影响 30 万移动设备

"双十一"购物一定要认准正版 App,别被仿冒 App 骗。360 安全大脑监测发现,近一个月内,活跃的虚假仿冒主流购物 App 的数量接近 4000 个,这些 App 已经覆盖了超过 30 万台移动设备,对用户的购物安全构成了极大威胁。

其仿冒阵容颇为强大。根据近一个月的监测数据,被仿冒最多的购物 App 为手机淘宝,达到了 1148 个,其次是拼多多,达到了 639 个,天猫、京东、美团、唯品会等购物平台都在被仿冒的前十名。

这些虚假仿冒 App 或者与正版 App 界面一致,或者使用与正版 App 相似的名字,其危害同钓鱼网站类似,存在着盗取账号密码等隐私、诈骗钱物等购物风险。

躲过了仿冒 App,也未必就安全了。360 安全大脑对市场上流行的 528 个购物类 App 抽样分析发现,存在高危漏洞的购物 App 高达 488 个,占比高达 92.4%,其中不乏主流知名购物平台。

为何总抢不到秒杀价? 多半是"薅羊毛"设备、挖矿木马闹的

根据报告,仅 2018 年 10 月,360 安全大脑就监测和识别出"薅羊毛"设备逾6 797万个,约占互联网上活跃安卓设备总量的 11.5%。

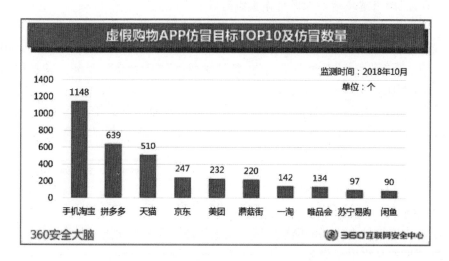

所谓"薅羊毛"设备，是指仿冒真实用户设备在互联网各种促销活动中占便宜的网络设备。这些设备并不一定是真实的手机设备。据悉，这些设备中有210多万设备使用了软件模拟器，而其余设备也普遍存在修改设备信息，用一部设备冒充多部设备的情况。

另外，"寄生"在网页上的挖矿木马，也可能拖慢消费者抢购的节奏。网页挖矿木马是随着虚拟货币热而兴起的一种新型木马，会强行利用用户计算机资源进行复杂的数据计算，俗称挖矿。计算机被挖矿木马入侵后，往往表现为资源利用率持续飙升、系统卡顿。"双十一"期间，本来就访问量巨大的电商网站，很可能因感染挖矿木马，让用户感到"更卡、更慢、更抢不到"。临近"双十一"，360安全大脑截获了大量挂载挖矿木马的网站页面。用户使用存在安全漏洞的浏览器访问这些页面，电脑或手机就会感染挖矿木马，成为黑客的挖矿"肉鸡"。而在这些被挂载木马的网站中，电商网站成为最大的重灾区。统计显示，11月以来，用户访问量最大的50个被挂载挖矿木马的网站中，有30个都是电商网站，占比高达60.0%。

垃圾短信蹭双"双十一"热点 网购诈骗正向"00后"下手

虚假购物、退款诈骗是网购中常见的诈骗形式。报告显示，9月、10月两月，猎网平台共接到虚假购物诈骗、退款诈骗127起，共造成损失约115.8万元。

虚假购物是诈骗者通过建立虚假购物网站等方式，骗取受害者钱财的诈骗行为。退款诈骗则是诈骗者以网购退款为由骗取用户账号信息、银行卡号、钱财的诈骗行为。

数据显示，在受骗用户的年龄段分布中，"90后"成为人数最多的受害群体，其次为"00后"，受害者呈现出年轻化趋势，这表明网络诈骗触及的人群年龄越来越低。而各种游戏平台、虚拟商品交易平台在监管方面的不成熟，也让防范意识较低的"00 后"越来越多地陷入网络诈骗的泥沼。

　　除了这两类诈骗威胁外，消费者在"双十一"期间收到的垃圾短信，也可能暗藏诈骗风险。报告显示，根据对 360 手机卫士拦截的垃圾短信的热词分析，10 月垃圾短信内容"双十一"特征明显，"红包""旗舰店""狂欢节""预售""定金""优惠券"等都是榜上热词。

　　报告提醒消费者：以购物为名要求"加微信""加 QQ"的，千万不要加，存在诈骗风险。来历不明的短信链接不要点，存在盗取信息风险。用户须警惕！

（资料来源：环球网 2018. 11）

论述题

1. 根据案例结合当前的网购实践，对电子商务安全威胁进行归类分析。
2. 说明在从事电子商务活动中，加强安全意识的重要性。

第二章 加密与认证技术

【本章主要内容】
加密技术基础
公钥基础设施 PKI
认证技术
信息隐藏与数字水印
【本章学习方略】
本章重点内容
(1)对比对称密码体制与非对称密码体制
(2)数字签名的过程
(3)公钥基础设施 PKI 的概念及应用
(4)数字证书的基本原理
(5)身份认证的类型
本章难点内容
(1)数字签名技术
(2)PKI 系统的信任模型

信息是电子商务的基本要素之一，信息安全是开展电子商务活动的重要保障，电子商务安全构建在基本的信息安全技术基础之上。加密技术、公钥基础设施 PKI、认证技术、信息隐藏技术等是常用的保证信息安全的技术手段。

第一节 加密技术基础

加密技术是信息安全技术的重要组成部分，是认证技术和其他安全技术的基础，是保证电子商务安全采取的基本措施。

一、密码技术概述

1. 密码相关概念

(1)明文。未经加密的原始信息称为明文。在计算机中，明文可简单地理解为未经加密处理的字符流和比特流，是加密算法的输入信息。

（2）密文。密文是经伪装变换后的明文。在计算机中，密文可理解为经加密处理后无意义的字符流和比特流，是加密算法的输出信息。

（3）加密。加密是指利用加密算法对明文转换为密文的过程。

（4）解密。解密是指利用解密算法将密文转换为明文的过程。

（5）密钥。开启加密与解密的关键信息。密钥一般是独立的随机序列，加密和解密算法的操作是在密钥的控制下进行的。

（6）密码体制。密码体制是指完成加密和解密的算法，即解密和解密的各种方案。

2. 密码体制的分类

（1）按照密码的发展阶段分类。

按照密码的发展阶段，可将密码体制分为古典密码体制和近现代密码体制。古典密码大多比较简单，主要通过手工或机械操作实现加解密，它的安全性是建立在算法本身保密的基础上的。古典密码现在已很少使用。近现代密码是将算法和密钥分开，密码算法可以公开，仅需要对密钥进行保密，因此算法的通用化使得密码体制可以用于大规模的保密通信。

（2）按照加/解密密钥是否相同分类。

按照加密算法和解密算法使用的密钥是否相同，可以将密码体制分为对称密码体制和公钥密码体制。对称密码体制是加密密钥和解密密钥相同的密码体制，这种密码体制只要知道加密算法，就可以反推出解密算法，或者知道解密算法，就可以反推出加密算法。数据发送方把明文加密成密文和数据接收方把密文解密成明文，使用的是同一个密钥，因此对称密码体制也称为常规加密、单密钥加密或私钥加密。常见的分组密码算法和流密码算法都属于对称密码体制。

非对称密码体制也称公开密码体制，它有两个密钥：一个被密钥拥有者保管，称为私钥；另一个可以对外公开，称为公钥。公钥和私钥之间具有紧密联系，用公钥加密的信息只能用相应的私钥解密，而用私钥加密的信息也只能用相应的公钥解密。加密算法和解密算法都是可以公开的。常用的算法有 RSA 公钥密码体制、Diffie-Hellman 密钥交换算法、ElGamal 算法。

（3）按照加密方式分类。

按照密码算法对明文的加密方式，可将密码体制分为分组密码和流密码。分组密码是将明文分割成固定长度的分组，然后对每个明文分组分别进行加密处理得到密文组，将所有密文组连接起来得到最终的密文。常见的分组密码有数据加密标准（DES）、三重数据加密标准（3 DES）、高级加密标准（AES）、国际数据加密算法（IDEA）等。流密码也称为序列密码，流密码一次加密或解密操作作用于 1 位或者 1 个字节。常见的流密码有 RC4、RC5 和 SEAL 等。

（4）按照加密变换是否可逆分类。

按照加密变换是否可逆，可将密码体制分为单向函数密码体制和双向变换密码体制。单向函数密码体制是将明文转换为密文，但不能把密文转换成正确的明文，它是一个从明文到密文的不可逆函数，也就是无法进行解密。双向变换密码体制是将明文转换为密文，也可将密文还原为明文，是可逆的加密、解密变换，绝大多数加密算法属于这一类。

二、对称密码体制

在1976年以前，也就是公钥加密出现以前，只有对称加密这一类型。直到现在对称加密体制仍然是广泛使用的加密体制。

1. 对称加密的基本模型

对称密码系统的基本模型包括明文、加密算法、密钥、密文、解密算法等几个组成部分，它的加密模型如图2-1所示。

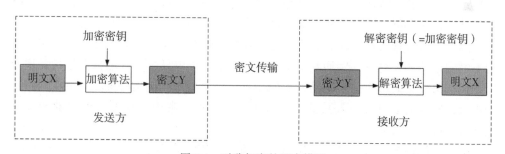

图 2-1　对称加密的基本模型

2. 对称密码算法实现保密通信过程

利用对称加密算法实现保密通信，通信双方需通过安全通道传输对称加密密钥，通信双方协商好对称密钥后，在公共网络上使用对称加密算法实现通信的保密。即使攻击者或破译者在公共网络中截获了加密后的信息，如果不能获得密钥，信息窃取的难度也会大大增加，因此较好地保护了信息。对称密码体制的保密性是基于对密钥的保密。对称密码算法实现保密通信的过程如图2-2所示。

3. 对称密码体制的优缺点

（1）优点。对称密码体制的优点是计算量小、加密速度快、效率高、易于硬件实现，因此被广泛应用到数据文件的加密中。

（2）缺点。对称密码体制的缺点主要表现在密钥传输难、密钥管理难、实体认证难。

第一，密钥传输难。发送方在将加密信息传递给接收方的同时，还需将密钥发

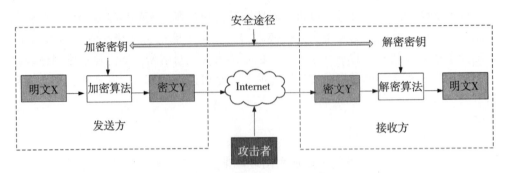

图 2-2 对称密码算法实现保密通信的过程

送给接收方。如果密钥以明文方式传递给接收方，密钥可能被窃取。对密钥本身采取加密措施也无法解决密钥交换（分发）的难题，因为总有一个密钥必须以明文形式传送。电子商务需在开放的网络环境中进行交易和支付，双方不见面，而且可能互不认识，双方很难保证密钥在通信网络中安全传输。

第二，密钥管理难。还有一个问题是密钥管理难，在电子商务活动中，客户往往不是固定的购买对象，例如某个交易方如果有 n 个贸易关系，那他需维护 n 把专用密钥，每把密钥对应一个交易方。如果有 n 个交易方，则需要 $n!$（n 的阶乘）个密钥数，密钥数量与参与人数的平方成正比。另外，密钥需要安全可靠的专人管理，管理难度大。

第三，认证难。由于对称密钥至少是两个通信实体共享，也不带有个人特征，因此对于一段密文很难确定是由哪一方通信实体产生的，很难实现用户的身份认证及数字签名。

三、非对称密码体制

非对称密码体制的思想是由斯坦福大学的 Whitfield Diffie 和 Martin Hellman 在 1976 年提出来的。

1. 非对称密码体制的算法

（1）RSA 算法。RSA 算法是迄今为止理论上最为成熟完善、安全性能良好的密码体制，它是由美国麻省理工学院的三位教授——Ronald Rivest、Adi Shamir、Leondard Adleman 联合发明的，RSA 算法的名字是三位教授名字的缩写。该算法不仅能够同时用于加密和数字签名，并且易于理解和操作。该算法从提出到现在，经历了各种攻击考验，曾先后被 ISO、ITU、SWIFT 等国家标准化组织采用作为标准，已成为事实上的国际标准。RSA 的安全性基于数论中大整数的素数分解难题。寻找两个大素数比较简单，但是将它们的乘积分解开却是极其困难的。其密钥对是一对大素数(100～200位十进制或更大)，从一个公开密钥和密文中恢复出明文的难度等价于分解两个大素数之积。

(2) Diffie-Hellman 密钥交换算法。Diffie-Hellman 密钥交换算法是 Diffie 和 Hellman 在 1976 年提出来的，该算法的安全性基于求解离散对数的困难性。该算法只能用于密钥分配，而不能用于加密/解密信息或数字签名。

(3) ElGamal 算法。ElGamal 算法于 1985 年由 T. ElGamal 提出，它也是一种基于离散对数问题的公钥密码算法。ElGamal 算法在签名方面的应用比在加密方面的应用更广泛，其认证模型是美国数字签名标准(Digital Signature Standard，DSS)的基础。

2. 非对称密码体制的功能及应用

(1)非对称密码体制的功能。

根据公开密钥的作用不同，可实现两种功能：信息加密功能和身份验证功能。当发送方用接收方的公开密钥对发送信息加密，接收方用自己的私有密钥对接收到的加密信息进行解密，可实现信息加密功能。

当发送方用自己的私有密钥对发送的信息进行加密，接收方用发送方的公开密钥对接收到的加密信息进行解密，可实现身份认证功能。因为在这个过程中，当接收方 B 收到用发送方 A 的私钥加密的信息，就可以用发送方 A 的公钥解密，如果解密成功，B 即可断定消息是 A 发送的，因为用 A 的私钥加密的信息只能用 A 的公钥解密；反过来，用 A 的公钥能解密成功，即可说明消息是用 A 的私钥加密的，从而可以验证该信息发送方的身份。这为数字签名奠定了基础。

(2)基于非对称密钥体制算法的应用。

基于非对称密钥体制算法的应用具体包括保密通信、数字签名、密钥共享等。保密通信是指非对称密钥体制算法可实现对信息的保密，由于加密、解密需要的计算量很大，不适合传输大量信息的加密。

数字签名是指非对称密钥体制算法可实现数字签名，数字签名可替代传统的手工签名。在政府机关、军事领域、商业领域应用广泛，特别是在商业领域用数字签名技术进行合同的签订等。

密钥共享技术是指将一个秘密信息技术分拆成 n 个共享因子的信息，分发给 n 个成员，只有 $k(k<n)$ 个合法成员的共享因子才可以恢复该秘密通信，其中任何一个或 $m(m<k)$ 个成员合作都不知的该秘密。利用秘密共享技术可以控制任何需要多个共同控制的密码信息、技术等。

另外，非对称密码算法体制还应用在安全电子商务系统、电子现金系统、电子选举系统、电子招标系统等。

3. 非对称密码体制的优缺点

非对称密码体制将密钥的传递变成了公开发布，解决了密钥的分发问题。如果

有 n 个人之间需要安全通信，只需要 n 对密码即可，密钥量大大减少，解决了密钥管理难的问题。同时还为数字签名提供了一种有效方法。该体制的缺点是算法比较复杂，加密和解密的速度慢，不便于硬件实现和大规模生产。因此在实际应用中，往往将公开密钥算法和对称密钥算法结合起来。

4. 数字签名技术

(1)数字签名的概念。

签名可以起到确认、核准、生效和认责等多种作用，在日常生活和工作中很常见，如政府文件、商业合同、财务证明中的签名等。传统书面签名可采用手签、印章和手印等。签名实际上是证明当事人身份和数据真实性的一种信息。但是在电子商务、电子政务、网络金融业务中更需要一种电子形式的签名，即数字签名。数字签名是传统签名的数字化，只有信息的发送者才能产生的别人无法伪造的一段字符串，这段字符串同时也是对信息的发送者发送信息的真实性的一个有效证明。随着计算机网络的发展，过去依赖手写签名的各种业务可以用这种电子化的数字签名代替，它是实现电子贸易、电子支票、电子货币、电子出版及知识产权保护等系统安全的重要保证。

(2)数字签名的特点。

第一，数字签名是可以被确认的。即收方可以确认或证实签名确实是由发方签的。第二，数字签名是不可伪造的。即收方和第三方都不能伪造签名。第三，数字签名是不可抵赖的。即数字签名是和消息绑在一起的，不能把签名移到其他消息(文件)上。第四，第三方可以确认收发双方之间的消息传送但不能篡改消息。

(3)数字签名的基本过程。

数字签名的基础是密码技术，其安全性取决于密码体制的安全程度，目前主要采用公钥加密技术实现数字签名。下面介绍使用公钥加密算法和单向散列函数进行数字签名的基本过程。

第一，发送方用公开的单向散列函数(也称为哈希函数 Hash)对数据报文求消息摘要(散列值)，得到消息摘要 MD，然后发送方用其私钥加密该消息摘要 MD，产生发送方的数字签名并将其附在数据报文后，一起发送给接收方。

第二，接收方用发送方的公钥对数字签名进行解密，得到发送方的数字摘要 MD。

第三，接收方将收到的数据报文使用单向散列函数进行运算，得到另一个消息摘要 MR，将 MD 与 MR 进行对比，如果相同就表明该签名是有效的，否则无效。整个过程如图 2-3 所示。即使攻击者能截获阅读数据报文(数据报文是明文形式)，但不能修改数据报文内容或将数据报文换成别的数据报文，因为别的数据报文的散列值和该数据报文的散列值是不同的，接收方能通过验证签名发现。

(4)其他数字签名算法。

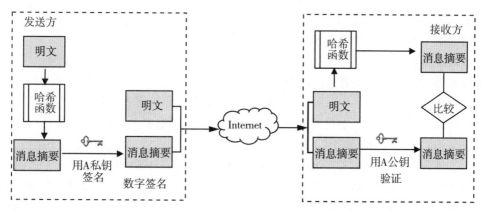

图 2-3　数字签名基本过程

第一，数字签名算法 DSA。DSA(Digital Signature Algorithm)是一种单向不可逆的公钥密码体制，它只能用于数字签名，而不能用于加密解密和密钥分配。DSA 在每次签名的时候，使用了随机数，所以对同一个消息签名，每次签名的结果是不同的。所以称 DSA 的数字签名方式为随机化数字签名，而 RSA 的数字签名方式为确定性数字签名。由于 RSA 存在共模攻击，用 RSA 签名每次都要使用不同的 n，而 DSA 没有这个需要，因此在实际中 DSA 签名比 RSA 签名更加方便。

第二，椭圆曲线数字签名。椭圆曲线加密(Elliptic Curve Cryptography，ECC)是一种公钥加密体制，是一种运用 RSA 和 DSA 来实施数字签名的方法，它可以使用较短的密钥获得较强的安全性。椭圆曲线数字签名可以用在一些较小、对资源有限制的设备中，如智能卡等。与基于有限域上的离散对数的公钥体制，如 Diffie-Hellman 密钥交换和 EIGamal 密码体制相比更安全。在实现相同的安全性能条件下，椭圆曲线密码体制所需的密钥量远比基于有限域上的离散对数问题的公钥体制的密钥量小。椭圆曲线具有丰富的群结构和多选择性，因而在密码领域有着广阔的前景。

第三，特殊用途的数字签名算法。主要有盲签名、代理签名、群签名、数字时间戳等。

在一般的数字签名中，文件的签名者都知道他们在签署什么，甚至该文件就是签名者自己生成的。但有时可能需要某人对一个文件签名，却又不想让他知道文件的内容时，就需用到盲签名。盲签名最主要的用途是实现电子现金的匿名性。用户自己生成了一些电子现金(包括序列号)，把电子现金提交给银行签名(当然有办法让银行大体知道他签署的是什么，只不过不准确)，这样电子现金才会变得有效，但用户又不想让银行知道自己提交的电子现金是哪些，以防止银行对他的消费状况进行跟踪,从而达到保护用户隐私的目的。因此不能让银行看到待签名文件(电子现金)的具体内容(如序列号),这就需要盲签名技术。盲签名操作涉及三方,分别是请求签名者、签名者和签名验证者。

代理签名也称委托签名,是签名者无法行使签名权,而将签名授权给代理人,委托其替代自己行使签名权。代理签名按照密钥对管理方式分为完全委托和部分委托。完全委托要求原签名者对代理人签名完全信任,原签名者将自己的签名密钥对直接交给代理人,相当于将签名权全部移交。代理签名具有不可伪造性、可区分性、可识别性、不可抵赖性、可证实性等特点。

群签名也称团体签名,是由 Chaum 和 Van Heyst 在 1991 年提出的,是指某个群组中任何一个成员都可以以群组的名义匿名签发消息,验证者可以确认签名来自该群组,但不能确认是群组中的哪一个成员进行的签名。但当出现争议时,借助于一个可信的机构或群成员的联合就能识别出那个签名者。群签名方案广泛用于需要多方签名的网上金融和电子商务系统,例如多银行的电子现金系统。通过群签名构造由多银行参与发行的电子货币,在中央银行的统一控制下发放和使用。为实现电子现金跨行结算,银行之间需要相互认证电子现金。

在某些电子交易中,交易时间是非常重要的信息。例如:股票、期货的交易时间直接影响到交易商品的价格。数字时间戳 DTS(Digital Time-Stamp)也称安全时间戳,是一个可信的时间权威,使用一段可以认证的完整数据表示的时间戳,可用来防止用户抵赖或欺诈。数字时间戳 DTS 一般由大家都信任的第三方机构——时间戳权威(Time Stamp Authority,TSA)提供,它是一个经过加密形成的凭证文档,这个文档包含了三个部分:需要时间戳的文档,TSA 收到文件的日期和时间,TSA 的数字签名。

除以上签名技术外,还有群盲签、门限签名等。

5. WLAN 的数据加密技术

无线局域网 WLAN 目前常用的加密技术有 WEP、WPA 和 WAPI。

有线保密协议 WEP(Wired Equivalent Privacy)可以保护无线局域网链路层数据安全,但其保密通信存在诸多安全缺陷,已不是 WLAN 加密的主流方式。

WiFi 保护访问协议 WPA(WiFi Protected Access)是继承了 WEP 并改进了 WEP 缺点的一种新技术。WPA 引入了 IEEE802.1X 访问控制协议、扩展认证协议(Extensible Authentication Protocol,EAP)、临时密钥完整性协议(Temporal Key Integrity Protocol,TKIP),并增加了 RC4 算法密钥长度及初始向量长度,改进了密钥混合方式,采用了消息完整性认证码(Message Integrity Code,MIC)等安全机制。WPA 使用了新的加密算法和用户认证机制,强化了生成密钥算法,在一定程度上解决了 WEP 破解容易的缺陷。

无线局域网鉴别与保密基础结构 WAPI(Wireless Authentication and Privacy

Infrastructure）是于 2003 年在中国 WLAN 国家标准 GB15629.11 中提出的针对有线等效保密协议安全问题的无线局域网安全处理方案。这个方案取得了 IEEE 注册机构的认可，是我国目前该领域唯一获得批准的协议，也是中国无线局域网安全强制性标准。WAPI 使用的是双向认证加密技术，采用椭圆曲线密码算法和分组密码算法，实现了设备的身份鉴别、链路验证、访问控制和用户信息在无线传输状态下的加密保护。WAPI 在应用模式上采用单点式和集中式，从根本上解决了安全问题和兼容性问题。

第二节 公钥基础设施 PKI

利用公钥基础设施能够为所有的网络应用提供加密和数字签名等服务，并为网络通信实体提供一套完整的基于数字证书的身份认证体系，建立开放网络环境中实体间的信任关系，从而保证网络传输数据的真实性、完整性、机密性和不可否认性。

一、公钥基础设施的概述

1. 公钥基础设施 PKI 的概念

公钥基础设施 PKI 是一个利用公钥密码技术实现并提供安全服务的，具有普适性的安全基础设施。它从技术上解决了网络上身份认证、信息完整性和抗抵赖性等安全问题，可以为电子交易、电子政务和各种安全通信提供全面的安全服务。PKI 不仅是一种安全技术，它实际上是一个包含技术、应用、组织和法律法规的体系。PKI 的主要功能是为网络提供一个安全的身份认证的服务平台，这个平台是以公用密码体制为理论基础，以 CA 认证机构为核心，以数字证书为媒介来提供安全服务功能的。

2. 数字证书

(1)数字证书的概念。

数字证书又称公钥证书、数字凭证、数字标识，是由可信的第三方认证机构 CA 颁发，包含证书持有者的基本信息、证书持有者的公钥以及 CA 数字签名等数据文件。CA 的数字签名可保证证书持有者公钥的真实性。目前数字证书主要应用于安全电子邮件、可信网站服务、网上银行、网上办公、网上招投标、政府公文流转、网上报税、网上购物等领域。在电子商务交易中，交易实体可以使用数字证书对交易数据进行加密、认证，以实现交易数据的保密性、完整性和身份可认证性。

(2)数字证书的基本原理。

数字证书采用公开密钥基础架构 PKI 技术，利用一对互相匹配的密钥进行加密和解密。每个用户自己设定一把特定的仅为本人所知的私有密钥(私钥)，用它进行解密和签名;同时设定一把公钥,由本人公开,为一组用户所共享,用于加密和验证签名。当发送一份保密文件时,发送方使用接收方的公钥对数据加密,而接收方则使用自己的私钥解密,通过数字的手段保证加解密过程是一个不可逆过程,即只有用私有密钥才能解密,这样保证信息安全无误地到达目的地。用户也可以采用自己的私钥对发送信息加以处理,形成数字签名。由于私钥为本人所独有,这样可以确定发送者的身份,防止发送者对发送信息的抵赖。接收方通过验证签名还可以判断信息是否被篡改过。即使已知明文、密文和加密密钥(公开密钥),想要推导出解密密钥(私密密钥),在计算上是不可能的。按现在的计算机技术水平,要破解目前采用的 2048 位 RSA 密钥,需要上千年的计算时间。

(3)数字证书解决的问题。

在使用数字证书的过程中应用公钥密码体制,建立起一套严密的身份认证系统,它能够保证:

第一,信息除发送方和接收方外不被其他人窃取;

第二,信息在传输过程中不被篡改;

第三,接收方能够通过数字证书来确认发送方的身份;

第四,发送方对于自己发送的信息不能抵赖。

(4)数字证书生成的步骤。

第一,密钥对的生成。用户可以使用某种软件随机生成一对公钥/私钥对,这个软件通常是 Web 浏览器或 Web 服务器的一部分,因为 Web 浏览器已内置了生成密钥对的功能。也可以使用特殊的软件程序。

第二,提交用户信息和公钥。用户将生成的私钥保密,然后把身份证明、公钥和其他信息(如 E-mail 等)发送给证书注册机构 RA。为了防止信息在发送的途中被截获并篡改,通常使用 CA 的公钥将这些信息加密再发送。

第三,RA 验证用户信息和私钥进行注册。首先,RA 要验证用户的身份信息,是否合法并有资格申请证书,如果用户已经在该 CA 申请过证书,则不允许重复申请。其次,检查用户持有证书请求中公钥所对应的私钥,这样可以表明该公钥确实是用户的。

第四,CA 生成证书。如果证书的申请请求被批准,CA 就把证书请求转化为证书,主要工作是用 CA 的私钥对证书进行签名。CA 生成证书后,可以将证书的一个副本传送给用户,同时把证书存储到目录服务器(证书库)中,以便公布证书,公众通过访问目录服务器就能查询和获取 CA 颁发的证书。另外,CA 会将数字证书生成及发放过程的细节记录在审计日志中。

(5)数字证书的格式。

数字证书中一般包含证书持有者的名称、公开密钥、认证中心的数字签名,另外还包含密钥的有效时间、认证中心的名称及该证书的序列号等。目前数字证书的格式一般使用 ITU(国际电信联盟)的第三版 X.509 数字证书标准,即 X.509 v3。采用 X.509 标准的证书称为 X.509 证书。X.509 v3 证书包括的内容如下:

版本号:用于区分 X.509 标准的版本,最新版本是 v3。

序列号:由认证机构发放的代表该数字证书的唯一标识。

签名算法:认证机构对数字证书签名所使用的数字签名算法。

证书颁发者名:颁发该数字证书的 CA 的区别名,即不同的 CA 该名称不同。

有效期:数字证书的有效起始和终止日期和时间。

证书持有者:与相应的被验证公钥所对应的使用持有者的 X.500 名称,即该数字证书的持有者名。

主体的公钥信息:主体的公钥值以及该公钥被使用时所用的算法标识符。

证书发放者唯一标识:该标识符是一个可选项,使 CA 的 X.500 名称具有唯一性,避免两个或多个 CA 使用相同的发放者名称而引起的歧义。

扩展项目:可以将任意数目的扩展字段添加到数字证书中。每个扩展项由 3 个部分组成,即扩展类型的对象标识符、关键程度指示器、扩展字段值。

(6)数字证书的类型。

第一,根据证书持有者可分为:

CA 证书:CA 证书可以给用户或其他 CA 签发证书。

个人证书:个人证书是 CA 签发给个人的证书,代表个人身份。证书中需包含个人信息和个人公钥。个人信息包括姓名、身份证、E-mail、电话等。

单位证书:单位证书是 CA 给机构或组织等签发的证书,代表单位身份。证书中需包含单位信息和单位公钥。单位信息包括名称、组织机构代码、E-mail、联系人等。

系统证书:系统证书是 CA 给软件或设备系统等签发的证书,代表系统身份。证书中需要包含系统信息和系统公钥。系统信息包括 IP 地址、域名等。系统证书又包括 Web 服务器证书、域控制器证书、VPN 设备证书、OCSP(在线证书状态协议)服务器证书、时间戳服务器证书等。

第二,根据密钥对的产生方式可分为:

签名证书:签名证书及私钥的功能是用来进行签名验证的,不能用于加密解密。为保证签名证书和私钥的唯一性,该密钥对必须由用户端密码模块产生和保存,在证书签发过程中 CA 不知道私钥,只对公钥进行操作。

加密证书:加密证书及私钥的功能是用于加密解密,不能用于签名验证。该密钥对必须由 CA 中心产生,并发送给用户端密码模块保存。CA 中心保存该密钥对的副本,必要时可恢复该密钥对。

第三,根据证书用途进行可分为:

SSL 证书:SSL 证书用于 SSL、TLS 对客户端和服务器端的身份认证和通信加密。

代码签名证书：代码签名证书用于对代码进行签名验证。

E-mail 证书：E-mail 证书用于安全电子邮件。

时间戳服务器证书：时间戳服务器证书用于将对象摘要与日期时间绑定在一起。

OCSP 服务器证书：OCSP 服务器证书用于对 OCSP 响应包进行签名。

3. PKI 系统常用信任模型

(1)PKI 信任模型的相关概念。

信任：根据 ITU-T 的 X.509 标准的定义，信任是指实体 A 认定实体 B 将严格按 A 期待的那样行动，则 A 信任 B。其中 A 为信任者，B 为被信任者。

信任域：信任域是指一组公共策略控制下相互信任的实体集，也就是信任的范围。在一个组织中，可以按照组织机构或地理区域来划分信任域，因此识别信任域和边界是确定 PKI 结构的基础。

信任锚：信任锚就是 PKI 体系中的信任起点或信任源点。信任锚通常是实体所在的 CA。

信任关系：当 PKI 中两个认证机构中的一方或双方相互给对方颁发证书，则两者就建立了信任关系。信任关系可以是单向的，也可以是双向的，多数情况下采取的是双向形式。但在一些特殊情况下只能采用单向信任关系，例如从绝密信任域跨越到开放信任域时，信任关系只能在一个方向上延续。

信任路径：信任路径也称证书链。信任通过证书链进行传递。在一个实体需要确定另一个实体身份时，先确定信任锚，再由信任锚找到一条到达待确认实体的各个证书，由这些证书组成的路径就是信任路径。

信任水平：是指网络通信过程中信任者与被信任者之间的信任程度。

(2)PKI 的信任模型。

PKI 用户之间通过 CA 和证书建立起相互信任的关系。在实际网络环境中，可能有多个 CA，不同用户的证书可能来自不同的 CA，而用户并不是都信任同一个 CA，信任模型建立的目的就是确保一个 CA 签发的证书能被另一个 CA 的用户所信任。信任模型是指 CA 之间的结构关系(即信任关系)。

第一，层次信任模型。层次信任模型是一种最常用的信任模型，它是认证机构 CA 之间严格按照上下级关系建立分层的 PKI 结构。该模型的结构像是一棵倒挂的树，如图 2-4 所示。整个信任域的最高级别认证机构是根 CA，它被该 PKI 体系中的所有实体信任。根 CA 下存在多级的子 CA，根 CA 为自己和直接下级子 CA 颁发证书，无下级的 CA 称为叶 CA，叶 CA 为用户颁发证书。除根 CA 外的其他 CA 都由父 CA 颁发证书，也就是不允许根 CA 直接给用户颁发证书，仅允许上一级的 CA 给下一级的 CA 颁发证书。这种信任模型结构清晰，便于管理，但是整个 PKI 的安全性都依赖于根 CA，一旦根 CA 的私钥被破解或泄露，整个信任体系将土崩瓦解。

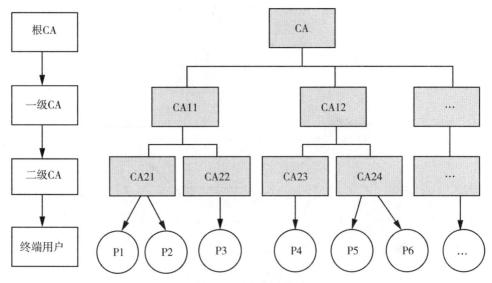

图 2-4 层次信任模型

第二，网状信任模型。网状信任模型中没有一个都信任的根 CA，终端用户通常选择给自己颁发证书的 CA 作为根 CA，如图 2-5 所示。认证域中的认证机构 CA 之间以对等关系形成网状 PKI 结构，因此网状信任模型也称为对等信任模型。各 CA 之间通过交叉认证的方式相互颁发证书。此模型不仅可以实现信任域内的交叉认证，也可实现信任域之间的交叉认证。这种模型比较灵活而且验证速度快，信任关系的建立比较方便。但因存在多条验证路径，需要选择最短信任路径。

第三，桥信任模型。桥信任模型综合了层次信任模型和网状信任模型的优点。桥信任模型可用来连接不同的 PKI 体系，可以指定一个 CA 为桥 CA，它给不同的根 CA 颁发证书，但不直接向用户颁发证书，如图 2-6 所示。

如果需要增加一个根 CA，只需要与桥 CA 进行交叉认证，不需要改变其他信任域，其他根 CA 仍然是原有信任域的信任源点。桥 CA 不仅是整个信任模型的信任源点，而且为不同的信任域之间建立了对等的信任关系。

第四，Web 信任模型。Web 信任模型诞生于互联网，依赖于流行的浏览器。这个模型在浏览器产品中内置了多个根 CA 证书，各个根 CA 间相互平等，用户可同时信任这些根 CA，并把他们作为信任的源点。从本质上看，Web 信任模型类似于层次模型，因为浏览器厂商起到根 CA 的作用，被嵌入密钥对应的 CA 就是它所认证的 CA。Web 信任模型具有方便、简单、可操作性强、证书验证简单等优点，但是安全性差，因为浏览器中的多个根 CA 是预先安装在浏览器中，并不是通过

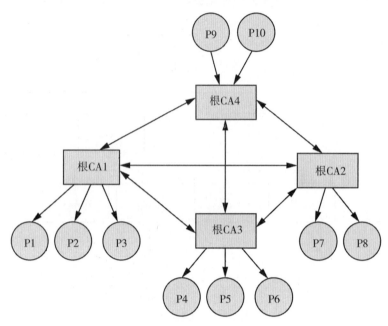

图 2-5　网状信任模型

签发证书来实现，因此用户无法判断这些证书是否可信。另外，嵌入浏览器中的证书无法废除，一旦发现某个根密钥有问题或根证书对应的私钥被泄露了，让遍布世界的浏览器用户废除这个密钥则几乎不可能。该模型使用户需承担较大风险，因为没有有效的方法在 CA 和用户之间建立合法协议，如果出现问题，则用户承担责任。

4. PKI 相关标准

PKI 标准是 PKI 发展的重要内容。PKI 按照时间来划分，可以分为第一代标准和第二代标准。第一代标准包括 RSA 公司的公钥加密标准(Public Key Cryptography Standards, PKCS)、国际电信联盟的 ITU-T X. 509 标准、IETF(Internet 工程任务组)和 PKI 工作组(PKIX)定义的一组具有互操作性的公钥基础设施协议。目前的 PKI 产品都以第一代 PKI 标准为主，但实现比较困难。第二代 PKI 标准是由微软、VeriSign 和 WebMethods 三家公司在 2001 年发布的 XML 密钥管理规范(XKMS)，主要由两部分组成，即 XML 密钥信息服务规范和 XML 密钥注册服务规范。

二、PKI 的组成与功能

1. PKI 的组成

一个 PKI 在权威认证中心下以数字证书为基础，为分布在不同地方的用户实

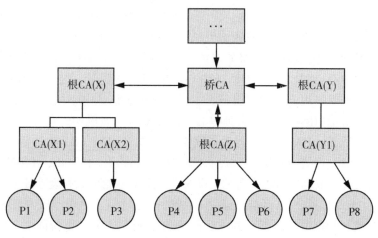

图 2-6　桥信任模型

现信息的保密性、完整性和不可否认性等安全服务。PKI 在实际应用中是一套软硬件系统和安全策略的集合，它提供了一套安全机制。一个 PKI 系统主要由 PKI 策略、认证机构 CA、注册机构 RA、证书/CRL 库、证书撤销处理系统、密钥备份及恢复系统、PKI 应用程序接口等构成。

（1）PKI 策略。

PKI 策略在建立和运行一个 PKI 体系中必不可少。PKI 一般有两类策略：一类是证书策略（Cerfificate Policy，CP），用来说明证书的适用范围或应用分类；另一类是认证惯例声明（Certificate Practice Statement，CPS），它是一份文档，对 CA 的建立，证书的发行、废除，密钥的生成、鉴定，数字证书的存废位置，用户使用方式等进行了详细说明。

（2）认证中心 CA。

认证中心也称认证机构，简写为 CA，主要为用户制作和颁发证书，是 PKI 中直接负责审核证书和发放证书的管理实体，是 PKI 的核心管理机构。作为 PKI 的主要组成部分，CA 类似于现实生活中的公证人，它通过自身的注册审核体系，检查核实申请证书的用户身份及相关信息，使参与网上活动的实体属性的真实性与证书上的一致。

第一，CA 的组成。CA 由 CA 服务器、证书下载中心、目录服务器、在线证书状态协议（OCSP）服务器、密钥管理中心（KMC）、证书注册机构（RA）等构成。

CA 服务器是 CA 的核心，负责生成、发放数字证书，提供发放证书的管理、证书撤销列表的生成和处理等服务。

证书下载中心通过互联网将服务器生成的证书提供给用户，供应用户下载。

目录服务器完成数字证书的存储、数字证书查询及证书撤销列表查询。最初，CA 将颁发的用户证书存储在本地，但随着 CA 用户数量增加，CA 检索速度下降，无法满足检索需求，借助目录服务器可减轻本地 CA 的负担。

在线证书状态协议（OCSP）服务器负责向用户提供证书在线状态的查询。

密钥管理中心（KMC）负责为认证中心提供加密密钥对，提供对这些密钥对的备份、存档、恢复、更新等相关服务，以保证能满足认证中心和司法取证的需要。

证书注册机构（RA）也称为注册中心，是 CA 的扩展机构，负责审核用户的证书申请和发放证书。RA 是可选的，当网络用户数量增加，CA 无法满足审核和发放证书的需求时，设置 RA 协助 CA 完成部分证书管理工作。RA 可接收用户撤销证书的申请，经 RA 审核后提交各 CA 审核，但 RA 不能生成和废除证书。

第二，CA 的作用。CA 是电子商务系统的核心环节，是电子交易信赖的基础，其作用是发放和管理数字证书，其主要职责包括颁发证书、更新证书、撤销证书、证书和 CRL 存储库、查询证书、证书认证和制定政策等。

颁发证书是 CA 为每个合法的申请者发放数字证书。数字证书的颁发可采用两种方式，一种是申请者在线从 CA 下载然后存放在磁盘或终端上。当用户使用电子商务服务时，直接从终端读入即可。另一种是 CA 给申请者提供颁发证书的磁盘或 IC 卡。用户在所有能读 IC 卡证书的电子商务终端上就可以使用电子商务服务了。

更新证书包括更换证书和延期证书两种。在用户的证书丢失或私钥泄露的情况下，就需要更换证书。证书的延期不改变证书的签名和密钥对，只将证书的有效期延长。

撤销证书是指数字证书在过期以前，因某些原因需要撤销数字证书。撤销证书常见的原因可能是证书拥有者所持有的证书的私钥泄露，也可能是证书持有者身份变化或组织机构的法人发生变化，或者证书被冻结或挂起等，需要在有效期内提前终止使用数字证书。

证书和 CRL 存储库是网上可供大众开放式查询的一种公共信息库，用于存储证书和证书撤销列表，给终端用户发布证书和 CRL。证书库提供的服务称为目录服务。

查询证书是用户通过查看 CRL 来查看自己的证书是否有效，但通常 CRL 一天签发一次，因此 CRL 的状态比当前证书的状态滞后。在线证书状态协议（OCSP）比 CRL 更有时效性。

证书认证是指网上交易中为验证交易双方的身份，交易双方需互相提供自己的证书和数字签名，由 CA 来对证书进行有效性和真实性的认证。在不同的 PKI 系统中可能使用的信任模型不同，数字证书的信任路径不同，证书认证的具体过程也有所差异。

制定政策是指建立和运行一个 PKI 体系需要 CA 拥有公开、周到、合理的政策，CA 的责任大部分体现在政策的制定和实施上。

（3）密钥备份及恢复系统。

在现实应用中经常有用户丢失密钥的情况，终端用户由于某种原因丢失加密密钥，例如遗忘或 IC 卡等介质损坏，导致文件不可恢复。PKI 提供了一套密钥的备份和恢复机制，用以恢复用户丢失的密钥。密钥的备份和恢复发生在证书的生成和证书的颁发阶段。当用户证书生成时，可信任的第三方机构 CA 对用户的公钥和证书进行备份。密钥的恢复是在证书的颁发阶段，当用户不慎将密钥丢失，用户只需向 CA 提出申请，PKI 就会为用户自动进行恢复。密钥恢复可由 CA 或密钥恢复中心完成，具体可采用远程设备恢复或本地设备恢复等手段。需要注意的是，密钥备份和恢复只能涉及用户的公钥，私钥不能备份，以保证私钥只有用户知道。

（4）PKI 应用程序接口。

PKI 是一个为网络用户提供加密、数字签名、身份认证等服务的普适性的安全基础设施，因此要使各种应用程序可以安全、一致、可信地与 PKI 进行交互，必须提供良好的跨平台的应用程序接口。为了对应用系统更好地屏蔽密钥和证书的管理细节，PKI 接口应用程序接口应具备以下功能：实现证书的验证工作，提供一致、可信的公钥证书使用服务；为应用程序提供统一的密钥备份、恢复支持和历史密钥的安全管理服务；阻止备份私钥的行为；根据安全策略自动为用户提供密钥更新服务；支持所有用户统一访问公用证书库；为所有应用提供统一的证书撤销处理服务；提供统一的交叉验证支持；支持多种密钥存放介质，如 IC 卡、安全文件等。

2. PKI 体系结构的构成要素

PKI 体系结构一般由多种认证机构和终端实体构成。随着在 PKI 体系基础上建立的安全证书体系越来越广泛，如用户、商家、银行、企业及政府各职能部门，美国、加拿大等国政府机构已提出了建设国家 PKI 体系的实施方案。我国信息产业部等相关部门负责制定国家 PKI 体系结构。PKI 体系的建立应着眼于用户使用证书及相关服务的全面性和便利性。

（1）政策批准机构。策略批准机构（PAA）也称为策略批准中心，它为整个 PKI 体系建立了一个完善的策略体系，使各个机构协调一致地工作。具体职责是负责建立整个 PKI 体系的安全策略，批准下属的策略证书机构的管理策略，为下属策略证书机构颁发数字证书。通常 PKI 体系中设立 PAA 的数量与 PKI 体系管理区域大小相匹配。在范围较大的 PKI 体系中可设立多个同级 PAA，不同 PAA 之间可以相互验证，通过相互签发证书建立交叉信任关系。

（2）策略证书机构。策略证书机构（PCA）也称为证书管理中心，负责制定本 PCA 的证书管理和操作运行策略，主要内容包括 PCA 管理范围内的密钥产生算法、长度、证书的有效期、CRL 的管理策略及为下属 CA 签发的数字证书等。PCA 主要管理对象是下属 CA，并为上级 PAA 将证书和公钥传递给下属 CA，PCA 不直接为终端用户签发证书。

（3）认证机构 CA。CA 根据证书申请人的情况，为颁发的证书赋予和标识相应的安全等级，CA 对用户推荐的安全等级使用范围等描述被称为证书策略声明（Certificate Policy Statement，CPS）。

此外，PKI 体系包括注册机构 RA、目录服务等。

（4）PKI 体系结构的组织方式。一个 PKI 体系结构中，成员的组织可以有多种方式，其中最主要的有三种方式。

一是 COI 方式。这种方式将成员按照他们的日常职能分类，将日常处理中通信较频繁的成员划分到一个认证机构或政策认证机构下，由 COI 组织进行政策的制定。

二是组织化方式。这种方式是 PKI 体系建立在现有政府或组织机构的管理基础之上的，安全策略由每个组织的管理机构制定。

三是担保等级方式。将一个 PKI 体系中的成员划分为 3~4 个安全级别，按照它们相应的安全级别组织，安全政策的制定可以由类似委员会机构制定。

3. WPKI 的体系结构

WPKI 是将 Internet 中 PKI 安全机制引入无线网络环境中的一套遵循既定标准的密钥及证书管理平台体系，用它来管理在移动网络环境中使用的公开密钥和数字证书，可以有效建立安全和值得信赖的无线网络环境，主要功能是为基于移动网络的各类移动终端用户，以及移动数据服务提供商的业务系统提供基于 WPKI 体系的各种安全服务，如认证、加密、完整性保护等。WPKI 并不是一种全新的 PKI 标准，它是传统的 PKI 技术应用于无线网络环境的优化扩展。它同样采用证书来管理公钥，通过认证中心验证用户的身份等，来实现信息的安全传输。目前，WPKI 可用在网上银行、网上证券、保密信息和资料的传输等活动中。

（1）WPKI 的组成。

WPKI 在体系结构上和 PKI 有明显区别，表现在：RA 由 PKI Portal 代替完成类似的功能，可以把 PKI Portal 看成 WPKI 的 RA。终端实体是 WAP 手机等移动设备，而 WAP 网关则是新增的用于连接无线网络和有线网络的接口。WPKI 系统的结构如图 2-7 所示。

与 PKI 系统的组成方式类似，WPKI 也是由终端实体、CA 认证中心、PKI Portal（RA）、证书目录数据库等重要部分组成的。

第一，CA 认证中心。WPKI 的 CA 认证中心与传统的 CA 相似，只是根据无线应用环境在证书的格式、证书的查询等方面做出了适当调整。

第二，PKI Portal。与传统 PKI 不同，WPKI 的 RA 使用 PKI Portal 来实现。PKI Portal 融合了 RA 和 WAP 网关的功能，可以看作是移动终端和现有 PKI 之间的连接桥梁。它运行在有线网络上的服务器，实现了对用户注册信息的管理，不仅可以为

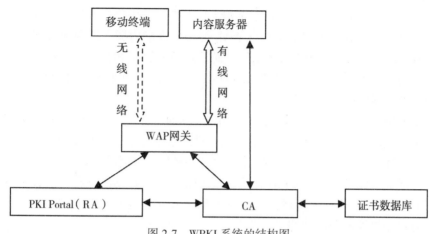

图 2-7 WPKI 系统的结构图

WAP 客户端发送证书申请给 CA，还可以提供移动终端访问有线资源的途径。

第三，证书目录数据库。证书目录数据库主要用来提供下载证书、查询证书、存储证书等服务，并提供证书查询、证书下载的对外接口。

第四，密钥管理中心。密钥管理中心主要提供密钥的生成、备份和司法恢复。

第五，WAP 网关。主要实现无线接入功能。一方面实现 WAP 协议堆栈到 WWW 协议堆栈的转化，即把数据流由 WAP 协议格式转化成 HTTP 协议格式；另一方面还要能实现传输内容格式上的转化，例如将 WML 语言转化成 HTML 语言，然后将转化结束的数据流交给 WAP 服务器，或者把 WAP 服务器应答信息，编码成 WAP 手机可以识别的紧凑的二进制格式，然后再传递给 WAP 手机。

第六，移动终端。移动终端是指可以访问无线网络的手持移动设备（如 PDA、智能手机）。它包含了 WIM（Wireless Identify Module）卡。WIM 是无线应用协议中一个独立的安全应用模块，用于存储用户身份识别和认证的信息。WIM 在移动设备终端通常以 SIM 卡的形式出现。WIM 卡具有自己的处理器，可以在卡上的芯片中实现加解密算法或哈希功能，目的是将安全功能从手机转移到防篡改的设备中，如 SIM 卡或智能卡。

第七，移动终端应用程序。是为适应无线网络环境而特别优化的应用程序，主要用来运行 WPKI 提供的各种功能，如生成并提交申请证书请求、生成更新证书请求、生成撤销证书请求、生成签名、验证签名、简单的加解密运算等。

第八，内容服务器。其功能是向用户提供内容服务，如 CA 的网站服务器。它可用来提供移动终端需要下载的终端应用程序、CA 根证书，以及公布 WPKI 体系的相关政策、法规。

（2）WPKI 的特点。

WPKI 为了适应无线环境而对传统 PKI 技术进行了优化。它们两者的实现原理和业务流程基本一致，区别主要来自 WAP 终端处理能力弱，以及无线网络传输带宽有限等问题。因此，WPKI 必须采用更简洁高效的协议和技术。它们的主要区别除了适用的网络不同（WPKI 应用在无线网络中，PKI 应用在有线网络中）之外，主要体现在 WPKI 的以下优化上：

在证书格式方面，WPKI 的证书使用 WTLS 证书，它的功能与 X. 509 证书相同，但更小更简化，有利于在资源受限的移动终端中处理，而且 WTLS 证书格式是 X. 509 证书格式的子集，所以可以在标准 PKI 中保持互操作性。

在本地证书保管方面，WPKI 采用证书 URL，即在移动终端存储的证书可以只是证书的 URL，证书一般存储在证书目录服务器中，这样可以解决证书在下载、存储时对移动终端资源的耗费。

在证书撤销方式方面，WPKI 采用的是短时网关证书（Short-Lived Gateway Certification，SLC）。证书撤销的前提是对证书有效期的验证，这会对客户端产生很大负荷，PKI 的方式不适用于 WPKI。短时网关证书的有效期很短，例如一天。当 CA 想撤回服务器证书或网关证书时，只要不继续发放短期证书即可。

在公钥加密算法方面，WPKI 采用的是椭圆曲线加密体制。密码长度只有 165 位，但实际应用时和传统 PKI 的 1024 位或 2048 位安全强度一样，但运算量和运算复杂度都降低很多。

在安全连接协议方面，WPKI 采用的是 WTLS。WTLS 工作在 WAP 协议的安全层，适合在窄带宽通信信道上使用。WTLS 功能类似于 Internet 使用的 SSL 协议，但为了适应无线网络较低的数据传输率，对 SSL 进行了一定程度的改进，同样可以实现数据完整性、数据加密、身份认证三大功能。一个安全的 WAP 会话通过两个阶段实现。首先 WAP 网关与 Web 服务器之间通过 SSL 进行安全通信，确保了保密性、完整性和对服务器的认证，然后 WAP 网关和移动终端之间使用 WTLS 实现安全通信。

三、PKI 系统的应用

PKI 系统提供了一种可信的网络环境，保证信息交换和传输安全是基于 Internet 的各种应用发展的重要保障。PKI 是目前广泛被采用的 Internet 安全解决方案，下面介绍几种比较典型的 PKI 应用。

1. 网上银行

网上银行采用 Web 技术和互联网技术为客户提供信息服务和金融交易服务。由于在开放网络环境传输交易数据，且涉及用户资金等敏感信息，在身份认证、交易信息的保密性和完整性等方面存在很多安全问题，网上银行一般采用 PKI 体系实现网上银行应用的安全。

网上银行的交易方式一般是点对点的，客户浏览器和服务器上分别安装客户证书和服务器证书，通常采用双向认证的验证方式。当客户访问网络银行服务器时，银行服务器首先要确认用户是否为银行真实客户，主要包括验证客户端证书和客户真实身份。同时还要查询目录服务器该客户证书的有效期和是否为"黑名单"。认证通过后，客户端也要验证银行服务器证书。双向认证后，安全通道便建立起来。客户端给服务器提交经过数字签名及加密的信息，经网关转换后交给银行后头信息系统处理，同时将通过数字签名的结果信息返回给客户端。这样就实现了网上支付的安全。

2. 网上报税

网上报税通常依托互联网开展，网上申报业务应用安全应确保纳税人登录网上申报系统身份的真实性，确保纳税人网上申报过程中的数据保密性和完整性，确保申报数据的法律效力，提供纳税人自助打印电子缴款凭证。网上报税应用安全通过数字证书实现身份认证及网上申报数据的可靠电子签名，通过税务电子原件系统对申报电子原件进行可靠管理，使网上报税系统产生的申报电子原件符合电子签名法的相关要求，为税务机关网上申报系统提供具有法律效力的数据电文，为纳税人提供更好的网上申报服务。

3. 电子商务

电子商务是基于网络环境下的新型交易模式，交易参与方有消费者、企业、政府及相关组织等。电子商务交易双方互不见面，因此必须建立和维持可信任的交易环境才能保证交易顺利进行。电子商务中普遍采用基于 PKI 的数字证书安全解决方案。当买方登录电子商务平台浏览商品，买方向商家发送购买请求及付款信息，商家和买方相互验证对方证书，相互确认对方身份，身份确认后建立起安全通道。买方用商家和银行的证书公钥对订货和支付指令进行"双重数字签名"。商家收到这些信息后留下订货信息，将支付信息转发给银行。商家用自己的私钥解密用自己公钥加密的订单信息，验证签名，因为商家没有银行的私钥，所以无法解密支付信息，因此商家无法看到买方账号。同样，银行只能用自己的私钥解密支付信息，验证签名。因为银行看不到买方的订单信息，因此实现了隐私信息的保护。商家发送货物通知银行划账，银行划账后通知电子商务平台、物流、买方，进行商品配送。整个交易过程是在 PKI 提供的安全服务下进行的，是基于安全电子交易 SET 协议实现的安全交易过程。

4. 电子政务

电子政务的主要内容有网上信息发布、办公自动化、网上办公、信息资源共享等。为保证电子政务应用的安全需要对用户进行身份认证、权限控制。一些文件在网上传输时需要保密，一些文件在网上传输时需要有数字签名，实现抗否认性等。

PKI 可为这些安全需要提供支持。

除以上应用外，PKI 作为一种安全解决方案，在网上证券、电子病历系统等都有广泛的应用。

第三节　认证技术

认证也可称为鉴别，是远程通信中获得信任的手段，目的是为了防止对方欺骗、伪造、篡改、抵赖等形式的出动攻击。认证技术包括身份认证和消息认证两大类。

一、消息认证

消息认证用于验证所收到的消息确实是来自真正的发送方且未被修改，也可以验证消息的顺序和及时性。消息认证，可利用加密算法、散列函数和消息认证码实现。

1. 基于对称密码机制的消息认证

如果利用的加密算法是对称密码体制，最常用、最简单的认证机制是认证双方通过共享一个密钥来实现相互认证。因为这个共同的密钥只有双方知道，就可依靠这个密钥进行相互认证。对称密码体制实现的消息认证可提供认证、保密性，但不能提供数字签名。若要消息认证同时提供认证、保密性、数字签名的功能，则需要使用公钥密码体制实现消息认证。

2. 基于散列函数的消息认证

实现消息认证还可以利用散列函数。利用散列函数可以把任意长度的输入 M，变换成固定长度的输出，该输出就是散列值，也被称为消息摘要或数字摘要。消息摘要与这段消息 M 一一对应，如果消息 M 发生了改变，那么其对应的消息摘要也会改变。通过消息摘要的比对就可以知道消息 M 是否在通信中被改变了，因此，散列函数通常用于实现消息认证。

3. 基于消息认证码的消息认证

实现消息认证还可以利用消息认证码。消息认证码(Message Authentication Code，MAC)是一种与密钥相关的单向散列函数，它除了与其他单向散列函数(如 MD5)具有同样的性质外，还包括一个密钥。只有拥有相同密钥的人才能鉴别这个散列值，这对于没有保密情况下提供消息的可鉴别性是非常有用的。消息认证码即可以用于鉴别多个用户之间数据通信的完整性，也可用于单个用户鉴别磁盘文件的完整性。另外，在一些情况下某些信息只需要真实性，不需要机密性，例如，广播的信息，信息量大，难以实现加密，政府的公告等信息只需要保证真实性。则 MAC 更适合用来专门提供认证功能。

二、身份认证

身份认证是指证实用户的真实身份与其所声称的身份是否相符的过程。基于身份认证的依据不同，身份认证有不同的分类。

1. 按认证的方向分类

身份认证分为单向认证和双向认证。单向身份认证是指通信双方只有一方向另一方进行认证，一个实体充当申请者，另一个实体充当验证者。例如一般的网站的身份认证就是单向认证，网站可验证用户的身份，而用户无法验证网站的真伪。双向认证是通信双方相互进行认证，每个实体既是申请者，也是验证者，在电子商务活动中双向认证可提供更高的安全性。

2. 按认证是否基于密码分类

身份认证可分为非密码的认证和基于密码算法的认证。非密码认证包括口令机制、基于生物特征的机制、令牌认证等。基于密码的算法的认证机制主要是双方共享一个验证密钥的方式。

(1) 口令认证。口令认证比较简单，代价低，是目前使用最广泛的身份认证机制，但是它的安全级别不高，通常面临不同的威胁，需采取相应的防范措施。

第一，通信线路窃听。攻击者可以通过对传输口令的通信线路的窃听获得用户名和口令。在目前的广播式网络中，通过抓包软件截获用户传输的认证信息数据包来获取用户口令是很容易的。对付这种攻击的方法是使用单向散列函数在客户端对口令进行加密，即求散列值(用 p' 表示)，服务器端保存用户的 ID 和口令的散列值(p')。客户端输入 ID 和口令 p 时，客户端用单向散列函数对 p 求 p'，验证者用保存的标识为 ID 的 p' 和客户端发来的 p' 进行比较，如果一致则认为口令正确。但这种方法可能会遭受字典攻击。对付字典攻击的方法是采用加盐机制。一种简化的加盐机制是将用户 ID 当成盐，即使用单向散列函数对用户 ID 和口令的连接串求散列值。

第二，危及验证者的安全。通过内部攻击危及系统所有用户的口令文件或数据库，如恶意的管理员可能会窃取用户数据库中的口令进行传播或贩卖。对付这种威胁的方法是声称者端用单向散列函数对口令生成散列值。但是攻击者可能获取 ID 和加密后的口令发送给验证者，验证者会误以为合法用户。避免这种攻击的方法是声称者使用单向散列函数对用户 ID 和 p' 求散列值，记为 h。验证者使用单向散列函数对用户 ID 和 p' 求散列值，记为 q。验证者比较 q 和 h 是否相等，如果相等则验证通过。

第三，重放攻击。通过搭线的方法，如果可以记录从客户端发送到认证服务器的消息，就可以用软件把认证信息原封不动地重放给验证者进行认证，从而获得对用户账户的访问权。这种类型的攻击不知道用户真正的口令，但因为系统看到正确的摘要，就允许访问系统了。对付重放攻击的方法，可以使用加随机数、加时间戳、加流水号，也可以使用挑战—应答机制和一次性口令机制。

基于挑战—应答的口令机制是由验证者提出"问题"（通常是随机生成的随机数），申请者应答，然后由验证者验证其正确性。挑战—应答机制广泛应用在网站或应用程序的登录中。在登录界面中，服务器发送一个随机生成的验证码到客户端，要求用户输入该验证码，当用户输入登录密码后，客户端应用程序会用登录密码的散列值加密验证码，这样每次在线路上传输的认证信息不同，因此可以有效避免重放攻击。这种方式的优点是客户端设备简单，各个口令之间的不相关性好，安全性高。但是缺点是需要具备数据回传条件，而且没有实现用户和服务器之间的相互认证，因此不能抵抗服务器假冒攻击的情况。

一次性口令又称为动态口令，是指用户每次登录时都使用一个不同的口令。因为每次登录过程中传送的认证信息不同，可以抵抗重放攻击。

第四，口令外部泄露。由于用户或管理员疏忽或其他原因导致攻击者可以通过电子系统或系统以外的手段获得口令。例如，用户会将口令写到纸上，或记录在手机上，或记录到未受保护的文件中，或操作时被偷窥，或通过欺骗手段非法获得口令。可通过以下措施防止口令外部泄露的发生：通过教育、培训，增强用户或系统管理员的安全意识；建立严格的组织管理和执行手续；不同系统应使用不同的口令；确保口令只与一个人有关，不显示在屏幕上，不留在纸上；定期改变口令等。

第五，口令猜测。即攻击者不断尝试不同的口令，直到成功为止。如果口令是从大量的可能值中产生的，一般不会成功。但用户在选择口令时，常常使用一些明显的数值，如生日或电话等，就危险了，这些值极易被试验出来。可通过以下措施防止口令被猜测出来：严格限制非法登录的次数；规定口令最小长度；防止使用与用户特征（如生日、身份证等）相关的口令；更改或取消系统安装时的默认口令；定期更改口令等。

（2）生物特征认证。基于生物特征的身份认证是利用个人的某些生物特征或行为特征来电子化地验证其身份。比较常见的生物特征识别技术包括虹膜扫描，指纹、脸形、声音、掌纹、视网膜识别等。与密码系统的精确匹配不同，生物特征认证系统使用的是近似匹配。生物特征认证系统中的匹配软件把新收集到的生物特征数据与存储在数据库中的模板进行匹配，看结果是否在有效范围内。决定有效性的办法取决于生物特征的类型和系统使用的匹配算法。

需要注意的是生物特征模板是极具个性化的信息，必须得到恰当的保护。生物特征认证会遭受欺骗或重放攻击，因此需要某些保护机制。另外，总会有些用户群体不能使用生物凭证等。

（3）其他身份认证机制。下面主要介绍基于令牌的机制和基于地址的机制。

第一，基于令牌的机制。令牌是个人持有物，是进行身份认证的方法，属于双因素身份认证，即令牌通常和一个口令或 PIN 联合使用。基于个人令牌的验证有多种运作方式：

①储存式令牌。将某个密码的数据值如数字签名，用的私人密钥储存在令牌中，在用户给出了正确的口令解开令牌后由验证协议来使用。

②同步一次性口令生成器。令牌定期生成一个新的口令，令牌持有者使用该口令对支持该验证方式的主机进行验证。

③提问—答复。令牌运行在提问—答复协议的客户端，将提问值和储存在令牌中的永久密值运用单向函数进行运算，生成答复信息。

④数字签名令牌。令牌持有数字签名所需要的私人密钥和运用该私人密钥对给定的数据值计算数字签名所需要的逻辑条件，可以将数字签名用在某个验证协议中。在生成数字签名之前，通常需先给出正确的口令来对令牌解锁。

一般令牌的物理形式有人—机界面令牌、智能卡、PCMCIA、USB 令牌等。

第二，基于地址的机制。基于地址的机制是依据某个呼叫的发送地址对用户进行验证，如 IP 地址。

第四节　信息隐藏与数字水印

密码技术研究如何对保密信息进行特殊的编码，以形成不可识别的密文进行传递，而信息隐藏技术则研究如何在公开的信息中隐藏机密信息，并通过公开信息的传输实现机密信息的传输，因此信息隐藏技术本质上已不属于密码学的范畴。中国的藏头诗实际上是中国古代对信息隐藏思想的一种应用。

一、信息隐藏技术

信息隐藏技术和加密技术都可用来保密信息，但与加密技术不同的是，信息隐藏技术将要保密的信息藏在其他载体信息里，使其他人找不到。信息隐藏技术包括：秘密信息，即嵌入的数据；载体信息，即掩饰对象(如文字、声音、图像、视频等)；伪装对象，即隐蔽载体，是秘密信息和载体信息的组合；伪装密钥，一般是在密码信息嵌入过程中使用的密钥。

信息隐藏技术涉及很多应用领域，主要应用领域有以下几个：

第一，数字作品的版权保护与盗版追踪。信息隐藏技术目前绝大部分研究成果是在这领域取得的。信息隐藏技术在应用于版权保护时，所嵌入的隐藏信息通常被称为"数字水印"。服务商在向用户发放作品时，将服务商和用户的识别信息以水印的形式隐藏在作品中，当发现数字作品被非法传播时，可以通过提取识别信息追查非法传播者。版权保护所需嵌入的数据量很小，但对隐藏信息的安全性和鲁棒性要求很高。

　　第二，数据完整性鉴定。是指对某一信号的真伪或完整性的判别，并可根据需要支持该信号和原始信号的区别。

　　第三，扩充数据的嵌入。扩充数据主要是指对载体信号的描述或参考信息、控制信息以及其他媒体信号等。例如，可在源文件里嵌入时间戳的信息，来跟踪载体的复制、删除以及被修改的历史，而无须在原信号上附加头文件或历史文件，避免了使用这些文件时文件容易被改动或丢失，需要占用更多的传输带宽和存储空间的问题。

　　第四，数据保密通信。信息隐藏技术同样可以起到保密的作用，对于网上银行交易中的敏感信息、谈判双方的私密协议合同、网上银行信息等进行隐藏，可以较好地保护这些数据。

　　第五，数据的不可抵赖性。使用信息隐藏技术的水印技术，在交易体系中的任何一方发送或接收信息时，将各自的特征标记为水印的形式加入传递的信息中，这种水印应是不能去除的，以此达到交易双方不能否认其行为的目的。

二、数字水印

　　数字水印是通过一定的算法，在多媒体数据，如图像、视频、音频等中嵌入一个可以标示其知识产权的水印信息，该水印信息可以是文字、商标、印章、序列号等。通过水印信息可以识别作品的作者、来源、版本、拥有者、发行人或合法使用人对数字产品的所有权。对于水印信息，可以通过特殊方式从宿主信号中提取或检测它的存在。数字水印信息可以被唯一、准确地鉴别，因此可以为已经受到版权保护的信息产品提供完全的、可靠的所有权归属证明的证据。

1. 数字水印的特点

数字水印一般具有以下特点：

（1）不需要原始媒体就可进行水印还原。

（2）数字水印的嵌入不能导致数字作品在视觉或听觉等方面质量的下降。

（3）水印应能在经历无意或有意的处理后仍保持完整性和鉴别性。

（4）非授权用户无法检测和破坏数字水印。数字水印应能一直保持存在，除非图像失真丧失使用价值。

（5）数字水印的藏入算法可以公开，但嵌入过程，包括嵌入方法和水印结构等应该是秘密。

2. 数字水印技术算法

数字水印的藏入算法通常有基于空间域算法和基于频域算法两种。较简单的基于空间域算法是将水印直接藏入像素值中。这种算法的优点是运算量小，对图像作品品质影响较小，缺点是强韧度较差，轻微影像处理如模糊化、锐化等便会破坏像素中的 LSB 值。基于频域算法是利用离散余弦变换或小波变换将被保护的图像转换至频域中，然后将水印藏入频率系数的高频中。这种算法的优点是强韧度较高，可以承受部分图像处理产生的破坏，但计算量较大。这两种算法都比较简单，但安全性较差，水印极易被破坏。一种解决办法是将水印的藏入位置如 LSB 或频率系数的高频位置打乱。利用这种方法，藏入水印后对原来的图像信息影响不大，人眼难以识别，而且水印不会被轻易取出或破坏。

本 章 小 结

加密与认证相关技术是实现信息安全的重要手段。第一节介绍了密码的概念、分类。由于对称密码体制和非对称密码体制工作原理不同，各有优缺点，因此在安全要求较高的环境下可将二者结合起来，另外 WEP、WPA 和 WAPI 是无线局域网常用的信息安全技术。第二节介绍了 PKI。PKI 为基于网络环境下组织的业务和活动提供了有效的 Internet 安全解决方案，一个典型的 PKI 应用系统至少由 CA、X.500 目录服务器、安全的 WWW 服务器、Web 安全通信平台及自行开发的安全应用系统组成，另外还包括 PKI 策略。WPKI 是在无线环境中实现的 PKI，是对传统 PKI 技术的一种优化。第三节介绍的认证技术可实现访问控制、机密服务和不可否认服务等，具体包括消息认证和身份认证。第四节介绍的信息隐藏技术和数字水印提供了一种不同于密码技术的信息保护手段，被广泛应用在需要信息保护和鉴别的领域。

课 后 习 题

一、单选题

1. 网上银行系统的一次转账过程中发生了转账金额被非法篡改的行为，这破坏了信息安全的(　　　　　)属性。

    A. 保密性　　　　　　　　　　　　B. 完整性

    C. 不可否认性　　　　　　　　　　D. 可用性

2. 利用电子商务进行网上交易，通过(　　　　　　　)方式保证信息的收发各方都有足够的证据证明操作的不可否认性。

    A. 数字信封　　　　　　　　　　　B. 双方信誉

C. 数字签名   D. 数字时间戳

3. 关于认证机构 CA,下列说法错误的是( )。

    A. CA 可以通过颁发证书证明密钥的有效性

    B. CA 有着严格的层次结构,其中根 CA 要求在线并被严格保护

    C. CA 的核心职能是发放和管理用户的数字证书

    D. CA 是参与交易的各方都信任的且独立的第三方机构组织

4. 关于数字证书说法错误的是( )

    A. 数字证书扮演着网络身份证的角色

    B. 根据需要数字证书可以导入和导出

    C. 数字证书具有一定的格式和内容,目前使用的标准是 X. 509 v3

    D. 数字证书是基于对称密钥体系建立的

二、简答题

1. 比较对称密码体制与非对称密码体制的优缺点。

2. 数字证书的类型有哪些?

3. 结合实际谈谈 PKI 的应用。

4. 比较 PKI 与 WPKI 的区别。

5. 身份认证的方式有哪些?

6. 你认为密码和指纹哪个更安全,为什么?

7. 信息隐藏技术的应用场所有哪些?

案 例 分 析

数据安全:1.98 亿购车者的购车记录公之于众

2019 年 9 月 11 日,Dealer Leads 旗下的 Elastica DB 披露了"研究"网站收集的大量潜在购车者的信息。超过 1.98 亿份包含潜在购车者信息的记录被发现暴露在互联网上,这些记录包括贷款和金融数据、车辆信息以及网站访问者的 IP 地址,还包括姓名、电子邮件地址、电话号码、街道地址以及其他以纯文本形式暴露在公共互联网上的敏感、可识别信息。安全研究人员还指出,网络罪犯可以利用 IP 地址、端口、路径和存储信息等数据来进一步浏览网络。

这个不受密码保护的 Elasticsearch 数据库属于 Dealer Leads 公司,该公司通过优化搜索引擎的目标网站收集潜在买家的信息。

据安全发现公司的高级安全研究员耶利米·福勒(Jeremiah Fowler)说,这些网

站都为访问者提供购车研究信息和分类广告。它们收集这些信息，并将其发送给特许经营和独立的汽车经销商作为销售线索。公开的数据库总共包含 413GB 的数据。这些信息包括记录姓名、电子邮件地址、电话号码、物理地址、IP 地址以及其他以纯文本形式暴露在公共互联网上的敏感或可识别信息。

8 月 20 日福勒致电该公司后不久，总部位于加州的 Dealer Leads 关闭了对该数据库的公开访问。然而，数据集似乎在此之前已经存在了一段时间。目前还不清楚是经销商负责人通知了与其合作的汽车经销商，还是网站访问者自己受到了影响。

根据 GoogleAnalytics 的说法，DeattleLead 在 LinkedIn 上称自己是"汽车行业连续四年最高的中转商"，该公司一直"根据购车者使用的搜索词收集和购买流行的汽车相关域名"。

这里的销售人员说："我们已经将这些频繁使用的搜索词转变成各种网站 SEO 来匹配这些搜索术语，这些网站在购买汽车的各个阶段都会捕获用户。"

（来源：墨天轮 https：//www. modb. pro/db/6545）

讨论：
1. 分析此次安全事件发生的原因。
2. 针对案例，谈谈应该使用什么安全技术或采取哪些安全措施进行防范。
3. 谈谈你对安全技术的认识，以及如何提升安全技术的应用效果。

第三章　网络安全技术

【本章主要内容】

网络安全概述

防火墙技术

入侵检测技术

虚拟专用网技术

防病毒技术

【本章学习方略】

本章重点内容

(1)网络安全概念及安全要素

(2)网络安全技术

本章难点内容

(1)云安全技术

(2)大数据安全技术

随着互联网技术、移动互联网技术的全面普及，网络上承载着数以亿计的各种信息，网络环境下数据安全和隐私问题直接影响着个人、企业，甚至是国家的安全。随着网络攻击自动化、智能化，需要采取更加有效的防御措施才能保证网络安全。

第一节　网络安全概述

电子商务是以互联网为基础的新型商务模式，改变了经济体系，大大方便了人们的工作和生活。互联网是一个开放、公共的网络，但是在互联网体系结构和协议创建之初没有适当考虑安全的需要，因此存在根本性的缺陷和许多安全漏洞，安全成为互联网最薄弱的环节，给攻击者留下了可乘之机。

一、网络安全的概念

20 世纪 90 年代以来，社会生活各个领域的活动已逐步转移到互联网中，安全是互联网技术进一步应用和发展的重要保障。

1. 网络安全的概念

（1）网络安全的含义。

安全是指主体没有危险的客观状态。网络安全是指网络系统的硬件、软件及系统中的数据免受偶然或恶意的破坏、更改、泄露，保障网络系统正常运行，网络服务不中断。

从网络系统的构成来看，需要保证网络的安全就是确保计算机主机（网络节点）的安全、网络通信信道的安全和信息安全。计算机安全是使计算机中的数据、程序和文档不被非授权人员、计算机或程序访问、获取或修改。网络通信信道安全就是确保信道转接节点和通信链路的安全。信息安全是在保证信息可用的情况下保护信息免遭偶发的或有意的非授权访问、修改、破坏或泄露。网络运行和管理者需要采取措施确保网络各组成部分的安全，防止和预防网络黑客的攻击。

从网络运行来看，需要保证系统实体安全、系统运行安全和系统软件安全。系统实体安全也称为物理安全，是保护计算机设备、网络设备及其他媒体免受自然灾害、人为破坏和环境威胁的过程，具体包括环境安全、设备安全和媒体安全。系统运行安全是指提供一套安全措施保护信息处理过程的安全，主要通过风险分析、审计跟踪、备份与恢复、应急措施等实现。系统软件安全主要包括操作系统安全、数据库安全。因为网上的黑客主要针对软件进行攻击，因此保证系统软件的安全更为重要。

（2）网络安全的要素。

从定义可以看出，网络安全就是确保网络上信息存储和传输的安全，具体可从以下安全要素出发。

第一，机密性。机密性指网络通信中的信息要求只有发送方和接收方才能访问，即信息不被泄露给非授权用户。例如电子商务系统在交易过程中会产生大量信息，这些信息涉及商业秘密或个人隐私，需要对其保密。

第二，完整性。完整性指计算机中存储或网络上传输的信息不被无授权者修改、删除、伪造、乱序、重放、插入等。如果消息在发送后未到达接收方就被改变，也就是接收方收到的消息与发送方发送的不一致，表明消息的完整性遭到破坏。但是如果接收方收到的消息与发送方发出的相同，并不能说明该消息具有完整性，因为如果消息被重放，则消息的完整性也已经被破坏了。电子商务系统应防止交易信息未授权生成、修改和删除，同时防止传输过程中信息的丢失、重复，保证传递次序的一致。

第三，认证性。认证性是确保对方身份是他们自己声称的和信息来源是真实的。在电子商务中，攻击者伪造网站、电子邮件地址，给用户发送支付请求等行为经常出现。可靠的认证机制可以防止此类行为的发生。对实体的认证可确保通信双方的身份真实，对消息本身的认证可确定消息来自真实的声称的实体，而不是伪造的。

第四，可用性。可用性是指信息网络系统可随时为授权的用户提供服务，不因非授权者的干扰拒绝对授权者的服务。网络用户的需求是随机的、多方面的，如语音、数据、文字和图像等，有时还要求时效性，网络必须随时满足用户通信的要求。在电子商务中，对于大型的电子商务网站，如果受到攻击或因故障停止服务，哪怕是短短的几分钟也将给网站带来巨大损失。

第五，不可否认性。不可否认性也称不可抵赖性，是指通信双方(人、实体、进程)的信息真实统一，包括发送方和接收方均不可抵赖。在电子商务系统中，一旦交易达成，发送方不能否认发送的消息，接收方不能篡改收到的消息，从而保证交易双方对已做的交易无法抵赖。电子商务系统应防止商业欺诈，保证商业信用和行为的不可否认性。

第六，可靠性。可靠性是指系统在规定的条件和时间完成规定任务的概率。网络不可靠，故障频发，就谈不上安全，因此可靠性是网络安全的基本要求之一。网络故障与硬件可靠性、软件可靠性、人员可靠性和环境可靠性直接相关。

第七，可控性。可控性又称访问权限控制，是指网络确保仅允许拥有适当访问权限的实体以明确定义的方式，对访问权限内的资源进行访问。例如系统对普通用户和高级用户分别设置不同的权限，普通用户对系统中的信息只有读取权限，而高级用户具有读取、修改的权限。

(3)影响网络安全的主要因素。

影响网络安全的主要因素有三种，即人、过程和技术。

第一，人。在网络安全问题中，人为因素非常重要，因为大多数网络安全事件都是人为因素造成的。人为因素通常分有意和无意两种情况。人员对网络进行恶意破坏，实施违纪、违法犯罪活动的行为是有目的的有意行为。人员的操作不当或操作失误，如网络配置不当、口令泄露、程序员软件开发中的缺陷等，这些不是主观故意行为，但会给网络系统运行带来不良影响。在电子商务系统中，人是电子商务运行和交易中的重要实体，是影响电子商务安全的重要因素。

第二，过程。网络系统的运行过程应该有严格的制度来规范各种操作行为，避免违规操作或误操作的发生。电子商务系统运行应从制度上避免各种不规范行为的发生。

第三，技术。技术对网络系统的安全影响是直接的，网络通信协议先天性的安全漏洞、计算机硬件系统故障、操作系统先天的缺陷、网络数据库和应用软件的缺陷与漏洞等成为网络系统最直接的安全隐患。电子商务系统必须从技术上保障系统的安全可靠。

在电子商务系统日常运行过程中既要重视技术因素，更要重视人和过程的因素，其中人和过程因素可看作管理的因素。

二、网络安全策略

1. 物理安全策略

电子商务系统对物理安全具有相当高的要求，物理安全策略是整个电子商务安全策略的重要组成部分，具体包括设定安全区域、物理入口控制、外部和环境威胁的安全防护、安全区域工作规程、设备等方面。

在设定安全区域方面，应设定物理安全边界，即定义和使用安全边界来保护包含敏感或关键信息和信息处理设施的区域。在安全边界内具有不同安全要求的区域之间，应设置额外的屏障和边界以控制物理访问。在物理入口控制方面，应设置适当的入口控制措施，确保只有授权的人员才允许访问。在外部和环境威胁的安全防护方面，应采取物理安全措施保护办公室、房间和设施的安全；同时应防止自然灾害、恶意攻击和意外。在安全区域工作规程方面，需要覆盖安全区域工作的员工和外部用户以及发生在安全区域内的所有活动。在交接区方面，对访问点(例如交接区)和未授权人员可进入的其他点进行控制。要对物资的进入、撤离进行检查(是否被篡改、存在危害物质)、登记或适当的隔离。

2. 访问控制策略

可通过建立访问控制策略来实现访问控制的目的，即保护对网络资源的访问。访问控制策略包括逻辑的和物理的策略。

在制定策略时需要考虑：业务应用的安全要求；信息传播和授权的需要；系统和网络的访问权与信息分级策略之间是否一致；与访问数据或服务相关的法律和合同义务；网络访问权的管理；如何控制管理访问角色；记录管理用户隐私信息及秘密信息的使用等。在制定访问控制规则时应基于"未经明确允许，则一律禁止"的前提，而不能在"未经明确禁止，一律允许"的弱规则的基础上建立。要设定信息处理设备和信息系统的自动启动规则。要根据访问控制策略制定具体的访问控制规则，访问控制规则可通过正式的规程和已定义的责任来支持。

常用的访问控制方法是基于角色的访问控制。基于角色的访问控制是一种被许多组织成功使用的来关联业务角色和访问权的方法。在网络和网络服务的访问方面，应制定一个有关网络和网络服务使用的策略，仅向用户提供他们已获专门授权使用的网络和网络服务的访问。在用户访问管理方面，应通过策略确保授权用户对系统和服务的访问，并防止未授权的访问。在用户责任方面，应制定策略让用户承担保护其鉴别信息的责任。在系统和应用访问控制方面，应制定策略防止对系统和应用的未授权访问。

3. 网络密码策略

在密码控制方面，应开发和实现用于保护信息的密码控制使用策略，通过适当和有效地使用密码技术来达到不同的安全目的。包括保护信息的保密性、真实性、抗抵赖性、可鉴别性。具体可通过风险评估来识别需要的保护级别，确定需要的加密算法的类型、强度和质量；对各种介质设备或通信线路传输的信息使用进行加密保护；确定密钥管理的角色和责任；考虑我国应用密码技术的规定和限制，以及加密信息跨越国界时的问题等。

在密钥管理方面，应制定和实现贯穿其全生命周期的密钥使用、保护和生存期策略，包括密钥生成、存储、归档、恢复、分发、废止和销毁。除了安全地管理私密密钥和私钥外，还宜考虑公钥的真实性。公钥真实性的鉴别过程可以由认证机构正式颁发的公钥证书来完成。需要考虑制定规程来处理对密钥访问的法律要求，例如，加密的信息可能需要以未加密的形式提供，以作为法庭证据。

4. 网络安全管理

应确保网络中的信息及其支持性的信息处理设施得到保护。通过控制以确保网络中信息的安全，确保所连接的网络服务得到保护，免遭未授权访问。在网络服务安全方面，无论服务是由内部提供的还是外包的，应确定所有网络服务的安全机制、服务级别和管理要求，并将它们包括在网络服务协议中；网络服务提供商应以安全方式管理商定服务的能力。组织应确保网络服务提供商实现了特殊服务的安全特征、服务水平和管理要求等。

在网络隔离方面，应在网络中隔离信息服务、用户及信息系统。管理大型网络安全的一种方法是将该网络分成独立的网络域。由于无线网络的边界难以确定，因此需要专门处理。对敏感环境而言，宜考虑把所有无线访问视为外部连接，并将该访问从内部网络隔离，直到该访问在被授权访问内部系统之前根据网络控制策略通过了网关为止。在信息传输方面，应有正式的传输策略、规程和控制，以保护组织内及与外部实体间使用各种类型通信设施进行信息传输的安全。在信息传输协议方面，应解决组织与外部方之间业务信息的安全传输问题。在电子消息发送方面，应适当保护包含在电子消息发送中的信息。电子消息发送的类型有多种，例如电子邮件、电子数据交换以及社交网络等。在保密或不泄露协议方面，应使用法律强制条款来保护保密信息。保密或不泄露协议适用于外部组织的员工。

除以上策略外，还应有备份策略、恶意软件防范策略、技术脆弱性管理策略等。

电子商务安全在安全策略指导下，可采用 PDRR 安全防护模型，它是由保护、检测、响应、恢复构成的一个动态信息安全闭环。其中，保护是采用网络安全工具和技术保护网络系统、数据和用户。检测是指实时监控系统的安全状态，主要满足动态安全需求。响应是指对危及网络系统的事件和行为作出反应。恢复是指当入侵发生、对系统造成破坏，用来尽快恢复系统正常工作的一套机制。这四个环节相互关联，相互转换。系统在保护下处于正常状态，当检测出异常后进入异常状态，通过响应、恢复将系统调整到正常状态。因此安全保护是一个动态的过程，在正常状态和异常状态中相互转换。

三、网络安全应用技术

网络安全是一个复杂的系统工程，目前解决网络安全问题的主要技术和产品有防火墙、虚拟专用网、入侵检测等。在与 Internet 的链接中，防火墙是一种广泛使用的网络安全技术。通常把防火墙作为组织内网与外网之间的第一道安全防线，用来在两个或多个网络间加强访问控制。防火墙是一个或一组系统，可将未经授权的访问阻止在受保护的内网之外，同时限制容易受到攻击的服务出入网络。虚拟专用网络(Virtual Private Network，VPN)为企业扩展内部网络的范围提供了一种方便、低成本的解决方案，可以将地理位置分散的分支机构、商业合作伙伴及移动办公员工等连接起来，安全地进行通信。入侵检测技术(Intrusion Detection Systems，IDS)可以动态识别和预防各种网络攻击，包括内部攻击、外部攻击等。入侵检测系统是一种主动的安全防护技术，可以和防火墙及路由器配合工作，可以弥补防火墙对内部网络的攻击或越权访问防范方面的不足。随着互联网的发展，在强大利益驱使下，目前病毒制造呈现集团化、产业化趋势，病毒的功能和抵抗能力越来越强，并借助网络爆发式传播，给计算机网络用户造成了巨大损失。病毒成为计算机和网络的主要威胁。但不断出现的新兴技术也为我们应对病毒提供了新的技术手段，例如云安全技术和大数据安全技术等。

1. 云安全技术

云计算是通过 Internet 以服务的方式提供动态可伸缩的虚拟化资源的计算模式，其计算资源包括计算能力、存储能力、交互能力等。云计算与电子商务结合，不仅可以打破移动端性能的瓶颈，而且为电子商务提供了全新的 IT 资源交付部署模式，如 SaaS 模式，给企业经营决策提供了强有力的商业智能支持和灵活的计算资源服务。为企业提供的"云"可以使企业从对后台海量数据的安全保护中解脱出来，这是安全存储的新模式。

但是在服务模型、运营模型以及用于提供服务的相关技术等方面，云可能存在与以往不同的风险，如客户对数据和业务系统的控制能力减弱，客户与云服务商之间的责任难以界定，可能产生司法管辖问题，客户数据的所有权面临挑战，数据保护更加困难，数据残留，容易产生对云服务商的过度依赖等。应对云安全中的主要安全威胁，可以运用以下安全技术：

(1)数据安全技术。数据的安全保护涉及各类信息的物理隔离或虚拟化环境下的隔离，基于身份的物理或虚拟安全边界访问控制，数据的异地容灾、备份以及数据恢复，数据的加密传输和加密存储，数据残留等。下面主要介绍云存储、云传输及数据残留方面的安全技术。

云存储安全。出于"经济性"考虑，云计算一般采用多租户共享运营模式，用户数据混合存储。如果应用程序存在漏洞，非法访问仍会发生。对于云存储类服务，通常采用效能较高的加密算法，如 AES、3DES 等国际通用算法，或者我国的加密算法 SCB2 等。

云传输安全。云计算中采用的是逻辑安全边界。可以选择在不同的网络层次对数据进行加密，如链路层、网络层、传输层、应用层等。可采用 IPSec VPN、SSL 等 VPN 技术，也可以采用加密通道的方式保障信息传输的安全。

数据残留。数据存储设备上的数据被擦除后留有的痕迹，或是信息机迁移、回收或改变大小等行为，都会导致物理存储设备中残留数据，易导致数据泄露。因此，应采取措施，完善制度，确保不论信息是存在内存还是硬盘中，在把存储空间再次分配给其他租户之前，将上一租户的数据彻底清除干净。

（2）应用安全技术。应用安全技术主要包括终端用户安全、SaaS 应用安全、PaaS 应用安全、IaaS 基础设施安全等。

目前浏览器是用户获得云服务的主要接口，因此浏览器的安全非常重要。通过在终端上安装杀毒软件、防火墙等可保证计算机的安全。如果多种系统同时运行，则有必要对虚拟机进行管理，以防止攻击者利用虚拟机上的漏洞获取物理机上的数据。

SaaS，意为软件即服务，是一种软件交付模式，即软件和相关数据都集中托管在云上，也被称为"按需软件"。目前 SaaS 已应用在会计、CRM（客户关系管理）、MIS（管理信息系统）、ERP（企业资源规划）、HRM（人力资源管理）、CM（内容管理）等业务应用程序的交付模式中。在 SaaS 应用安全方面，SaaS 服务下云服务商的安全措施范围最大，客户的控制范围只能到应用软件层，控制范围最小。用户只负责与自己操作相关的安全，如个人密码信息安全等。而云计算提供者负责维护、管理所有应用及其安全。因此 SaaS 提供者的安全保障能力至关重要，应对云计算提供者进行评估后慎重选择。常用的评估方法是在保密协议的基础上，要求提供商提供包括黑盒与白盒安全测试记录等在内的相关安全实践信息。另外云计算提供者应加强数据管理，例如在逻辑层根据用户唯一的标识符对不同的数据进行隔离。需要注意的是这种隔离可能会被虚拟机的重新分配等软件因素打破。

PaaS，意为平台即服务，是将软件研发平台作为服务提供给用户的一种云计算服务模式。在这种模式下，用户可以使用平台提供的工具或仓库创建软件，也可以控制软件的部署和配置设置。在 PaaS 的应用安全方面，软件平台层的安全措施由客户和云服务商分担。客户负责自己实现和部署的应用及其运行环境的安全，其他安全由云服务商负责。由于 SSL 是大部分云计算安全的基础，需采取有效办法解决针对 SSL 的攻击。另外，平台的安全性通常由云计算提供者负责，若平台中用到了第三方的应用，则此应用的安全由第三方负责。用户应尽可能获取第三方信息进行风险评估，提高自己数据的安全性。还有，提供者在多用户模式下必须提供"沙盒"结构，保证 PaaS 中应用的安全性。

IaaS，意为基础设施即服务，提供了计算、存储或支持大量虚拟机扩展的资源，是最基本的云服务模式。在 IaaS 基础设施安全方面，此模式下客户的安全控制范围相对较大，虚拟化计算资源层的安全措施由客户和云服务商分担。客户负责自己部署的操作系统、运行环境和应用的安全，对这些计算资源的操作、更新、配置的安全和可靠性负责。云服务商负责虚拟机监视器及硬件的安全。当 IaaS 云计算提供者将虚拟机租赁出去后，对客户的应用安全不提供任何帮助。因此，应用的安全由用户全部负责。

（3）虚拟化安全技术。首先，基于虚拟化技术的弹性计算是 IaaS 的基础，因此虚拟化安全对 IaaS 至关重要。虚拟化软件直接安装在裸机上，具有创建、运行和销毁虚拟服务器的能力。虚拟化的实现方法很多，例如可以在操作系统级、服务器级、硬盘级等不同级别实现虚拟化。由于云计算服务提供者全权管理虚拟化软件，因此云计算服务提供者必须建立健全访问控制策略，对虚拟化软件层的访问权限进行严格控制。其次是虚拟服务器。在 IaaS 中，一台物理机器可被划分为多台虚拟机，而虚拟机之间的攻击很容易，因为同一物理服务器的虚拟机之间不需要经过防火墙和交换机等设备就可以相互访问。可以将物理服务器的安全原理移植到虚拟服务器上，例如在虚拟服务器启动时使用 TPM 安全模块对用户进行验证，若验证不通过，虚拟服务器终止启动。如果要对 CPU 之间进行物理隔离，则需要使用支持虚拟技术的多核处理器。

（4）海量用户的身份认证。互联网是开放的网络环境，存在伪造身份或身份假冒的风险，防止非授权用户访问数据。因此强制认证首先是大型数据业务系统普遍采用的用户的身份认证和接入管理方式。其次，在云计算模式下引入第三方认证中心（CA）是实现隐私保护与数据安全的可行之举。

那么对于电子商务企业云计算安全，应采取哪些应对策略呢？具体可采取以下措施：

明智地选择云计算提供商。确保提供商在 IT 和安全服务方面都有丰富的经验和很好的口碑。另外还要明确当前自己企业所处的环境和所想达到的目标，小型电子商务企业希望通过使用云来提供文件共享类 IT 服务，大型企业则希望通过使用云来加强云备份，尽管有需求差异，但安全性、可用性和灵活性是不可少的。

仔细阅读云服务提供商提供的隐私说明并作相应咨询，确保云提供商有严格的数据管理标准条例，防止云计算提供者的超级用户对企业的数据进行查看或修改，造成数据泄露。

数据加密。电子商务企业在数据传输前对数据进行加密，在传输过程中即使被窃取，对方得到的也是乱码，能够保证数据的安全。加密的数据存储在云端，即使设施处于法律调查阶段，也会保证数据的安全性。

监控数据。云监控通过和云计算平台的整合，针对网络、系统、应用等提供可用性、用户体验和安全性等方面的监控服务，保障云计算用户的业务稳定安全运行。当服务器端发生故障时，及时地给网站管理人员发送邮件和报警短信，第一时间了解网站状态，可将故障时间缩减到最短。同时也可以追踪用户访问网站的速度，协助用户判断故障等。电子商务企业使用监控系统，连续不断地监控云计算中的数据，可防止重要数据的丢失。

数据备份。电子商务企业应该慎重考虑数据丢失的风险，定期进行数据的备份。在虚拟化的环境下，选择能支持基于磁盘的备份与恢复、能支持文件完整与增量备份的云服务，以便出现数据丢失时能快速高效地进行数据恢复。

2. 大数据安全技术

网络空间作为大数据产生、流通、应用的重要场所，在为不同行业和企业产生巨大价值的同时，往往成为网络攻击的重要对象。在大数据时代，数据类型多样、体量大，被黑客攻击成功后可获得有价值信息的概率增大，降低了攻击成本。在新的数据防护措施不完善的情况下，对数据的非法获取、使用的情况更为严重。目前，大数据安全防护关键技术主要包括以下几个方面。

（1）大数据加密技术。数据加密的一个重要问题是如何对密文数据进行处理。同态加密和可搜索加密为此问题提供了解决方案。

同态加密是一种保护数据私密性的解决方案，其思想可用下面的式子表示：$E(K, F(x_1, x_2, \cdots, x_n)) = G(K, F, (E(x_1), \cdots, E(x_n)))$。其中，$E(K, x)$表示用加密算法 E 和秘钥 K 对 x 进行加密，F 表示一种运算。如果存在有效算法 G，使得该式子成立，就称加密算法 E 对于运算 F 是同态的。[1] 加密算法的同态性质可让用户将数据委托给第三方进行处理，也避免了数据泄露，解决了大数据的安全计算问题。同态加密可为大数据的处理过程提供数据保护的功能，但是，如何提高同态加密的安全性和运算效率以满足实际应用需求，还需要进一步的研究。

可搜索加密可以解决用一般加密方式对数据加密很难为数据建立索引，从而导致数据可用性很低的问题。目前，主要的可搜索加密技术可以分为两大类，即对称可搜索加密和非对称可搜索加密。

（2）访问控制技术。大数据安全防护中的访问控制技术主要用于防止非授权访问和使用受保护的大数据资源。目前，访问控制主要分为自主访问控制和强制访问控制两大类。自主访问控制是指用户拥有绝对的权限，能够生成访问对象，并能决定哪些用户可以使用访问。强制访问控制是指系统对用户生成的对象进行统一的强制性控制，并按已制定的规则决定哪些用户可以使用访问。比较热门的访问控制模

---

[1]　陈兴蜀，杨露，罗永刚. 大数据安全保护技术［J］. 工程科学与技术，2017（9）：1-12.

型有基于对象的访问控制模型、基于任务的访问控制模型和基于角色的访问控制模型。此外，还有学者基于不同的角度提出了多种访问控制方法。针对云端大数据的时空关联性，有基于位置的访问控制，即 LARB（Location-Aware Role-Based）访问控制协议；有基于属性的访问控制（Attribute Based Access Control，ABAC），例如通过用户属性、资源属性、环境属性等综合考虑来设定用户的访问权限。有一种数据安全访问控制方法，该方法将公钥和私钥形式化为读写权限，通过设计密钥来进行访问控制。有基于代理重加密的访问控制方法，该方法通过代理将密文从一种访问结构树加密变为另一种访问结构树加密，以达到权限撤销的目的。有云环境中多授权中心访问控制模型，在该模型中，可信任的证书签发机构给每个用户分配唯一的用户标识符和唯一的授权标识符。只有通过证书签发机构认证过的用户标识符和密钥一起来使用时才能解密数据，从而保证数据的安全性。还有层次化的属性基访问控制方案。该方案分层处理多授权机构，然后每层授权机构使用不同的 CP-ABE（密文策略-基于属性加密）算法，以实现粗粒度的访问控制。

但是当新的用户终端、服务器、存储设备、网络设备和其他 IT 资源不断地被接入到大数据平台时，将有更多的数据在不同系统中流转，用户权限管理任务变得十分沉重和烦琐。因此，研究可耦合的细粒度访问控制技术，例如进行访问权限细粒度划分，构造用户权限和数据权限的复合组合控制方式迫在眉睫。

（3）威胁预测与防范技术。对大数据安全防护而言，安全威胁和恶意代码预警是重要的安全保障技术手段。安全威胁和恶意代码预警可以通过对一系列历史数据和当前实时数据的场景关联分析实现。例如通过对本地和外界的流量交互进行检测，对从同一源（无论本地、外界）频繁发出的行为异常进行定位与分析，有助于在入侵阶段发现高级持续威胁（Advanced Persistent Threat，APT）攻击。当发现异常或受到攻击，应立即采取措施进行对抗，例如对敏感数据存储位置有可能是木马程序控制信息的流量数据以及不正常的周期性信号进行重点跟踪，尽快发现被劫持的主机和网络域，并在第一时间进行隔离。同时，根据日志记录，判断有可能被劫持的本地用户，并进行深入检测和隔离。

大数据威胁可能来自多方面，应采取有针对性的防范措施和技术，才能达到更好地保护大数据的目的。例如对 APT 攻击常见的防范手段有沙箱法、异常检测法、基于记忆的检测系统等。

沙箱检测最主要的特点是将容易成为 APT 攻击对象的本地文件系统、注册表等内容同一个虚拟的文件系统相互分离。当虚拟的本地系统被更改时，真实的本地系统并不会被一并更改，而是会重新定向到另外的路径，将虚拟环境的变化加以保存。这样就可以做到一面放任攻击者在沙箱中肆意攻击，另一面通过对文件系统变化数据的分析总结其攻击方法，并找到应对方式，从而在真正的本地系统中加以实施，应对并预防相应的 APT 攻击。但沙箱方法消耗大量资源，而且在一些环境下用沙箱系统能够检测出来的 APT 攻击，在另一些环境中则有可能无法被发现。

异常检测方法是通过对确定未受到攻击时的本地流量日志的数据进行总结分析，形成模型，之后每当接收新来的流量数据，就将其与安全流量建模进行匹配对比。异常检测法强调利用少量的数据对整体网络流量的异常进行检测，发现网络异常之后根据对正常流量数据模型的匹配来确定网络异常的形式，甚至是定位 APT 攻击的目的。这通常是通过检测一些可疑的加密文件和频繁而不正常的信号传输来完成的。

基于记忆的检测系统可将传统的网络安全检测方式与全流量检测（为了发现攻击模式和攻击手段，需要记录大量日志并对其进行全面分析）结合起来，通过把日志分析、传统检测系统反馈信息和常态进行对比，评估攻击发生的概率。但是基于记忆的检测系统的主要问题是传统检测方法究竟能够以怎样的效率去初步断定攻击的存在，是否能用一个足够有效的、可信的方法来对流量数据进行分析以获取攻击的具体信息。

（4）大数据审计和稽核技术。大数据处理平台通过采用安全审计技术来对安全事件进行跟踪，以及时发现安全违规事件，便于进行安全事件追责。安全审计是指对系统中发生的活动进行识别、记录、存储和分析，明确数据或服务是在何时被何人访问的、怎么被访问的，理解数据的来源和被使用方式等问题，从而实现数据管理，及时检测并发现可能的入侵攻击等异常行为。它的步骤通常包括：搜集原始的系统状态信息；汇总整理原始状态信息和已有的安全记录（包括已经发生的安全问题及其他类似系统发生的安全问题）；做出结论。大数据审计可实现多个方面的审核，例如，使用系统应用日志进行操作的合法性审核，通过比对备份信息审核系统，应用配制信息实现应用配制信息的完整性审核等。

对安全系统内部系统间或服务间隐秘存储通道的稽核，即对发送和接收信息进行审核，可降低系统安全风险。大数据的稽核可借助第三方审计工具，如 TPA（Test Project Administrator）进行。

（5）大数据安全漏洞发现。由于现阶段大数据平台大多采用开源程序框架和开源程序组件，在服务程序和组件的组合过程中，可能会遗留有安全漏洞或致命性的安全弱点。大数据安全漏洞主要是指大数据平台和服务程序由于设计缺陷或人为因素留下的后门和问题，安全漏洞攻击者能够在未授权的情况下利用该漏洞访问或破坏大数据平台及其数据。大数据平台安全漏洞的分析可以采用白盒测试、黑盒测试、灰盒测试、动态跟踪分析等方法。

（6）基于大数据的认证技术。为防止非法用户对大数据平台、云计算环境的访问，平台必须登录用户身份进行认证。单点登录是解决复杂的云计算环境中统一身份认证和管理的一种方案。多因子认证是在传统标准安全凭证的基础上附加使用多种安全凭证，进一步加强认证的安全性，例如使用基于 PKI 的 Web 认证和基于手机的带外 OOB(Out of Band)认证。也有基于密码、智能卡与带外认证的双因子的云计算认证方案，可抵抗重放攻击、中间人攻击和拒绝服务攻击等。用于云计算环境的多因子认证框架是结合了传统的用户 ID 和密码的认证与基于动态多因子秘密分割的认证方法。还有一种名为 MACA 的隐私保护的多因子身份认证系统，第一个认证因子是用户密码，第二个认证因子是汇总了用户行为的混合用户配置文件。其用户行为包括基于主机的特性和基于网络流的特性；为了保护用户行为的隐私安全，使用了完全同态加密和模糊散列技术确保用户行为数据不泄露。

总之，基于大数据的认证技术，利用大数据技术采集用户行为及设备行为的数据，并对这些数据进行分析，获得用户行为和设备行为特征，进而通过鉴别操作者行为及其设备行为来确定身份，实现认证，从而能够弥补传统认证技术中的缺陷。

第二节　防火墙技术

防火墙是一种应用性网络安全设备，广泛应用于专用网络与公用网络互联的环境中。防火墙可以将被保护的网络与外部网络隔离，并进行访问控制，是防止非法入侵最有效的防范措施。

一、防火墙概述

1. 防火墙的概念

防火墙是在两个网络之间强制实施访问控制策略的一组软件或硬件的集合。在逻辑上，防火墙是一个分离器(分离两个不同的网络)，是一个限制器(限制非法访问或信息泄露)，也是一个分析器(分析经过防火墙的数据)，有效监控了内部网和互联网之间的任何活动。从狭义上讲，防火墙是安装了防火墙软件的主机或路由器系统。防火墙原理如图 3-1 所示。

防火墙具有如下的功能：

第一，过滤不安全服务和非法用户。防火墙可以作为一个控制点，对进出网络的数据流量进行监控，管理进出网络的访问行为，禁止未授权用户访问受保护的网络。可以通过过滤不安全的服务降低内部网络的安全风险，从而保护内网中脆弱以及存在安全漏洞的网络服务。

第二，对网络存取和访问进行监控审计。防火墙可以记录所有通过它的访问，并提供统计数据，提供预警和审计等功能。

第三，强化网络安全策略并集成其他安全防御机制。通过以防火墙为中心的网络边界安全方案配置，能将许多安全机制(如口令、加密、身份认证、审计等)都配置在防火墙上。防火墙对网络中的各种访问行为进行统一管理。

第四，防火墙可作为访问控制设备，管理互联网和企业内部网络之间的相互访

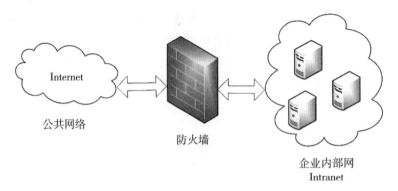

图 3-1　防火墙原理

问。另外，它可实现很多附加功能，如 NAT 地址转换、VPN、内容过滤、身份认证、宽带控制、流量分析、日志审计等。

　　但防火墙具有自身的弱点和局限性。防火墙不能防范不经过防火墙的攻击，不能防范来自内部人员的恶意攻击，不能阻止病毒感染的程序或文件的传递。防火墙是被动的消极预防，无法抵御新的攻击方式。越来越多的企业利用互联网架构自己的跨区域网络，从而使企业内部网络已成为一个逻辑上的概念。另外，业务上的需要使企业合作伙伴之间允许彼此在一定权限范围内访问内部网络，企业网络边界也成为逻辑边界。而由于防火墙结构上的局限，其应用受到了限制。

　　2. 防火墙的分类

　　实际应用中，有多种类型的防火墙。

　　(1)根据防火墙的技术原理分为包过滤防火墙、代理服务器防火墙、状态检测防火墙和自适应防火墙。包过滤防火墙可以基于路由器，也可以基于主机系统实现；而代理服务器防火墙只能基于主机系统实现。

　　(2)根据防火墙的硬件环境不同，可分为基于路由器的防火墙、基于主机系统的防火墙。

　　(3)根据防火墙的功能不同，可分为 FTP 防火墙、Telnet 防火墙、E-mail 防火墙、病毒防火墙等各种专用防火墙。

　　(4)依据防火墙的实现方式，可分为软件防火墙和硬件防火墙两大类。软件防火墙是通过纯软件方式实现，运行在特定主机上。通常运行软件防火墙的主机是内网的网关。目前，软件防火墙有 Windows 个人防火墙、天网防火墙、360 安全卫士、瑞星、诺顿等个人计算机统一解决方案中集成的软件防火墙。硬件防火墙主要是基于一些专有的硬件设备实现高速的防火墙过滤技术，通过硬件和软件的结合来隔离内、外网络。

二、防火墙的主要技术

1. 包过滤技术

数据包是网络层数据传输的基本单位。每个数据包由报头和真正要传送的数据信息组成。根据数据包过滤的方法不同，包过滤技术可分为静态包过滤技术和动态状态包过滤技术。

(1)静态包过滤技术。静态包过滤技术检查每一个传入包，查看包头中的基本信息(源地址和目的地址、端口号、协议等)，然后将这些信息与设立的规则进行比较。过滤规则安全顺序排列，即一个数据包到达时，按规则顺序依次检查，一旦数据包与一个规则相匹配，则不再继续检查其他规则。若数据包与一个拒绝转发的规则相匹配，则阻止该数据包的通过。如果数据包与一个允许转发的规则相匹配，则允许该数据包的通过。

静态包过滤技术不检查数据包的数据部分，也不关心通信连接的状态，仅仅检查数据包的报头信息。静态包过滤技术逻辑简单，价格便宜，易于安装和使用，网络性能和透明性好，因此通常安装在路由器上。在原有网络上增加这样的防火墙几乎不需要任何额外的费用，适合安全性要求较低的小型电子商务系统。但这种防火墙有一些不足之处：

第一，为完成某一项特定任务，包过滤的规则可能比较复杂，且不易验证其正确性；

第二，一般的包过滤路由器在审计功能方面较弱，因而安全性不足；

第三，数据包的源地址、目的地址及 IP 的端口号都在数据包的头部，很有可能被窃听或假冒，这样会造成各种安全漏洞。

(2)动态状态包过滤技术。动态状态包过滤器又称状态检测防火墙，与静态过滤器一样，只检查数据包的包头信息。但是与静态包过滤器不同的是，动态状态包过滤器可以维护数据包的连接状态。它从接收的数据包中提取并保存与安全规则相关的状态信息，形成一个状态表，作为对后续连接请求的决策依据。动态状态包过滤器中有一个数据包过滤规则和一个记录当前连接状态的状态表。在决策是转发还是阻断时，不仅按过滤规则检查数据包报头的信息，还检测状态表。与状态表和过滤规则都匹配的数据包才允许通过，否则数据包会被阻断。

2. 代理服务器

代理服务器也称为应用级网关、应用程序代理或代理服务，目前大多数代理服务器都用作网络边界上的防火墙。

代理服务器是指代表内网向外网服务器进行连接请求的服务程序，包含代理服务器进程和代理客户机进程两个主要部件。代理服务器进行监听网络内部客户机的服务请求，当一个连接请求来到时，首先进行身份和授权访问等级认证，并根据安全策略由代理服务器应用程序决定是否中转。当请求符合安全策略时，代理客户机进程代表这个请求向真实服务器转发请求，然后接收服务器的应答，并做进一步的处理后，将真实服务器的响应数据转发给代理服务器进程，最后由代理服务器进程再转发到内部真实的客户机。当外部网通过代理服务器访问内部网时，首先对外部网络发出的请求进行身份认证和授权访问等级认证；若合法，则把该请求转发给内部真正的网络主机。这样在整个服务的过程中，代理服务器一直监视着用户的网络行为，一旦发现非法操作，就可进行干涉，并自动对所有网络行为进行记录。

代理服务器安全性较高，可以过滤多种协议，被认为是比较安全的防火墙技术。其优势是：隐藏受保护网络中客户和服务器的网络信息；能够对受保护网络和互联网之间的网络服务进行控制；可以记录所提供服务的相关信息，并对可疑活动或未授权的访问进行警告；可以筛选返回数据的内容，并阻塞对某些站点的访问。其缺点是：不能完全透明地支持各种服务、应用，一种代理只提供一种服务；需要消耗大量的 CPU 资源；尽管代理服务器提供了一个进行访问控制的控制点，但它也容易成为导致整个系统瘫痪的唯一点。

三、防火墙的体系结构

在使用和部署防火墙时，通常将几种防火墙技术综合运用，常用的防火墙体系结构如下：

1. 包过滤防火墙

包过滤防火墙又叫屏蔽路由器，如图 3-2 所示，是防火墙最基本的构件。屏蔽路由器作为内外连接的唯一通道，要求所有的数据包都必须在此通过检查，使路由器同时成为包过滤路由器。但是它允许被保护网络的多台主机与 Internet 网络的多台主机进行直接通信，随着服务的增多，网络的危险性将急剧增加。当网络被击破时，这种防火墙几乎无法保留攻击者的踪迹，甚至难以发现已经发生的网络攻击。包过滤防火墙通常采用"除了非禁止不可的都被允许"的极端性的安全策略。包过滤路由器简单易实现，但安全防护效果不佳。

2. 双重宿主主机防火墙

双重宿主主机防火墙是指一台计算机配置了两块网卡，因而具有两个独立的网络端口，如图 3-3 所示。一个网络端口连接内部网络，另一个网络端口连接外部网络。这种防火墙使用代理服务器技术，是在双宿主主机上运行代理服务器软件实现的，该主机可以为不同的服务提供转发，同时根据策略进行过滤和控制。该主机将内部网络与外部网络分离开，内部网络用户只能通过代理的方式访问外部网络资

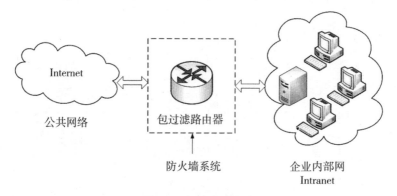

图 3-2　包过滤防火墙

源。宿主主机可以创建和维护系统日志、硬件拷贝日志或远程日志，但不能帮助管理员确认内部网络中哪些主机可能已被黑客入侵。这种防火墙的弱点是一旦入侵者侵入主机并使其具有路由功能，则防火墙的功能被绕过，任何网上用户均可随便访问其内部网络。

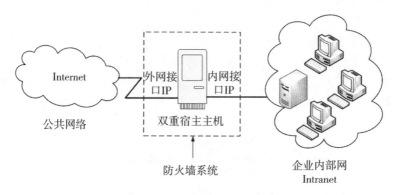

图 3-3　双重宿主主机防火墙

3. 屏蔽主机防火墙

屏蔽主机防火墙一般是由一个包过滤路由器和一个设防主机(堡垒主机)组成的具有双层屏障的防火墙，如图 3-4 所示。一个外部包过滤路由器位于内网的边缘，连接外部网络。它只提供路由和包过滤功能，不提供其他网络服务。一个设防主机安装在内部网络上，它是内部网络唯一可以连接到外部网络的主机，也是外部网络唯一可以访问的内部主机。这种结构实现了网络层和应用层的安全，因而比单独的包过滤防火墙或应用程序代理防火墙更安全。这种方式下，包过滤路由器的配置相当关键，如果路由表遭到破坏，设防主机可能被越过，内部网络可能成为攻击的目标。

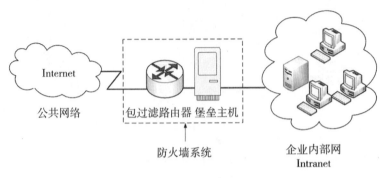

图 3-4 屏蔽主机防火墙

4. 屏蔽子网防火墙

屏蔽子网防火墙是在内部网络和外部网络之间建立一个被隔离的子网，用两台路由器将这一子网分别与内部网络和外部网络分开。如图 3-5 所示。有的屏蔽子网设置一个堡垒主机作为唯一可访问点，支持终端交互或应用网关代理。该防火墙采用屏蔽路由结构，防火墙配置了三块网卡，有三个独立的网络接口，分别连接三个独立的网络：外部网络(如 Internet)、屏蔽子网、内部网络。堡垒主机连接在屏蔽子网上。堡垒主机是唯一的内部网络和外部网络都可以访问的系统，但要接受屏蔽路由过滤规则的检查。这种模式中，内部网络有三道安全屏障：堡垒主机和两个屏

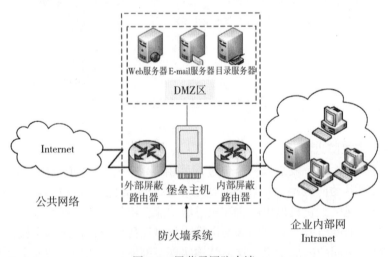

图 3-5 屏蔽子网防火墙

蔽路由器。入侵者要攻破三道屏障是相当困难的，因此，它具有更高的安全性，比较适合保护大型网络，但成本也较高。

第三节 入侵检测系统

防火墙可以有效防范来自网络外部的攻击，但无法防止来自网络内部的攻击或越权访问。入侵检测技术为网络安全进行实时检测并采取相应的防护手段，可弥补防火墙的不足。

一、入侵检测系统概述

1. 入侵检测系统的概念

入侵检测是主动检测并发现入侵行为，保护系统免受攻击的一种网络技术。入侵检测的目的是识别入侵者和入侵行为，检测监视已实施的入侵行为，收集对抗入侵的信息。检测的范围包括外界的恶意攻击或试探，以及内部合法用户超越权限的非法操作。一旦检测到攻击行为，便主动采取保护措施。

入侵检测系统(IDS)是指进行入侵检测的软件和硬件的组合，依据计算机和网络系统的安全策略实时检测并采取相应的防护手段，阻断各种网络攻击并及时报警。入侵检测系统的主要功能是动态识别和预防网络外部攻击与内部攻击。

2. 入侵检测系统的主要任务

入侵检测系统的基本原理是在计算机网络或计算机系统中的若干关键点采集数据并对其进行分析，从而发现网络或系统中违反安全策略的行为和被攻击的迹象。它可以和防火墙、路由器协同应对网络的攻击，增强了系统安全管理的能力。其主要任务有：

(1)监视、分析用户和系统的活动。

(2)核查系统配置和漏洞。

(3)识别、反映已知攻击的活动模式，并采取适当的措施(如报警、断开连接)。

(4)统计分析异常行为模式。

(5)评估重要系统和数据文件的完整性。

(6)审计、跟踪管理操作系统日志，识别用户违反安全策略的行为。

3. 入侵检测的步骤

入侵检测过程一般有以下三个步骤，如图3-6所示。

(1)数据采集。数据采集是入侵检测的第一步，通常由数据探测器负责采集，收集的数据是任何可能存在入侵行为线索的数据，包括系统、网络、数据用户活动的状态和行为。

（2）数据分析。数据分析是入侵检测的核心，可由数据分析器承担，它从一个或多个探测器接收数据，然后对接收的数据进行预处理，建立一个行为分析引擎或模型，然后向模型中植入事件数据，在知识库中保存植入数据的模型，通过分析数据确定是否发生了非法入侵行为。数据分析方法一般有模式匹配、统计分析、完整性分析等。

（3）结果输出及响应。管理控制器是入侵检测系统的用户接口，用户使用它观察入侵检测指示信息。入侵检测系统发现入侵后需要及时做出响应，响应方法主要有：发出警报，立即向系统管理员发送警报或电子邮件等；终止连接，立即终止该连接(进程)以尽量减少攻击产生的损失；断开链路，迅速断开网络的物理连接，使系统摆脱攻击；引入陷阱，将系统引入一个陷阱，也就是将系统切换到一个"空"系统上用来收集和追踪攻击者的信息。

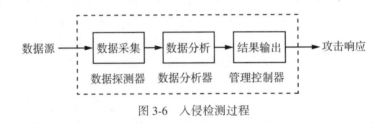

图 3-6 入侵检测过程

4. 入侵检测系统的数据来源

信息收集是入侵检测的重要依据，收集的数据来源有以下四类：

（1）系统日志文件信息。无论攻击者攻击成功与否，都会在系统日志中留下踪迹和记录。通常操作系统和重要软件模块都会建立相应的日志文件，日志文件中记录了各种行为类型的相关信息。

（2）目录和文件的完整性信息。攻击者会通过上传恶意程序、破坏和篡改系统重要文件来实施攻击。如果在目录和文件中发生了不期望的改变，如修改、创建、删除，则表明可能发生了入侵。这类入侵事件可通过检查目录和文件的完整性信息检测出来。

（3）程序行动中的异常行为。网络系统中的操作系统、网络服务和应用程序等创建的进程所需的系统资源和权限不同，如果一个进程中出现了异常行为，如通过病毒程序干扰程序正常执行或创建大量非法进程来抢占系统资源等，则表明系统可能被入侵。

（4）原始网络数据包。入侵检测系统可对原始网络数据包进行特征检测来发现可能存在的实时攻击。可采取抽样算法对数据包进行检测，以提高入侵检测系统的处理能力。

二、入侵检测技术

常用的入侵检测技术有异常入侵检测和特征分析检测。

1. 异常入侵检测

异常入侵检测又称为基于行为的入侵检测，基于入侵行为与正常行为不同，只要建立起主体正常活动的使用模式或标准，则当前活动的状况与正常使用模式比较时，如果发现当前状态偏离了正常状态，则判定发生了入侵行为，发出警报。任何不符合正常活动规律的行为都被视为入侵行为。异常入侵检测的方法有统计分析方法、计算机免疫方法和神经网络方法、数据挖掘方法等。

2. 特征分析检测

特征分析检测又称误用检测或滥用检测，是对已知的入侵行为和系统漏洞进行分析，研究入侵行为过程和系统漏洞的特征，对这些已知的攻击或入侵方式做出确定的描述，用一种模式表示出来，形成入侵行为特征库。当被审计的事件与特征库中的某一模式匹配，则视为入侵，发出警报。常用的特征分析检测方法有特征分析方法、协议分析方法、状态协议分析方法、专家系统技术等。特征分析检测原理简单，预报和检测的准确率较高，但对于未录入特征库的入侵事件和攻击行为无法识别和预警，易出现漏报的情况，并且系统的可移植性较差。

基于以上两种方法的缺点，可以将基于异常和基于误用的方法组合起来，以便利用彼此的优点。随着相关研究的深入，目前提出了数据挖掘、免疫系统和软件Agent等新的入侵检测技术，这些使异常检测和误用检测可以得到更好的应用。

三、入侵检测系统分类

常用的入侵检测系统可分为基于主机的入侵检测系统、基于网络的入侵检测系统、分布式入侵检测系统、联合检测系统等。

1. 基于主机的入侵检测系统

基于主机的入侵检测系统(Host-based IDS，HIDS)通过监视与分析主机的审计记录和日志文件来检测入侵。这里的主机系统泛指网络环境下的某一系统，如路由器、交换机、防火墙、服务器和客户机等。日志文件记录有主机系统的所有活动，如用户何时登录，何处登录、系统调用、程序运行结果等。审计跟踪机制主要采用模式识别和统计分析技术，如专家系统、模型推理和神经网络等。基于审计跟踪的安全机制不仅提供了对入侵行为的检测功能，还提供了对用户行为的证明功能。但是由于HIDS是一种"事后"分析和追踪技术，对入侵事件反应迟钝，只能检测到已发生的入侵事件，一般用于系统的安全审计和事后追踪，而不适用于实时的入侵检测。

2. 基于网络的入侵检测系统

基于网络的入侵检测系统(Network-based IDS, NIDS)使用原始的网络数据包作为进行攻击分析的数据源,一般利用网络适配器来实时监视和分析所有通过网络进行传输的数据信息。NIDS 可以监听一个 IP,保护特定服务器的安全,也可以监听整个网段。一旦检测到攻击,NIDS 应答模块会通过通知、报警以及终端连接等方式对攻击做出响应。NIDS 的优势是:能实时检测、实时响应;与操作系统独立,与被监视的系统平台无关;秘密进行检测,被检测目标很难察觉;能检测到未成功的攻击企图。

3. 分布式入侵检测系统

分布式入侵检测系统(Based Distributed Intrusion Detection System, BDIDS)能同时分析来自主机系统的审计日志和网络数据流、采用分布式检测,集中管理的方式。该系统一般由多个部件组成,分布在网络的各个部分。例如在每个网段安装一个入侵检测设备来监测其所在网段上的数据流,根据安全管理中心指定的安全策略、相应规则来分析网络数据,同时向安全管理中心发回安全事件信息。这种结构不仅可以检测到针对单独主机的入侵,同时可以检测到针对整个网络的入侵,但对网络的流量有一定的影响。

4. 联合检测系统

联合检测系统是使用防火墙和入侵检测系统两套安全设备联合防范的方案。将防火墙置于内、外网之间,入侵检测系统置于企业网内,防火墙可以收到入侵检测系统反馈回来的攻击信息,并在防火墙中增加一条防止再次攻击的规则,从而提高网络安全的反馈能力。具体部署时,可将入侵检测系统放在防火墙外,也可以放在防火墙内,还可以在防火墙内外分别部署入侵检测系统,或者将入侵检测系统安装在其他关键的位置。

第四节 虚拟专用网技术

经济全球化的背景下,越来越多的企业在各地开展业务,分支机构、合作伙伴、供应商、客户、移动办公人员需要建立连接通道进行信息传送。传统企业通过租用 DDN 专线或租用长途线路来满足业务需要,但费用昂贵。VPN 为企业内部网拓展提供了一种经济、安全的方案,可以通过公用网络安全地对企业内部专用网络进行远程访问。

一、VPN 概述

1. VPN 的概念

虚拟私有网络 VPN(Virtual Private Network)也称虚拟专用网,是利用信息安全技术在 Internet 上将物理上分布于不同地点的内部网络安全连接起来,或将一个或多个远程用户于局域网络安全地连接起来。事实上 VPN 不是真正的专用网络,它是在 Internet 上建立了一条专用传输通道,因而在公共的 Internet 中实现专用网络的功能。通信时独占一部分带宽,通信结束后释放私有专用网络带宽。

2. VPN 的分类

VPN 包括三种类型,即远程访问虚拟网(Access VPN)、企业内部虚拟网(Intranet VPN)和企业扩展虚拟网(Extranet VPN),如图 3-7 所示。

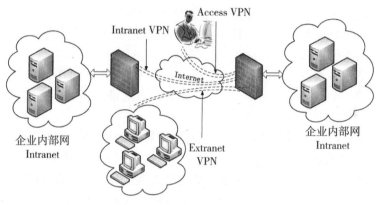

图 3-7 虚拟专用网

(1)远程访问虚拟网。在此方式下,远程用户拨号接入到用户本地的 ISP,采用 VPN 技术在公众网上建立一个虚拟的通道到企业的远程接入接口。这种应用既可以适应企业内部人员移动和远程办公的需要,又可以用于商家提供 B2C(企业对客户)的安全访问服务。

(2)企业内部虚拟网。企业内部虚拟网是在企业两个异地机构的局域网之间的公众网上建立 VPN,通过 Intranet 这一公共网络将企业在各地分支机构的 LAN 连接到企业总部的 LAN,以方便企业内部的资源共享、文件传递等,可以节省 DDN 等专线所带来的高额费用。

(3)企业扩展虚拟网。企业扩展虚拟网是在某企业网与相关合作伙伴的企业网之间采用 VPN 技术互联,与企业内部虚拟网相似,但由于是不同企业的网络相互通信,所以要更多考虑设备的互联、地址的协调、安全策略的协商等问题。公司的网络管理员还应该设置特定的访问控制表(Access Control List,ACL),根据访问者的身份、网络地址等参数来确定相应的访问权限,开放部分资源而非全部资源给外联网的用户。企业扩展虚拟网通过使用一个专用连接的共享基础设施,将客户、供应商、合作伙伴或兴趣群体连接到企业内部网。企业拥有与专用网络相同的网络政

71

策，包括安全、服务质量、可管理性和可靠性。

二、VPN 关键技术

目前 VPN 主要采用隧道技术、密码技术、密钥管理技术、用户和设备身份认证技术、访问控制技术来保障通信安全。

1. 隧道技术

隧道技术可为数据传输提供安全保护。在物理上，隧道是在 Internet 上建立的穿过一个或多个公共网络的端到端的独占的数据传输通道。

隧道由隧道协议、隧道开通器和隧道终端器构成。

第一，隧道开通器是隧道的起点，其功能是在 Internet 上开通一条隧道。可作为隧道开通器的设备和软件包括有 VPN 拨号功能的软件和路由器等。

第二，隧道终端器是隧道的终点，指示隧道到此结束。可作为隧道终端器的设备和软件有专用的隧道终端器、企业网络中的防火墙、网络服务商路由器上的 VPN 网关。

第三，隧道协议。隧道技术通过对数据进行封装，在公共网络上建立一条数据通道（隧道），让数据包通过这条隧道传输。隧道是在公共互联网中建立逻辑点到点连接的一种方法，由隧道协议组成。隧道协议主要有二层隧道协议和三层隧道协议。二层隧道协议工作在网络接口层，常见的二层隧道协议有点对点隧道协议（Point to Point Tunneling Protocol，PPTP）、二层转发协议（Layer 2 Forwarding，L2F），L2TP 则综合运用了 PPTP 和 L2F 协议的优点，是使用最广泛的 VPN 二层协议。三层隧道协议工作在网络层，常见的三层隧道协议有 IPSec 和通用路由封装协议（Generic Routing Encapsulation，GRE），另外传输层安全协议 SSL 也可以作为 VPN 隧道协议，称为 SSL VPN。传输层使用 SSL、SOCKS 等协议，应用层使用 SET、S-MIME、IKE 等协议。

2. 密码技术

密码技术是实现 VPN 的核心技术。VPN 利用密码算法，对需要传递的数据进行加密交换，从而使未授权用户无法获取。密码技术使用对称加密技术，如 DES、3DES 等，以及非对称加密技术，如 RSA、Diffie-Hellman、Rabin、椭圆曲线等。密钥管理技术要解决密钥的分发与管理问题。分发秘钥的方式有两种：一种是通过人工配置分发，另一种是采用密钥交换协议动态分发。密钥交换与管理标准有互联网简单密钥管理（Simple Key Management for IP，SKIP）、安全关联（ISAKMP）和密钥管理协议（Oakley）。

3. 用户和设备身份认证技术

用户和设备身份认证是 VPN 的首要问题，最常用的身份认证技术有非 PKI 体系和 PKI 体系的认证。非 PKI 体系的身份认证大多数采用"用户名+密码"的模式，

PKI 体系的认证见本教材中 PKI 的相关内容。

4. 访问控制技术

为保护信息资源，需要确定特定用户对特定资源的访问权限。访问权限可由 VPN 服务提供者和最终网络信息资源的提供者共同协商确定。

第五节　防病毒技术

2018 年，我国计算机病毒感染率和移动终端病毒感染率均呈现上升态势，网络安全问题呈现出易变性、不确定性、规模性和模糊性等特点，网络安全事件成为大概率事件，信息泄露、勒索病毒等重大网络安全事件多有发生。2019 年 9 月 15 日，国家计算机病毒应急处理中心发布《第十八次计算机病毒和移动终端病毒疫情调查报告》。报告显示，2018 年，我国计算机病毒感染率为 64.59%，比上年上升了 32.85%；移动终端病毒感染率为 45.4%，比上年上升了 11.84%。在利益的驱使下，更多的犯罪分子投入到了挖矿病毒与勒索病毒领域，病毒持续更新迭代，病毒数量持续增长，感染率不断上升。

一、计算机病毒概述

1. 计算机病毒的概念

计算机病毒是指一种能够通过自身复制传染，起破坏作用的计算机程序或程序代码。从广义上讲，凡是能够引起计算机故障、破坏计算机数据的程序统称为计算机病毒，如蠕虫、木马、逻辑炸弹、恶作剧程序都可称为计算机病毒。《中华人民共和国计算机信息系统安全保护条例》中第二十八条明确指出"计算机病毒，是指编制或者在计算机程序中插入的破坏计算机功能或者毁坏数据，影响计算机使用，并能自我复制的一组计算机指令或者程序代码"。这个定义具有法律性、权威性。计算机病毒通常具有程序性、传染性、隐蔽性、潜伏性、可激活性、针对性等特点。计算机病毒的种类和数量每年都在增加，病毒的破坏范围不断扩大，破坏程度不断升级。

2. 计算机病毒的类型

计算机病毒的分类方法有很多。按照病毒存在的介质，可分为文件型病毒、宏病毒、脚本病毒和引导病毒，其中宏病毒和脚本病毒也可以看成是两类特殊的文件型病毒。按照计算机病毒的破坏情况，可分为良性病毒、恶性病毒。按照病毒的连接方式，可分为源码病毒、外壳型病毒、入侵型病毒。按照病毒攻击的操作系统，可分为攻击 DOS 系统的病毒、攻击 Windows 系统的病毒、攻击 UNIX 系统的病毒、攻击 OS/2 系统的病毒和攻击嵌入式操作系统的病毒，目前 Windows 系统的病毒最普遍。根据广义的病毒定义，病毒有蠕虫、木马、逻辑炸弹、后门程序、钓鱼软件、流氓软件、僵尸网络等，这些病毒于普通病毒相比具有一些特殊性。目前互联网成为病毒传播和攻击的主要途径，计算机病毒主要是网络病毒，下载资料、浏览网页和邮件时都有可能被病毒感染。下面介绍几种特殊的病毒。

(1)蠕虫病毒。蠕虫病毒是一种通过网络传播的恶性病毒，例如莫里斯蠕虫、尼姆达蠕虫、熊猫烧香、震荡波等。这种病毒通过传染"宿主"程序或文件自动复制传播，从一台计算机复制到另一台计算机，大量消耗内存，突发性和主动攻击性强，传播速度快。蠕虫病毒不直接进行破坏，而是消耗系统资源，使系统不堪重负而死机。

(2)木马。木马程序是一种潜伏在受害者系统中执行非授权功能的技术，借助希腊神话"特洛伊木马"命名，是一种基于远程控制的黑客工具，具有隐蔽性和非授权的特点。木马程序从表面上看是一个有用的普通程序或命令，但被用户执行后，会驻留在内存，使攻击者远程破坏计算机系统。如灰鸽子、网银大盗等。

(3)后门程序。后门程序是指可以绕过安全控制而获得对程序或系统的访问权的程序。这类程序通常是程序员为方便修改程序设计中的缺陷在软件内创建的。但在软件发布前没有删除或被人知道，则成为漏洞而被黑客用来进行攻击。如 CIH 病毒等。

(4)流氓软件。流氓软件是指在未明确提示用户或未经用户许可的情况下，在用户计算机或其他终端上强行安装运行，侵犯用户合法权益的软件。流氓软件具备正常功能，但同时具有恶意行为，主要特点有强制安装、浏览器劫持、无法(彻底)卸载、广告弹出、恶意收集用户信息、恶意卸载、恶意捆绑、恶意安装等。根据不同特征和危害，流氓软件有广告软件、间谍软件、浏览器劫持软件、行为记录软件、恶意共享软件等，如 3721 上网助手、一搜工具条、网络猪等。

(5)僵尸网络。僵尸网络是采用一种或多种传播手段使大量主机感染僵尸程序如 bot 程序，在控制者和被感染主机之间形成一个可一对多控制的网络。僵尸网络可以廉价地实现分布式拒绝服务(DDos)攻击，控制大量资源，是黑客攻击的主要手段。

二、计算机病毒的防护

目前网络是计算机病毒传播的主要渠道，因此病毒防护应从网络入手，阻断病毒传播、滋生的渠道，应在网络边缘部署防火墙进行全面扫描。文件服务器、工作站、邮件服务器等都是病毒攻击的重要目标，必须进行病毒防护。计算机病毒防护具体可以采取技术和管理两种手段。

1. 技术手段

技术方面，可以及时安装升级防病毒软件、防火墙软件，或者采用硬件防病毒的方法。对系统维护升级，包括及时给操作系统打补丁、合理设置浏览器安全级别、关闭 Windows 系统对 U 盘和光盘的"自动运行"功能等。要定期扫描硬盘，定期对系统进行体检。如果发现感染病毒，要使用防病毒软件进行查杀，必要时借助专业方法手动清除或重新安装操作系统。

对邮件的病毒防护通常采取以下措施：设置浏览器中的安全设置，启动自防毒选项和禁止其他程序暗中发送邮件；修改文件的关联属性，使打开脚本文件时（例如用户双击一个附件）它不会自动运行；不轻易打开陌生人来信中的附件文件；使用杀毒软件对邮件内容进行病毒检测；有条件的企业，可以考虑采用专业的邮件防护网关；实时监视电子邮件流量；检测电子邮件中的攻击和漏洞攻击（如畸形 MIME）。

2. 管理手段

管理方面可制定病毒防护操作规范和制度。2004 年 4 月，公安部发布执行了《计算机病毒防治管理办法》，确定了计算机病毒防治管理工作的管理机构，即公安部公共信息网络安全监察部门主管全国的计算机病毒防治管理工作，地方各级公安机关具体负责本行政区域内的计算机病毒防治管理工作。明确了单位和个人计算机病毒防治工作的职责，即任何单位和个人应接受公安机关对计算机病毒防治工作的监督、检查和指导，不得制作、传播计算机病毒。计算机病毒防治产品厂商，应及时向计算机病毒防治产品检测机构提交病毒样本。

本 章 小 结

本章主要介绍了网络安全相关概念、网络安全策略及技术。网络安全技术介绍了传统和新型的防护技术。传统防护技术包括防火墙技术、入侵检测技术、虚拟专用网技术、防病毒技术等，新型安全技术包括云安全技术和大数据安全技术。

随着网络承载功能的急剧增加，网络成为攻击者首选和重点攻击的目标，且攻击方式呈现自动化和智能化趋势。在扫描、渗透控制、传播供给与攻击工具协调管理的攻击阶段，网络安全攻击方以流程化的攻击形式阶段性地向网络安全发起挑战，对存在安全隐患的系统以及网络基础设施加以最大化的破坏。

而由人工智能技术驱动的网络攻击工具所创建的自动化攻击，将会极大地降低发动针对性攻击的成本。因此，网络安全防御能力必须进一步提升。在病毒防御方面，可引入人工智能技术对病毒行为加以识别，跟踪分析病毒的行为轨迹，借助模式识别技术判定病毒的危害性并提出进一步防御举措；在防火墙渗透方面，可引入新一代 NP 技术对网络加以封装处理，在防火墙以外增加多层"盔甲"以削弱网络攻击的渗透力，同时动态监测防火墙的深度与应用状态，及时对防火墙渗透与攻击情况做出响应。同时应将业务系统和网络系统在系统层面、数据层面、人才层面实现聚合，实现"内生安全"，才能应对变化的网络安全形势。

课 后 习 题

1. 网络安全要素有哪些？
2. 网络安全策略有哪些？
3. 结合例子谈谈电子商务企业如何应对云计算安全。
4. 对 APT 攻击常见的防范手段有哪些？
5. 谈谈防火墙的功能及局限性。
6. 入侵检测系统的数据来源有哪些？
7. 谈谈常见的几种 VPN。
8. 谈谈企业应如何进行网络安全防范。

案 例 分 析

2019 年最新网络安全预测发布

　　国家互联网应急中心发布的《2019 年上半年我国互联网网络安全态势》显示，2019 年上半年，我国基础网络运行总体平稳，未发生较大规模以上网络安全事件。

　　2019 年已经过去 7 个月，我国网络安全整体情况还不错，但世界其他各国并没有那么稳定，比如：澳大利亚维多利亚州政府 3 万名雇员个人信息外泄；万豪酒店 5 亿客户数据泄露；10 多款 iOS 应用被发现与安全恶意软件有染；德国 IT 安全机构回应数百名政客私人信息泄露事件；TLS 1.2 协议现漏洞，近 3000 网站受影响；印度国有天然气公司再次泄露了数百万客户的敏感信息；俄罗斯 50 多家大型企业遭到未知攻击者勒索，等等。可能单独事件的发生并没有太大的震撼力，但当很多事件并列时，你会突然感受到威胁的气息。

　　第一，通过 2019 年上半年发生的网络安全事件来看，个人资料的安全已岌岌可危。

　　如此庞大的个人信息数据的泄露，无疑增加了个人用户对网络安全的敏感度及恐惧心理。

　　并且网络安全公司也预测，在 2020 年攻击者利用所窃取的凭证来进行"凭证填充"攻击(指攻击者利用大量外泄的电邮和密码，不断试图登入受害用户在其他机构的网上服务)的案件宗数将会上升。

　　同时，美国 Ponemon Institute 与 Akamai Technologies 的凭证填充攻击报告曾指出，在 2017 年 11 月至 2018 年 6 月期间，恶意尝试登入的次数高达 300 亿次，显示个人资料外泄事件的严重性持续加剧。

虽然并非所有机构都直接受到破坏性的网络攻击，但所有机构或个人都可能受到所触发的附带损害的影响。

第二，多重身份认证不可或缺。

在去年国家发布个人所得税相关政策后，在个人注册个人所得税 App 时，出现了多家任职公司，自己的个人信息在不知情的情况下被"出卖了"。

这一件事以及其他不断发生的资料外泄事件揭露了一个简单的事实：电子邮件地址、密码、个人保安问题（出生地点、宠物名字等）再也不足以保护个人网上的身份了。

若只依赖密码进行身份验证，会令用户更容易受到网络钓鱼和其他的攻击。

"多重身份认证"将获广泛应用至所有网上交易渠道，成为不可或缺的安全标准。

多重身份认证是一种确认用户身份的方法，用户须通过两种以上的认证机制后，才能获得存取授权。

第三，伪冒商业电子邮件案件上升。

过去 5 年，全球通过伪冒商业电子邮件被盗取的金钱高达 120 亿美元。伪冒商业电子邮件是通过电子邮件冒充高级管理人员或业务伙伴借以骗取金钱。

伪冒商业电子邮件案件的上升正代表攻击手法愈来愈多元化，从伪造商业电子邮件，至利用员工的社交平台账号来发动攻击，令骗局看似为真。

除此之外，攻击者更会为目标度身订造更多网络钓鱼攻击，令目标更易上当。

第四，物联网的恶意程式威胁持续。

虽然物联网的兴起为生活带来了方便，但同时促成了 IoT 僵尸网络（黑客通过散播恶意程式，操控多部被感染的电脑而组成的庞大电脑网络，用以发动攻击）的新趋势。

在 2018 年，恶意的手机应用程式和针对物联网设备的攻击的数量不断增加，导致更多手机、平板电脑和其他物联网设备受恶意程式感染和被控制。

与此同时，攻击者不断想出新的方法劫持家居或商业机构的网上设备，组成僵尸网络大军，静候指令发动 DDoS 攻击。攻击者利用 DDoS 攻击令目标的服务器因请求过多而不胜负荷。

因此，面对种种网络安全威胁，以及上半年发生的网络安全事件，不仅企业需要做好网络安全基础工作，增加网络保护，保护企业、企业员工及客户的信息，并且个人也需要加强对自己的信息资料的保护，加强身份验证，莫要觉得麻烦，不当回事，否则后果只有自己承担。

（来源：赛亚安全 http：//baijiahao.baidu.com/s？id=1642015874670449272&wfr=spider&for=pc）

讨论题：

1. 结合案例分析造成网络安全事件的原因。
2. 简述企业应如何进行网络安全防范。
3. 在日常生活中，个人应采取哪些必要的安全措施？
4. 介绍目前国家在网络安全保护方面的进展。

第四章　电子交易安全协议

【本章主要内容】

网络安全协议概述

典型的网络安全协议

安全套接层协议 SSL

安全电子交易协议 SET

【本章学习方略】

本章重点内容

(1)网络安全协议的概念与典型的安全协议

(2)安全套接层协议的主要安全功能及其实现

(3)使用安全电子交易协议购物与支付处理流程

本章难点内容

(1)安全套接层协议中握手协议的作用及其实现

(2)安全电子交易协议中的数字信封和双重签名技术

第一节　网络安全协议概述

一、网络安全协议的概念

协议是指两个或者两个以上的参与实体为完成某项特定的任务而采取或遵守的一系列步骤或规则。比如课堂问答协议就遵循以下几个步骤：

(1)老师提出问题；

(2)会的同学举手；

(3)老师从举手的同学中选择同学 Bob 回答；

(4)Bob 同学起立并回答；

(5)老师点评回答后示意 Bob 同学坐下；

(6)Bob 同学坐下。

在人们的日常生活中存在着大量类似的协议，通过人们不经意的应用，发挥着不可或缺的作用。在网络通信领域，协议是指通信参与者为完成某项通信任务而交互的一系列消息或遵循的一系列规则。HTTP、SMTP、FTP、TCP 和 UDP 等是我们常见的网络通信协议。

上述不同类型的协议有着以下三个共同点：

（1）时序性。协议执行过程有着明确的前后关系，前面一个步骤没有执行，后面的步骤必须等待。

（2）多个参与实体。一个人也可以通过执行一系列步骤完成某项任务，但是这不属于协议的范畴。

（3）以任务或功能为目标。协议采取的一系列步骤是为了完成某项任务或功能，脱离了任务或功能的步骤不构成协议。

网络安全协议是基于密码学的通信协议，是指为了能够满足身份认证、机密性和完整性等安全需求，而采取的一系列基于密码技术的消息交互或步骤，其本身仍然属于通信协议的范畴。比如在发送消息前对消息加密以提供保密性，产生消息认证码（Message Authentication Code，MAC）以确保完整性。消息接收方在接收到消息后对消息进行解密，以获取原始可读明文，按照相关约定验证消息认证码以确保消息的完整性。

二、构建安全协议的基本组件

1. 密码算法

由前面的章节可知，密码算法分为对称密码算法和公钥密码算法两大类。其中对称密码算法在安全协议中主要实现保密的功能。

如图 4-1 所示，发送方 Alice 通过加密算法和对称密钥 K，对原始的可理解的消息或数据 M 进行代换和变换，产生看起来完全随机而杂乱的消息或密文 C，从而起到保密的作用。接收方 Bob 使用解密算法和对称密钥 K，对密文 C 进行逆变换，恢复出原始的消息或数据 M。根据 Kerckhoffs 原则，上述密码体系的安全性取决于对称密钥 K 的保密，密码算法是公开的且必须能够抵御密码分析。

公钥密码在安全协议中主要实现密钥交换、身份认证和数字签名的功能。

如图 4-2 所示，发送方 Alice 使用 Bob 的公钥加密会话密钥 K 即 $PU_{Bob}(K)$，由于是用 Bob 公钥加密的内容，故只能用 Bob 的私钥解开，而只有 Bob 才拥有相应的私钥，故只有 Bob 能解开此消息获得密钥 K 即 $PR_{Bob}(PU_{Bob}(K)) = K$。至此 Alice 和 Bob 共享会话密钥 K，实现了密钥交换的功能。对 Alice 而言，若有人成功解密 $PU_{Bob}(K)$ 获得会话密钥 K，那么这个人一定拥有 Bob 的私钥 PR_{Bob}，而只有 Bob 才

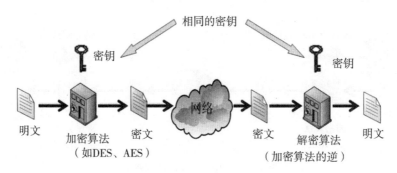

图 4-1　对称密码体系

拥有其对应的私钥, 至此 Alice 可以断定持有会话密钥 K 的人一定是 Bob, 即完成了 Bob 的身份认证。

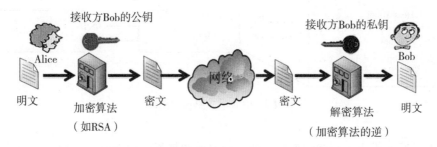

图 4-2　使用公钥进行密钥交换和身份认证

在安全电子交易协议 SET 中使用了公钥进行数字签名, 其原理如图 4-3 所示。Alice 使用自己的私钥 PR_{Alice} 加密消息 M, 由于所有人都拥有 Alice 的公钥 PU_{Alice}, 故所有人都能解开这个消息, 因而不能实现保密性。但是由于只有 Alice 拥有其私钥 PR_{Alice}, 也就意味着只有 Alice 能产生消息 $PR_{Alice}(M)$。因此当 Bob 使用 Alice 的公钥 PU_{Alice} 正确解开这个消息 M 的时候, Bob 可以肯定消息一定是 $PR_{Alice}(M)$, 也就可以肯定消息唯一来自 Alice (只有 Alice 拥有其私钥 PR_{Alice}) 且 Alice 不能否认。出于安全和效率的考虑, 在实际工作中通常用消息 M 的哈希值 $H(M)$ 的签名代替直接对消息 M 的签名。

2. 哈希算法

哈希算法, 即消息摘要算法/函数, 也称为 Hash 算法/函数、单向散列算法/函数、散列算法/函数等。它通过把一个单向数学函数应用于数据, 将任意长度的一块数据转换为一段定长的、不可逆转的数据。这段数据通常叫作消息摘要 (如对一

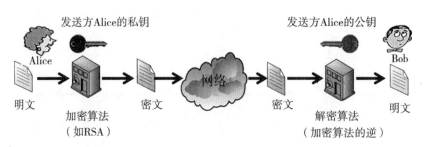

图 4-3　使用公钥进行数字签名

个几兆字节的文件应用散列算法，得到一个 128 位的消息摘要），如图 4-4 所示：

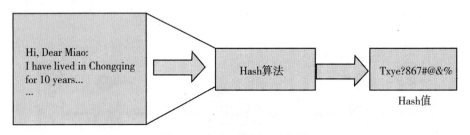

图 4-4　哈希函数原理示意图

消息摘要代表了原始数据的特征，当原始数据发生改变时，重新生成的消息摘要也会随之变化，即使原始数据的变化非常小，也可以引起消息摘要的很大变化。因此，消息摘要可以敏感地检测到数据是否被篡改，结合其他算法就可以保护数据的完整性。

其数学表达式为：

$$h = H(M)$$

其中 M 是输入的任意长度的消息，h 是哈希算法产生的长度固定的消息摘要或者消息指纹，通常为几百比特。哈希算法 $H(.)$ 是公开的且不需要密钥，具有速度快等特点。应用于安全领域的哈希函数通常有单向性、弱抗碰撞性和强抗碰撞性三种不同特性。

3. 消息认证码

消息认证码是基于密钥和消息摘要所产生的一个值，消息接收方可使用该值验证消息的完整性。消息认证码有多种生成方式，图 4-5 展示了其典型的工作原理：

消息发送方 Alice 在数据发送前使用哈希函数 $H(.)$ 计算消息的哈希值，并用双方共享的密钥 K 加密（保护）哈希值 $H(M)$，产生消息认证码 $E(K, H(M))$。

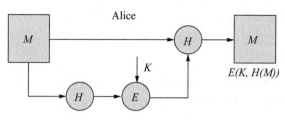

图 4-5　消息认证码工作原理图 a

Alice 将消息认证码附加在消息 M 后面，一并发送给 Bob。

　　Bob 接收到消息之后，如图 4-6 所示，他首先对接收到的消息 M' 产生哈希值 $H(M')$，然后使用与 Alice 共享的密钥 K 解密接收到的消息认证码 $E(K, H(M))$，得到 Alice 发送的哈希值 $H(M)$。若在消息传输过程中 $M = M'$ 且密钥 K 不泄露，那么两个哈希值相等，验证了以下两个事实：

　　①消息 M 来自既定发送方 Alice。因为密钥 K 仅 Alice 和 Bob 所有，若此刻 Bob 使用与 Alice 共享的密钥 K 解密消息认证码得到了正确的哈希值，说明了接收到的消息认证码是使用密钥 K 产生的，除了 Bob 以外另外一个拥有密钥 K 的就只有 Alice，故 Bob 可以断定此消息来自 Alice。

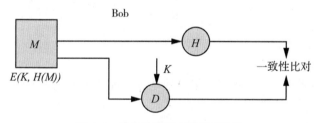

图 4-6　消息认证码工作原理图 b

　　②消息 M 未被篡改。若消息被篡改即 $M \neq M'$，那么 Bob 计算得到的哈希值 $H(M')$ 将不等于解密得到的哈希值 $H(M)$。因此一旦比对出现不一致，那么就意味着消息被篡改。注意，攻击者并不具备篡改消息认证码的能力，因为他没有密钥 K。

　　消息认证码的产生有多种形式，并且可以使用公钥密码来包含哈希值，具体可以参考消息认证的内容。

三、双向认证协议

　　攻击者一直想方设法地干扰或破坏协议的正常执行，因此安全协议的设计，必须考虑各种攻击因素，尽可能地预见环境可能发生的变化，并在协议内部署相应的保护措施。运行效率和鲁棒性要求的加入，使得协议本身变得越来越复杂，因此设计安全协议是一个非常精妙和慎重的过程。下面我们通过一个双向认证协议的设计向大家展示这一过程。

如图 4-7 所示，我们可以采用提问应答的方式进行基于密钥的单向认证。在图 4-7 中 Alice 首先向 Bob 表明身份"我是 A"，那么 Bob 为了验证申称者的身份提出问题 R（不可预测、不重复的随机值），Alice 使用与 Bob 共享的密钥 K_{ab} 回答问题 R。回答可以是用 K_{ab} 加密 R 即 $E(K_{ab}, R)$，或者是将 R 和 K_{ab} 连接起来后产生一个哈希值即 $H(K_{ab} \parallel R)$。Bob 接收到回答之后，可以用同样的方式使用密钥 K_{ab} 和提问 R 产生一个应答。若两个应答相同，那么 Bob 可以确认与之通信的人正是 Alice，因为除了自己外只有 Alice 拥有密钥 Kab，因而能够使用密钥 K_{ab} 正确回答提问 R 的人一定就是 Alice。由于提问 R 不重复，因此即使攻击者监听网络捕获了提问和应答，也不能用于下一次的身份认证过程。

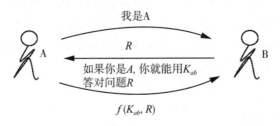

图 4-7　单向认证—提问应答方式

考虑双向认证的情况，我们会很自然地考虑在两个方向上各做一次单向认证即可，如图 4-8 所示：

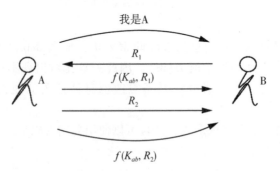

图 4-8　双向认证—提问应答方式

上面的协议能够满足双向认证的要求，但需要交互六条消息，因而协议的效率并不高。因此，我们考虑在每个消息中放入多个信息，以提高使用效率，如图 4-9 所示。

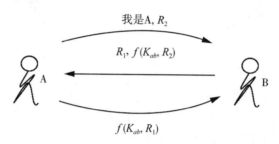

图 4-9　合并后的双向认证—提问应答方式

由于"我是 A"和"R_2"都是 Alice 发送给 Bob 的，因此可以合并为一条消息，用以宣称 Alice 的身份并对 Bob 提出问题。"R_1"和"$f(K_{ab}, R_2)$"都是 Bob 发送给 Alice 的消息，分别对应对 Alice 的提问和对问题 R_2 的回答（证明 Bob 的身份），因此也合并为一条消息。最后 Alice 回答提问 R_1，返回消息 $f(K_{ab}, R_1)$，向 Bob 表明了自己的身份。至此，完成双向身份认证，协议消息缩短为三条。但是，这个修改存在一个安全漏洞，会导致著名的反射攻击，如图 4-10 所示：

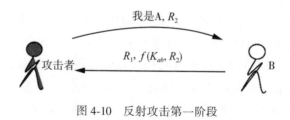

图 4-10　反射攻击第一阶段

在反射攻击第一阶段，攻击者冒充 Alice 向 Bob 发起了认证请求。Bob 在回答了提问 R_2 即 $f(K_{ab}, R_2)$ 之后，提出了问题 R_1。由于攻击者没有密钥 K_{ab}，因此不能正确回答提问 R_1，因而不能完成认证过程。随后攻击者重新打开一个回话，再次向 Bob 发起了认证请求，发起了反射攻击第二阶段，如图 4-11 所示。

在反射攻击第二阶段，攻击者向 Bob 提出的问题是 R_1，随后 Bob 回答了提问 R_1 即 $f(K_{ab}, R_1)$ 并且提出问题 R_3 要求攻击者回答，由于攻击者没有密钥 K_{ab}，因此不能正确回答提问 R_3，认证过程被迫中断。然而此时，攻击者却获得了问题 R_1 的回答 $f(K_{ab}, R_1)$，因此他可以从容回答第一阶段的提问 R_1，完成第一个阶段的

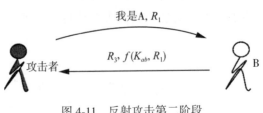

图 4-11　反射攻击第二阶段

认证会话，从而成功地冒充 Alice。

从这个例子我们可以看到，在设计一个安全协议时，每个方案自身都是安全的，但如果同时使用多个方案设计一个新协议或者对消息做一些看起来无关紧要的改动，都可能对原有的安全机制造成破坏。因此在设计和理解安全协议时，要参考成熟的协议并仔细分析和验证。

四、安全协议的层次

在 ISO 网络体系结构中，所有协议是按照层次结构进行组织的。下层协议是服务提供者，上层协议是服务使用者，下层的服务比上层更为通用。如在 TCP/IP 协议模型中，网络层处于协议栈的底层，为传输层提供基础的服务，而传输层又向应用层提供必要的服务，而应用层处于协议栈的最高层，直接面向用户，为用户提供目标功能明确的服务。

理论上前述的安全组件及措施可应用于协议栈中的任何一层，实际中当前主要的安全协议主要分布在 TCP/IP 参考模型的最高三层。若安全组件部署在网络层，则网络层之上所有高层协议和应用都可以使用其提供的安全服务；若部署在应用层，则仅面向某个特定应用提供安全特性。应当指出，一个安全协议通用性越强，它要考虑的因素就越多，其规模就越庞大，运行效率就会越低；与此同时，一个面向特定应用的安全协议往往能够以较小的开销获得同样完善的安全服务。因此 TCP/IP 参考模型中多种安全协议并存，用户可以根据实际情况选取适合的安全协议，甚至可以将多个安全协议结合起来使用。

由表 4-1 所示，在应用层上的安全协议主要有安全 Shell(SSH)、安全电子交易协议 SET、安全 HTTP 协议 S-HTTP、安全电子邮件(PGP、S/MIME)等；在传输层上的安全协议主要是安全套接层协议 SSL；在网络层实现的安全协议主要是网络层安全协议 IPSec。

表 4-1   主要安全协议层次结构

协议层	安全协议名称	安全协议说明
应用层	S-HTTP	Secure Hypertext Transfer Protocol 安全超文本传输协议
	SET	Secure Electronic Transaction 安全电子交易协议
	PGP S/MIME	Pretty Good Privacy 优良保密协议 Secure Multipurpose Internet Mail Extensions 多用途网际邮件扩充协议
	SSH	Secure Shell 安全 Shell
传输层	SSL/TLS	Secure Socket Layer/ Transport Layer Securit 安全套接层协议/传输层安全性协议
	SOCKS	Socks：Protocol for Sessions Traversal Across Firewall Securely 防火墙安全会话转换协议(代理)
网络层	IPSec	Internet Protocol Security 互联网安全协议

第二节　典型的网络安全协议

一、IPsec 协议

1. IPsec 的概念

由于协议 IPv4 最初设计时没有过多地考虑安全性，缺乏对通信双方真实身份的验证能力，缺乏对网上传输的数据的完整性和机密性保护，并且由于 IP 地址可由软件配置等灵活性以及基于源 IP 地址的认证机制，使 IP 层存在着网络业务流被监听和捕获、IP 地址欺骗、信息泄露和数据项被篡改等多种攻击，而 IP 是很难抵抗这些攻击的。

为了实现安全 IP，互联网工程任务组 IETF 于 1994 年开始了一项 IP 安全工程，专门成立了 IP 安全协议工作组 IPsec，来制定和推动一套称为 IPsec 的 IP 安全协议标准。

IPsec(Internet Protocol Security)定义了在网络层使用的安全服务，其功能包括数据加密、对网络单元的访问控制、数据源地址验证、数据完整性检查和防止重放攻击。IPsec 是安全联网的长期方向。它通过端对端的安全性来提供主动的保护，以防止对专用网络与 Internet 的攻击。

2. IPsec 的目标

IPsec 的目标是：保护 IP 数据包的内容，通过数据包筛选及受信任通信的实施来防御网络攻击。这两个目标都是通过使用基于加密的保护服务、安全协议与动态密钥管理来实现的。这个基础为专用网络计算机、域、站点、远程站点、Extranet 和拨号用户之间的通信提供了既有力又灵活的保护。它甚至可以用来阻碍特定通信类型的接收和发送。

3. IPsec 的体系结构

IPsec 协议工作在 OSI 模型的第三层，使其在单独使用时适于保护基于 TCP 或 UDP 的协议（如安全套接层 SSL 就不能保护 UDP 层的通信流）。IPsec 的体系结构如图 4-12 所示。

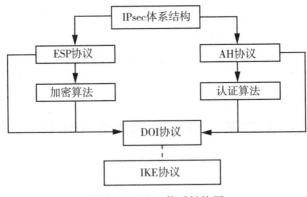

图 4-12　IPsec 体系结构图

（1）认证头标协议（Authentication Header，AH）：定义了认证的应用方法，提供数据源认证和完整性保证。AH 机制涉及密码学中的核心组件——鉴别算法。

（2）封装安全载荷协议（Encapsulating Security Payload，ESP）：ESP 协议规定了为通信提供机密性和完整性保护的具体方案，包括 ESP 载荷的格式、语义、取值以及对进入分组和外出分组的处理过程等。

（3）密钥管理协议（Internet Key Exchange，IKE）：是 IPsec 目前唯一的正式确定的密钥交换协议，为 AH 和 ESP 提供密钥交换支持，同时也支持其他机制，如密钥协商。

（4）解析域协议（Domain of Interpretation，DOI）：规定了每个算法的参数要求和计算规则，如算法的密钥长度要求、算法强度要求以及初始向量的计算规则等。

（5）加密与认证算法：IPsec 的加密算法包括 AES、Blowfish（河豚算法）、Twofish（双鱼算法）、Cast128、3DES、DES 等，认证算法包括 SHA1、MD5 等。

二、电子邮件安全协议

1. PEM 协议

增强保密的邮件、隐私增强邮件 PEM（Privacy Enbanced Mail）是使用多种加密方法提供机密性、认证和信息完整性的互联网电子邮件，在互联网中没有被广泛配置。

互联网工程任务组（IETF）以及互联网研究专门工作组（IRTF）一直在研究如何增强 E-mail 的保密性能以及 PEM 的标准化问题。到 1993 年年初，已提出四份 RFC（Requests For Comments）作为建议的标准，其编号为 1421~1424。这些 RFC 定义了 PEM 的保密功能以及相关的管理问题。

实际上 PEM 提供以下四种安全服务：数据隐蔽性、数据完整性、对发送方的鉴别、防发送方否认。PEM 目前尚未提供存取控制和防接收方否认等安全功能。

2. S/MIME 协议

多用途网际邮件扩充协议 S/MIME（Secure/Multi-purpose Internet Mail Extensions）由 RSA 公司提出，是电子邮件的安全传输标准，它是一个用于发送安全报文的 IETF 标准。目前大多数电子邮件产品都包含对 S/MIME 的内部支持。

S/MIME 是从 PEM 和 MIME（Internet 邮件的附件标准）发展而来的。S/MIME 是利用单向散列算法（如 SHA-1、MD5 等）和公钥机制的加密体系。S/MIME 的证书格式采用 X.509 标准格式。S/MIME 的认证机制依赖于层次结构的证书认证机构，所有下一级的组织和个人的证书均由上一级的组织负责认证，而最上一级的组织（根 CA）之间相互认证，整个信任关系是树状结构的。另外，S/MIME 将信件内容加密签名后作为特殊的附件传送。

3. PGP 协议

PGP（Pretty Good Privacy）是一个基于 RSA 公钥加密体系的邮件加密软件，是由麻省理工学院的程序员齐默曼（P. R. Zimmermann）提出的。

PGP 是一种供大众使用的加密软件，主要用于安全电子邮件，可以用它对邮件加密以防止非授权者阅读，它还能对邮件加上数字签名从而使收信人可以确认邮件的发送者，并能确信邮件没有被篡改。它可以提供一种安全的通信方式，而事先并不需要任何保密的渠道用来传递密钥。它采用了一种 RSA 和传统加密的杂合算法、用于数字签名的邮件文摘算法、加密前压缩等，还有一个良好的人机工程设计。它的功能强大，有很快的速度，而且它的源代码是免费的。

PGP 的功能如表 4-2 所示。

表 4-2　　　　　　　　　　　　　　　　**PGP 的功能**

功能	使用的算法	解释说明
保密性	IDEA、CAST 或三重 DES，Diffie-Hellman 或 RSA	发送者产生一次性会话密钥，用会话密钥以 IDEA 或 CAST 或三重 DES 加密消息，并用接收者的公钥 Diffie-Hellman 或 RSA 加密会话密钥
签名	RSA 或 DSS，MD5 或 SHA	用 MD5 或 SHA 对消息散列并用发送者的私钥加密消息摘要
压缩	ZIP	使用 ZIP 压缩消息，以便于存储和传输
E-mail 兼容性	Radix64 交换	对 E-mail 应用提供透明性，将加密消息用 Radix64 变换成 ASCII 字符串
分段功能	—	为适应最大消息长度限制，PGP 实行分段并重组

三、Kerberos 协议

网络认证协议 Kerberos 是美国麻省理工学院开发的，基于私钥加密算法并需可信任第三方作为认证服务器的网络认证协议。Kerberos 这一名词来源于希腊神话"三个头的狗——地狱之门守护者"，系统设计上采用客户端/服务器结构与 DES 加密技术，并且能够进行相互认证，即客户端和服务器端均可对对方进行身份认证。该协议可以用于防止窃听、防止 replay 攻击、保护数据完整性等，是一种应用对称密钥体制进行密钥管理的系统。

Kerberos 可提供防旁听、防重放及确保通信数据的保密性和完整性等安全服务，但最重要的是认证、授权、记账与审计。

Kerberos 协议的安全性较高、用户透明性好、扩展性较好，但也有一些缺点，如服务器与用户共享的秘密是用户的口令字，增加了网络环境管理的复杂性，过期认证码很有可能被存储和重用等。

四、S-HTTP 协议

安全超文本传输协议（Secure HyperText Transfer Protocol，S-HTTP）是 EIT 公司结合 HTTP 而设计的一种消息安全通信协议。S-HTTP 处于应用层，它是 HTTP 的扩展，它仅适用于 HTTP 连接。S-HTTP 可提供通信保密、身份识别、可信赖的信息传输服务及数字签名等。S-HTTP 提供了完整且灵活的加密算法及相关参数。其选项协商用来确定客户机和服务器在安全事务处理模式、加密算法（如用于签名的非对称算法 RSA 和 DSA 等，用于对称加解密的 DES 和 RC2 等）及证书选择等方面达成一致。

S-HTTP 支持端对端安全传输，客户机可能"首先"启动安全传输(使用报头的信息)，而它可以用来支持加密技术。S-HTTP 是通过在 S-HTTP 所交换包的特殊头标志来建立安全通信的。当使用 S-HTTP 时，敏感的数据信息不会在网络上明文传输。

S-HTTP 可通过和 SSL 结合来保护 Internet 通信，另外还可以通过和 SET、SSL 结合来保护 Web 事务。S-HTTP 为 HTTP 客户机和服务器提供了多种安全机制，提供安全服务选项是为了适用于万维网上各类潜在用户。S-HTTP 不需要客户端公用密钥认证，但它支持对称密钥操作模式；S-HTTP 支持端对端安全事务通信，并提供了完整且灵活的加密算法、模态及相关参数。但 S-HTTP 的实现和使用较为困难。

第三节　安全套接层协议 SSL

一、SSL 协议概述

安全套接层协议 SSL(Secure Socket Layer)是位于 TCP 层和应用层之间的一个安全协议，最初是由网景公司(Netscape)研发，后被 IETF(The Internet Engineering Task Force，互联网工程任务组)标准化为 TLS。SSL 是世界上部署最广泛的安全协议，几乎所有的电子商务交易都在 SSL 的保护之下进行。

SSL 用以保障客户机/浏览器和 Web 服务器之间的网络通信安全，其设计目标主要有三个：

(1)保护传输数据(保密性、完整性)。客户和商家希望交易信息在传输过程中得到保护，这既需要机密性保护，也需要完整性保护。

(2)客户端认证 Web 服务器的身份。客户需要确信与之交易的是既定商家。

(3)Web 服务器认证客户端的身份(可选)。在交易过程中，商家也可能需要确认客户的身份。

为了实现这三个目标，SSL 使用了两种加密技术。其中公钥加密用于身份认证和交换对称密钥，对称加密算法用于加密传输的数据。

如图 4-13 所示，SSL 协议位于 TCP 层和应用层之间，分为两层协议。

其中 SSL 握手协议、修改密码规格协议和告警协议位于上层，主要用于支持 SSL 记录协议的运作；SSL 记录协议位于下层，直接为应用层协议提供基本的安全服务。下面我们分别介绍各个子协议。

二、SSL 记录协议

SSL 记录协议主要用于实现传输消息的保密性和完整性。发送数据时，SSL 记

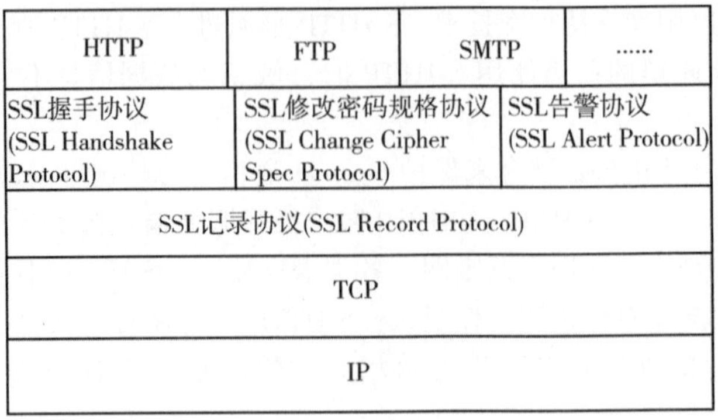

HTTP	FTP	SMTP	......
SSL握手协议 (SSL Handshake Protocol)	SSL修改密码规格协议 (SSL Change Cipher Spec Protocol)	\multicolumn{2}{c}{SSL告警协议 (SSL Alert Protocol)}	
\multicolumn{4}{c}{SSL记录协议(SSL Record Protocol)}			
\multicolumn{4}{c}{TCP}			
\multicolumn{4}{c}{IP}			

图 4-13　SSL 协议体系结构

录协议接收应用层数据并将其分段，根据需要对每个分段可选择压缩，为每个(压缩)分段应用消息认证码，以确保完整性。对加上消息认证码的分段进行加密，以提供保密性服务。最后加上 SSL 首部，交由 TCP 层进行传输；接收数据时，这个过程是相反的，被接收的数据被解密、进行消息认证、解压缩和重新装配，最后提交给应用层。

其操作步骤如图 4-14 所示：

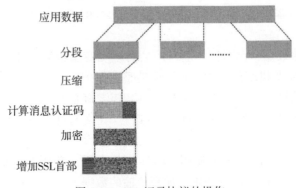

图 4-14　SSL 记录协议的操作

（1）分段。每个上层报文被分成若干个小于或等于 214 字节的分段。

（2）压缩。默认的压缩算法为空，可选择进行压缩，压缩必须采用无损压缩算法，且增加的长度不能超过 1024 字节。

（3）计算消息认证码。需用到哈希函数和收发双方共享的认证密钥。

（4）加密。将(压缩)消息和消息认证码加密，使用对称加密方法且需要收发双方共享的加密密钥。加密对内容长度的增加不能超过 1024 字节。

（5）增加 SSL 首部。SSL 首部由内容类型（8 比特）、主要版本号（8 比特）、次要版本号（8 比特）和压缩长度（16 比特）组成。

从 SSL 记录协议的操作过程可以看到，要实现传输数据的保密性和完整性，需要事先确立有一组保护数据的算法（加密算法和哈希算法）、密码算法使用的共享密钥（消息认证密钥和加密/解密密钥）以及初始向量。而这是通过 SSL 握手协议协商完成的。

三、SSL 握手协议

在应用数据传输前必须先启动 SSL 握手协议，类似 TCP 传输的三次握手，不过更复杂。SSL 握手协议有三个目的：

（1）身份认证。SSL 有三种认证模式，目前互联网上应用最广泛的是只验证服务器而不验证客户。

（2）客户端与服务器协商确定一组用于保护数据的算法。

（3）客户端与服务器协商确定算法所使用的密钥和初始向量。

下面我们从整体上讲解握手的阶段过程，每一阶段过程可由一条或若干条协议消息组成，具体的协议消息读者可参考其他相关文献资料。

如图 4-15 所示，客户端将它支持的算法列表连同一个用于产生密钥的随机数发送给服务器，服务器根据列表的内容选择一组加密算法，将其连同一份包含服务器公钥的证书发回给客户端。至此，客户端和服务器就一组保护数据的算法达成了一致（即实现了目标 2）。

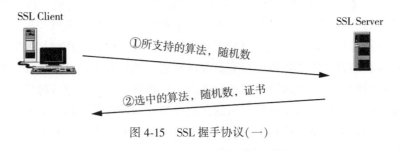

图 4-15　SSL 握手协议（一）

如图 4-16 所示，客户端对接收到的服务器证书进行验证，验证有效后，抽取服务器的公钥。然后，客户端产生一个称作"pre_master_secret"的随机密钥串，并使用服务器的公钥对其进行加密。由于客户端使用服务器公钥加密的"pre_master_secret"，故只有服务器能够使用其私钥解开。因此，能够正确解开消息③并从中获取"pre_master_secret"的实体一定是既定服务器。至此，客户端完成了对服务器端的身份认证（即实现了目标①）。消息③是握手过程中的关键一步。所有要被保护

93

的数据都依赖于"pre_master_secret"，而提供其安全传输的手段是通过公钥证书。

图 4-16　SSL 握手协议(二)

在客户端和服务器端共享"pre_master_secret"后，它们按照约定的方式，使用"pre_master_secret"、客户端随机数和服务器端随机数产生三组相同密钥对：

(1)加密/解密密钥对。加密和解密使用两个不同的密钥，其中加密密钥用于加密发送的消息，解密密钥用于解密接收到的消息。

(2)消息认证码密钥对。分为两个方向，一个密钥用于对发出的消息产生消息认证码，另一个密钥用于对接收的消息产生/验证消息认证码。

(3)初始向量对。配合加密密钥和解密密钥使用的两个初始向量。

至此，客户端和服务器共享数据保护算法的密钥和初始向量，SSL 握手协议的目标③得以实现。

如图 4-17 所示，消息⑤和消息⑥用以防止握手协议本身遭到篡改。客户端提供多种算法的情况相当常见，某些强度弱而某些强度强，以便能够与仅支持弱强度算法的服务器进行通信。攻击者可能想要控制客户端与服务器所使用的算法，通过删除客户端在消息①中所提供的所有高强度算法，迫使服务器从中选择一种弱强度的算法。最后两步的消息认证码交换就能够阻止这种攻击，消息⑤即客户端的消息认证码是根据原始握手消息计算得出的，而消息⑥即服务器的消息认证码是根据攻击者修改过的握手消息计算得出。交换消息⑤和消息⑥，客户端和服务器就能察觉到握手消息的不一致，从而检测出这种攻击。

四、SSL 修改密码规格协议

SSL 修改密码规格协议是三个 SSL 上层协议中最简单的一个协议，如图 4-18 所示：

该协议由值为 1 的单个字节消息组成，其作用是将 SSL 握手协议协商好的压缩、加/解密、hash(MAC)算法及其密钥和初始向量投入使用。在交换图 4-18 两个

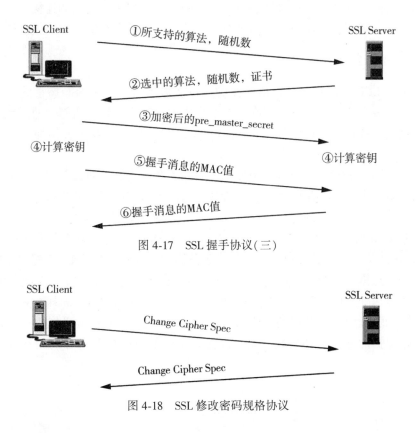

图 4-17　SSL 握手协议（三）

图 4-18　SSL 修改密码规格协议

消息后，SSL 记录协议就可以使用协商好的数据保护算法、加密/解密密钥以及初始向量了。

五、SSL 告警协议

SSL 告警协议用于将 SSL 有关的异常、错误初始给通信实体。此协议的每个消息由两个字节组成，如图 4-19 所示：

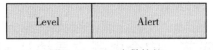

图 4-19　SSL 告警协议

第一个字节表示告警级别，值 1 表示警告，值 2 表示致命错误；第二个字节为描述警报信息的代码（告警说明）。当告警级别是致命错误时，将立即终止当前连接，同一会话的其他连接将继续进行，但不能在此会话中产生新的连接。如果告警不那么严重，则不会终止连接，而是交由通信双方处理和继续。

六、SSL 会话恢复

无论从 CPU 时间还是执行所需要的往返次数上看，整个 SSL 握手的开销非常巨大。为了减少这种性能开销，在 SSL 中集成了一种会话恢复机制。通过允许新的连接使用上一次握手中确立的"pre_master_secret"，从而避免了公钥加密所需的昂贵开销。

所谓会话，是指在客户机和服务器之间的关联，由握手协议创建。会话定义了一组可以被多个连接共用的密码安全参数。每次当给定的客户端与服务器经过完整的密钥交换并确立了新的"pre_master_secret"时，就创建了一个会话。

如图 4-20 所示，客户端向服务器发送 Client Hello 消息，其中包含了所要恢复的会话 ID 以及一个新的客户端随机数。服务器在本地查找与该 ID 匹配的会话，如果找到并同意重用该会话，就返回 Server Hello 消息，其中包含相同的会话 ID 以及新的服务器端随机数。随后，客户端和服务器重启会话的"pre_master_secret"，在新的客户端随机数、服务器端随机数和重用的"pre_master_secret"作用下重新生成用于数据保护的密钥对和初始向量，以保证不同的连接拥有自己的密钥对和初始向量。

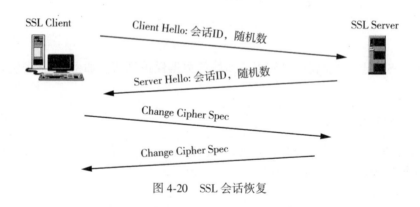

图 4-20　SSL 会话恢复

第四节　安全电子交易协议 SET

一、SET 协议概述

安全电子交易(Secure Electronic Transaction，SET)是开放的加密与安全规范，

用于保护 Internet 上的信用卡交易。SET 协议最早由 MasterCard 与 Visa 发起，并由如 IBM、Microsoft、Netscape、RSA 和 Verisign 等众多信息公司共同协作发展而成。

SET 本身并不是一个支付系统，而是一个安全协议与规范，主要提供以下三种服务：

(1)为交易各方提供安全的通信信道(信息保密性和完整性)；

(2)通过使用 X. 509 数字证书提供身份认证；

(3)信息只在需要的时间和地点提供。

应当指出 SET 规范非常复杂，其文档长达 971 页，因此不可能详细介绍其细节，但可以从总体上介绍它的要点。

二、SET 协议参与者

在介绍 SET 之前，下面先了解一下 SET 中的主要参与者。

(1)发卡机构(Issuer)：是一个向持卡人提供账户的金融机构，如发卡银行。

(2)清算银行(Acquirer)：是一个财务机构，与商家和发卡机构建立关系，处理信用卡认证和支付。商家通常接收多种品牌的信用卡，但并不想与所有的发卡机构打交道。清算银行向商家提供认证服务(在发卡机构的帮助下)，确保给定卡号有效且消费额度未超过信用额度。清算银行向商家账号提供电子转账。随后，发卡机构通过某些支付网络电子转账给清算银行。

(3)支付网关(Payment Gateway)：由清算银行或指定的第三方机构提供功能，为商家处理付款信息。支付网关是 SET 和现有卡付款网络的付款授权接口，提供认证和支付功能。商家通过互联网与付款网络交互，而支付网关一般直接连接到清算银行与其交互。

(4)认证机构(CA)：为持卡人、商家和支付网关颁发 X. 509 数字公钥证书的机构，是公钥基础设施 PKI 和 SET 的重要组成部分。

三、SET 协议处理流程

要使用 SET 协议购物和支付，需要满足如下的前提条件：

(1)顾客开通账号。

顾客从一个支持电子支付和 SET 的银行获得一个信用卡账号，如 MasterCard 或 Visa。

(2)顾客获得一个证书。

在通过适当的身份验证后，顾客收到一个银行签发的 X. 509 v3 数字证书，从而建立起一个由银行担保的用户密钥对和信用卡之间的关联。

(3)商家拥有其自己的证书。

接受信用卡的商家必须拥有两种公钥证书：一个用于签名消息，另一个用于密钥交换。此外，商家还需要支付网关的公钥证书。

　　在具备相应的账号和证书以后，用户就可以在商家的电子商务站点进行商品选购并下订单，商家返回订购内容(订购商品列表、商品单价和总金额等)、订购号和自己的证书，如图 4-21 所示：

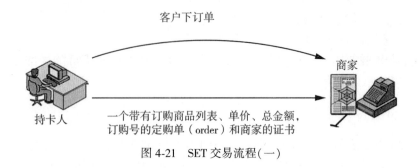

图 4-21　SET 交易流程(一)

　　持卡人获得了商家证书，就能够在后面的过程中认证商家的身份。随后，持卡人将其公钥证书、订购信息和支付信息发送给商家，如图 4-22 所示：

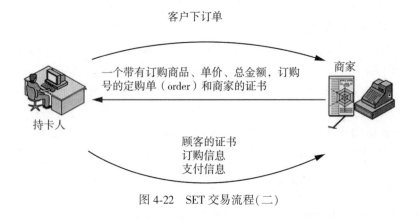

图 4-22　SET 交易流程(二)

　　其中，订购信息确认了订购单中的项目；支付信息包括信用卡细节，因为用户并不希望让商家看到信用卡细节，故对其进行了加密。持卡人的公钥证书使得商家能够认证持卡人的身份。

　　在获得上述消息后，商家将加密的支付信息(Payment Information)转发给支付网关，支付网关在发卡机构的帮助下验证该信用卡的有效性和可用额度，并将验证结果返回给商家，如图 4-23 所示。

　　在验证客户信用卡有效无误之后，商家向客户/持卡人发送订购确认信息并随

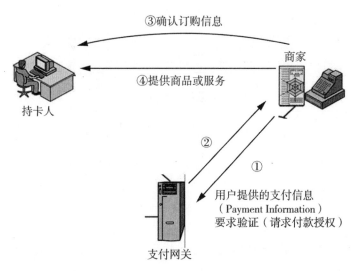

图 4-23　SET 交易流程(三)

后向用户提供商品和服务。一旦商品或服务交付完成，商家则向支付网关发起支付请求以获得商品或服务报酬。

四、SET 协议中的数字信封和双重签名

1. 数字信封

在 SET 协议中，客户需要向商家发送信用卡细节，因而存在两个方面的安全问题需要关注：第一，信用卡信息以明文传输，使得窃听者有机会知道信用卡信息，从而用于不良用途(如盗用这个信用卡号付款)；第二，商家得到信用卡信息后，可能滥用信用卡信息。

SET 是使用数字信封的概念，采用下列步骤来解决这两个问题的(如图 4-24 所示)：

(1)持卡人准备支付信息(Payment Information，PI)；

(2)持卡人生成一次性会话密钥 K_S；

(3)持卡人使用一次性会话密钥加密支付信息 PI，即 $E(K_S, \text{PI})$；

(4)持卡人从支付网络的证书中抽取出支付网关的公钥 PU_b，并使用该公钥加密该会话密钥，构成数字信封，即 $E(\text{PU}_b, K_S)$。

由上一节 SET 交易流程可知，$E(K_S, \text{PI})$ 和 $E(\text{PU}_b, K_S)$ 将转发给商家。要获取支付信息 PI，需要知道一次性会话密钥 K_S，而要知道会话密钥 K_S 需要支付网关的私钥，因而商家无法访问支付信息 PI。

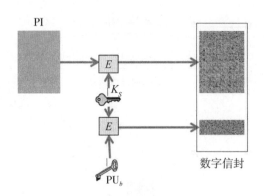

图 4-24 数字信封技术

当商家将 $E(K_S,\ \text{PI})$ 和 $E(\text{PU}_b,\ K_S)$ 转发给支付网关以请求支付认证时，支付网络可以使用其私钥 PR_b 解密 $E(\text{PU}_b,\ K_S)$ 获得一次性会话密钥 K_S。有了会话密钥 K_S，支付网关就能获得用户的支付信息 PI，进而利用相关支付信息进行支付认证。

2. 双向签名

在前面数字信封的讨论中，我们看到将支付信息（Payment Information，PI）与订购信息（Order Information，OI）分离提供了必要的安全性。商家需要客户的订购信息，但不需要知道客户的支付信息；银行需要客户的支付信息，但不需要知道客户的订购信息。

假设客户向商家发送了一笔订单的签名的订购信息（OI_1）和签名的支付信息（PI_1），然后由商家将支付信息 PI 转发给银行。如果商家从此客户获得了另一个签名的订购信息（OI_2），而商家更愿意交付这个订单的商品或服务，那么商家可以声称订购信息（OI_2）是与支付信息（PI_1）配套的，通过交付 OI_2 对应的订单的商品或服务来获取 PI_1 对应的支付报酬。因此，必须将订购信息（OI）和支付信息（PI）通过某种方式联系在一起，使客户能够证明这笔支付是为了这次定购，而不是为其他商品或服务支付的，从而解决可能发生的纠纷。

SET 创新性地提出了双向签名技术来解决这一问题，如图 4-25 所示。

客户分别对订购信息（OI）和支付信息（PI）应用哈希函数，得到 PIMD 和 OIMD 两个哈希值。将 PIMD 和 OIMD 两个哈希值连接以后再次哈希，得到哈希值 POMD。然后，使用用户的私钥对哈希值 POMD 进行签名，得到双向签名。这些操作可以用公式表示为：

$$DS = E(\text{PR}_C,\ H[\,H(\text{PI})\,||\,H(\text{OI})\,]\,)$$

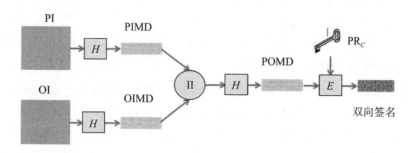

图 4-25　双向签名技术

假设商家得到了客户发过来的双向签名 DS、订购信息(OI)和支付信息(PI)的哈希值 PIMD。由于商家拥有客户的证书，因而能够安全地提取出客户的公钥 PU_c，从而计算如下两个值是否相等，如下式所示：

$$H(\text{PIMD} \| H(\text{OI})) \overset{?}{=} D(\text{PU}_C, \text{DS})$$

如果这两个值相等，则说明订购信息(OI)和支付信息(PI)是一致的。假设商家为了自身利益将另一个订购信息 OI' 替换交易中的订购信息 OI，那么他必须找到哈希值与 OIMD 或者 $H(\text{OI})$ 相同的 OI'，而这对于安全的哈希函数是不可行的。因此，商家不能将其他的订购信息 OI' 与指定支付信息 PI 相关联。

类似的，如果银行拥有客户发过来的双向签名 DS、支付信息(PI)和订购信息(OI)的哈希值 OIMD 以及客户的公钥证书，那么银行可以计算以下两个值是否相等，如下式所示：

$$H(H(\text{PI}) \| \text{OIMD}) \overset{?}{=} D(\text{PU}_C, \text{DS})$$

如果这两个值相等，则说明订购信息(OI)和支付信息(PI)的关联是真实有效的。

数字信封和双向签名技术的应用，既分离了支付信息(PI)和订购信息(OI)，从而确保了隐私和安全，又可以在必要时证明支付信息(PI)和定购信息(OI)的关联。

五、SSL 与 SET

尽管 SSL 与 SET 都用于安全交换信息，但目标和作用不大相同。SSL 只涉及一般意义的双方安全交换信息(面向连接)，而不指定如何进行电子商务活动；而 SET 则专门用于进行电子商务事务(面向事务)，描述了非常复杂的付款机制，使双方很难进行欺诈。

在认证要求方面，SSL 可以通过数字签名和数字证书实现浏览器（可选）和 Web 服务器双方的身份验证，但不够强大，不能实现多方认证；相比之下，SET 的安全要求较高，所有参与 SET 交易的成员（持卡人、商家、发卡行和支付网关等）都必须具有有效数字证书和使用数字签名。

在风险控制方面，SET 协议定义了一个完备的电子交易流程，因为客户仅向支付网关提供支付信息，所以不存在商家欺诈风险；因为客户对支付信息做了数字签名，所以不存在客户欺诈风险。而对于 SSL，因为客户要向商家提供支付信息，因此有可能存在商家欺诈风险；因为客户有可能在交易之后拒绝付款，所以存在客户欺诈风险。

在应用领域方面，SSL 主要是和 Web 应用一起工作，协议通用高效，应用较广；而 SET 是为信用卡交易提供安全，协议庞大而又复杂，银行、商家和客户均需要改造才能兼容 SET 协议规范，因此目前 SET 的应用还不是很多。

本 章 小 结

电子交易安全协议是基于密码学的通信协议，是指为了能够满足身份认证、机密性和完整性等安全需求，而采取的一系列基于密码技术的消息交互或步骤。安全协议作为电子交易的核心和关键，是大量信息的载体，涉及电子商务参与主体信息，一旦出现问题，势必会损害到电子商务交易双方的利益，如何更好地实现对电子交易安全协议的设计及应用受到了广泛关注。

早期经典的安全协议或多或少存在一些安全缺陷，但在协议发展过程中起着非常重要的作用，且为后来协议的发展与分析技术提供了宝贵的经验。本章通过一个简单双向认证协议的设计展示了协议设计的原理过程以及存在的问题，针对该协议的反射攻击体现了协议设计与分析的对抗性和微妙性。

目前，电子交易中最常使用的两种安全协议分别是安全套接层协议 SSL 和安全电子交易协议 SET。安全套接层协议 SSL 主要为两台通信计算机提供安全信道，具有保护传输数据（保密性和完整性）以及识别通信机器（认证）的功能；安全电子交易协议 SET 是针对信用卡支付的网上交易而设计的支付规范，主要保证了支付信息的机密性、支付过程的完整性、商家及持卡人的合法身份以及可操作性。本章详细介绍了这两种安全协议的体系结构、安全服务以及实现的安全机制，指出这两种安全协议侧重点各不相同，相互依存、互为补充，共同保障了当前的电子交易安全。

课 后 习 题

一、选择题

1. SSL 层位于_____与_____之间。
   - A. 网络层，数据链路层
   - B. 数据链路层，物理层
   - C. 应用层，传输层
   - D. 传输层，网络层

2. SSL 中的_____是可选的。
   - A. 服务认证
   - B. 数据库认证
   - C. 应用程序认证
   - D. 客户机认证

3. SET 的主要目的与_____有关。
   - A. 浏览器与服务器之间的安全通信
   - B. 数字签名
   - C. 消息摘要
   - D. Internet 上的安全信用卡付款

4. SET 使用_____的概念。
   - A. 两个签名
   - B. 双重签名
   - C. 多个签名
   - D. 单个签名

5. 在 SSL 中，_____不知道信用卡细节。
   - A. 商家
   - B. 客户
   - C. 付款网关
   - D. 签发人

6. 关于 SET 协议和 SSL 协议，以下说法正确的是_____。
   - A. SET 和 SSL 都需要 CA 系统的支持
   - B. SET 需要 CA 系统的支持，但 SSL 不需要
   - C. SSL 需要 CA 系统的支持，但 SET 不需要
   - D. SET 和 SSL 都不需要 CA 系统的支持

二、填空题

1. 目前，典型的电子交易安全协议有_____和_____。
2. SSL 支持三种验证方式：_____、_____和完全匿名。
3. SSL 的三个上层协议分别是：_____、修改密码规格协议和告警协议。
4. SET 的主要参与者有：发卡机构、_____、_____和认证机构 CA。

三、简答题

1. SSL 包含哪些协议？SSL 握手协议的作用是什么？
2. SSL 连接和会话的区别是什么？如何重用会话？
3. SSL 记录协议提供哪些服务？其传输有哪些步骤？
4. 简要描述 SET 交易各方。
5. SET 中客户如何对商家隐藏支付信息？

6. 双向签名的目的和意义是什么？商家和银行怎样验证双向签名？

案例分析

OPENSSL 协议简介

OPENSSL 是一个功能强大的开源的密码算法和协议的软件库，采用 C 语言作为开发语言，具有优秀的跨平台性能。OpenSSL 整个软件包大概可以分成三个主要的功能部分：SSL 协议库、应用程序及密码算法库。OpenSSL 的目录结构自然也是围绕这三个功能部分进行规划的。

作为一个基于密码学的安全开发包，OpenSSL 提供的功能相当强大和全面，其主要功能如下：

1. 密钥和证书管理

密钥和证书管理是 PKI 的一个重要组成部分，OpenSSL 为之提供了丰富的功能，支持多种标准。首先，OpenSSL 实现了 ASN.1 的证书和密钥相关标准，提供了对证书、公钥、私钥、证书请求以及 CRL 等数据对象的 DER、PEM 和 BASE64 的编解码功能。OpenSSL 提供了产生各种公开密钥对和对称密钥的方法、函数和应用程序，同时提供了对公钥和私钥的 DER 编解码功能。并实现了私钥的 PKCS#12 和 PKCS#8 的编解码功能。OpenSSL 在标准中提供了对私钥的加密保护功能，使得密钥可以安全地进行存储和分发。在此基础上，OpenSSL 实现了对证书的 X.509 标准编解码、PKCS#12 格式的编解码以及 PKCS#7 的编解码功能。并提供了一种文本数据库，支持证书的管理功能，包括证书密钥产生、请求产生、证书签发、吊销和验证等功能。

2. 对称加密

OpenSSL 一共提供了 8 种对称加密算法，其中 7 种是分组加密算法，仅有的一种流加密算法是 RC4。这 7 种分组加密算法分别是 AES、DES、Blowfish、CAST、IDEA、RC2、RC5，都支持电子密码本模式(ECB)、加密分组链接模式(CBC)、加密反馈模式(CFB)和输出反馈模式(OFB)四种常用的分组密码加密模式。其中，AES 使用的加密反馈模式(CFB)和输出反馈模式(OFB)分组长度是 128 位，其他算法使用的则是 64 位。事实上，DES 算法里面不仅仅是常用的 DES 算法，还支持三个密钥和两个密钥 3DES 算法。

3. 非对称加密

OpenSSL 一共实现了 4 种非对称加密算法，包括 DH 算法、RSA 算法、DSA 算法和椭圆曲线算法(EC)。DH 算法一般用于密钥交换。RSA 算法既可以用于密钥交换，也可以用于数字签名，当然，如果你能够忍受其缓慢的速度，那么也可以用于数据加密。DSA 算法则一般只用于数字签名。

4. 信息摘要

OpenSSL 实现了 5 种信息摘要算法，分别是 MD2、MD5、MDC2、SHA(SHA1)和 RIPEMD。SHA 算法事实上包括了 SHA 和 SHA1 两种信息摘要算法。此外，OpenSSL 还实现了 DSS 标准中规定的两种信息摘要算法 DSS 和 DSS1。

5. SSL 和 TLS 协议

OpenSSL 实现了 SSL 协议的 SSL v2 和 SSL v3，支持了其中绝大部分算法协议。OpenSSL 也实现了 TLS v1.0，TLS 是 SSL v3 的标准化版，虽然区别不大，但毕竟有很多细节不尽相同。

已经有众多的软件实现了 OpenSSL 的功能，而 OpenSSL 里面实现的 SSL 协议能够让我们对 SSL 协议有一个更加清楚的认识，因为至少存在两点：一是 OpenSSL 实现的 SSL 协议是开放源代码的，我们可以追究 SSL 协议实现的每一个细节；二是 OpenSSL 实现的 SSL 协议是纯粹的 SSL 协议，没有跟其他协议(如 HTTP)结合在一起，澄清了 SSL 协议的本来面目。

(资料来源：百度百科 2019.10)

请各位同学完成以下任务：

1. 使用 OpenSSL 中命令行和 API 的方式完成 CA 的配置、证书的签发和撤销。
2. 使用 SSL_CTX 数据结构，完成客户端和服务器端的配置、证书的加载。
3. 建立 SSL 连接并进行基于 SSL 的数据通信。

第五章 电子支付与安全

【本章主要内容】
电子支付概述
电子支付工具
网上银行
第三方支付
移动支付
【本章学习方略】
本章重点内容
(1)不同电子支付工具的区别
(2)网上银行、第三方支付、移动支付的支付流程
本章难点内容
(1)第三方支付的风险与对策
(2)移动支付的风险与对策

电子商务系统的安全性比其他网络应用系统安全性要求高,安全技术的应用也多样复杂,其主要原因是要进行网络支付。在互联网虚拟环境下,网络支付的是真金白银,所以也成为网络攻击的主要目标,做好网络支付的安全工作是保障电子商务发展的核心环节之一。

本章主要介绍电子支付的基本概念、电子支付工具、网上银行、第三方支付、移动支付等内容。在介绍各种电子支付形式和特点的基础上,重点分析电子支付的安全问题与防范措施。

第一节 电子支付概述

一、电子支付的概念与发展

20 世纪 90 年代,互联网飞速发展,不断普及企业和家庭,并演变成一种大众化的信息传播手段。传统商业贸易为降低成本,增加商业机会,纷纷采用互联网技

术，电子商务得以发展。为顺应电子商务发展的需求和潮流，电子支付应运而生并快速发展。

电子支付是指单位或个人以直接或授权的方式，通过计算机、电话、销售点终端、移动通信工具或其他电子设备等电子终端向银行发出指令，以实现货币支付和资金转移的交易行为。电子支付作为电子商务交易的重要环节，是电子商务得以实现的重要途径之一。

近年来，网络支付机构主动进行业务调整，主动向以支付体系为核心的金融科技服务方向转型。加之网络支付创新力驱动，在扫码支付不断普及的基础上，生物识别、ETC 等技术与网络支付业务深度融合，并逐步进入商用推广阶段。我国电子支付发展迅猛，用户渗透率高，在国民经济和居民生活中起着举足轻重的作用。中国互联网络信息中心（CNNIC）发布的《第 44 次中国互联网络发展状况统计报告》显示：截至 2019 年 6 月，我国网络支付用户规模达 6.33 亿，较 2018 年年底增长 3265 万，占网民整体的 74.1%；手机网络支付用户规模达 6.21 亿，较 2018 年年底增长 3788 万，占手机网民的 73.4%。

在一开始我们使用的都是现金，但是在经济社会的刺激发展下，电子支付越来越普及，它的出现带给我们很多便利，这的确可喜，我们应当支持它的发展。电子支付的发展分为以下几个阶段（见图 5-1）：

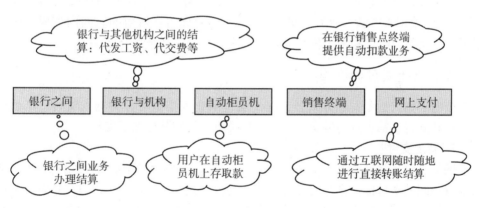

图 5-1 电子支付的发展阶段

第一阶段是银行利用计算机处理银行之间的业务，办理结算；第二阶段是银行计算机与其他机构计算机之间进行资金的结算，如代发工资等业务；第三阶段是利用网络终端向客户提供各项银行服务，如客户在自动柜员机（ATM）上进行取、存款操作等；第四阶段是利用银行销售终端（Point of Sales，POS）向客户提供自动的扣款服务，这是现阶段电子支付的主要方式；第五阶段是网上支付。通过互联网进行直接转账结算，这是电子支付发展的最新阶段。

二、电子支付的特征

电子支付作为互联网环境下衍生的新型支付方式，具有无可比拟的优越性。与传统的支付方式相比，电子支付具有如下特征：

1. 数字化的支付方式

电子支付以计算机网络中的数据流为载体，采用先进的技术，通过数字流转完成信息传输，以数字化支付方式完成款项支付，是一种"看不见"的支付活动。它与传统支付以现金流转、票据转让及银行汇兑等物理实体流转完成款项支付有明显区别。

2. 开放的系统平台

电子支付的工作环境以一个开放的系统平台（即互联网）为基础；而传统支付则是在较为封闭的系统中运作。

3. 先进的通信手段

电子支付采用互联网、外联网等先进的通信手段，对软、硬件设施的要求较高，要求有联网的计算机、相关软件及配套设施；而传统支付没有这么高的要求，采用传统的通信媒介即可。

4. 突出的支付优势

电子支付具备高效、方便、快捷、经济的优势，仅需要能够连接网络的终端（台式机、笔记本电脑、智能手机等），足不出户即可在短暂的时间内完成支付全过程，其支付成本仅相当于传统支付的几十分之一，甚至百分之一。

三、电子支付的类型

按电子支付指令发起方式分，电子支付的业务类型可分为网上支付、电话支付、移动支付、销售点终端交易、自动柜员机交易和其他电子支付。

1. 网上支付

网上支付是常见的电子支付方式之一，是以互联网为基础，通过第三方提供的与银行之间的支付接口进行的即时支付。这种方式的好处在于可以直接把资金从用户的银行卡转到网站账户中，汇款马上到账，不需要人工确认。客户和商家之间可采用信用卡、电子钱包、电子支票和电子现金等多种电子支付方式进行网上支付，以实现买卖双方、金融机构之间在线货币支付、资金清算、现金转移和统计查询等业务。

网上支付系统必须通过互联网运行，资金的流转则通过银行专用网，通过支付网关将两个广域网互相连接，来保证银行网络信息的安全性。在客户端计算机应安装相应的支付工具（如电子钱包），并安装相应的安全组件（如数字证书等），同时注册相应的银行账户（开户行）；商家需建立商家服务器（如淘宝店铺），注册收单银行账户，并提供安全保障工具(数字证书、SSL 等)，如图 5-2 所示。

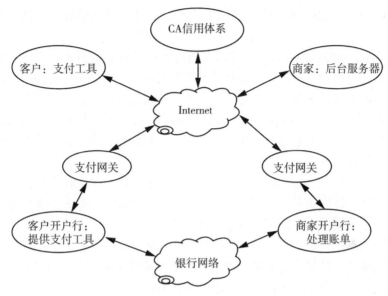

图 5-2 网上支付体系的基本构成

客户通过网络平台在线购买商品或者服务，其基本流程大致如下(见图 5-3)：

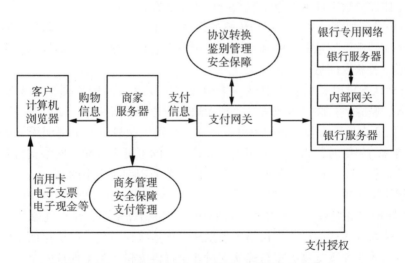

图 5-3 基于互联网平台的网上支付基本流程

(1)选择商品并下单。消费者通过互联网浏览商品或者服务，确认后下单，选择应用的网络支付结算工具，并且得到银行的授权使用，如银行卡、电子钱包、电子现金、电子支票或网络银行账号等。

(2)加密订单信息。客户机对相关订单信息，如支付信息进行加密，在网上提交订单。

(3)订购信息确认并授权。商家服务器对客户的订购信息进行检查、确认，并把相关的、经过加密的客户支付信息转发给支付网关，直到银行专用网络的银行后台业务服务器确认，以期从银行等电子货币发行机构验证得到支付资金的授权。

(4)返回确认及支付信息。银行验证确认后，通过建立起来的经由支付网关的加密通信通道，给商家服务器回送确认及支付结算信息，为了进一步的安全，给客户回送支付授权请求。

(5)资金划拨并完成结算。银行得到客户传来的进一步授权结算信息后，把资金从客户账号上转拨至开展电子商务的商家银行账号上，借助金融专用网进行结算，并分别给商家、客户发送支付结算成功信息。

(6)结算成功并发货。商家服务器收到银行发来的结算成功信息后，给客户发送网络付款成功信息和发货通知，网络支付结算流程结束。商家和客户可以分别借助网络查询自己的资金余额信息，以进一步核对。

网上支付为电子商务及其相关服务提供金融支持，具有如下基本功能：

(1)认证交易双方，防止支付欺诈。为防止网络支付欺诈，对网上交易主体的身份采用数字签名和数字证书等方面实施网上商务认证，通过认证机构或注册机构向参与主体发放数字证书，以证实其身份的合法性。

(2)信息流加密。为加强数据传输的保密性与完整性，采用对称加密体制或非对称加密体制进行信息的加密和解密，采用数字信封、数字签名等技术，防止未被授权的第三者获取信息的真正含义。

(3)确认支付电子信息的真伪。采用数字摘要算法保护数据不被未授权者建立、嵌入、删除、篡改、重放等，完整无缺地到达接收者一方。

(4)保证交易行为和业务的不可抵赖性。当网上交易双方出现纠纷，特别是有关支付结算的纠纷时，为了保证相关行为或业务的不可否认性，网络支付系统必须在交易的过程中生成或提供足够充分的证据来帮助辨别纠纷中的是非，可以用数字签名等技术来实现。

(5)处理网络交易业务的多边支付问题。支付结算牵涉客户、商家和银行等多方主体，传送的购货信息与支付指令信息还必须连接在一起，以确保商家确认某些支付信息后才会继续交易，银行确认支付才会提供支付。为了保证安全，商家不能读取客户的支付指令，银行不能读取商家的购货信息，这种多边支付的关系能够借用系统提供的诸如双重数字签名等技术来实现。

(6)提高支付效率。网上支付以互联网为支撑，商家销售、客户购买、金融机构货币转移与清算协同一体，相关手续和过程并不复杂，支付效率很高。

2. 电话支付

电话支付业务是基于电话银行语音系统的一项离线即时支付业务，用户可以通过网站或者电话方式在企业下单，企业将订单信息通过支付平台送到各个银行的电话银行系统。用户通过拨打银行电话便可进行订单支付，整个过程安全、方便、快捷。具体特征如下：

（1）网络安全性：终端与电话支付平台通过公共交换电话网络（Public Switched Telephone Network，PSTN）连接，从而确保银行卡交易的网络安全。

（2）信息机密性：利用销售点终端安全存取模块（Purchase Secure Access Module，PSAM）对磁道信息、密码等数据进行加密操作。

（3）信息完整性：进行报文的 MAC 校验，保证报文的完整与不被篡改。

（4）密钥安全性：具有完备的密钥管理系统，每次使用不同的过程密钥，密钥不可读取。

（5）操作简单：以菜单和操作提示信息提示用户完成业务交互，操作简单，用户界面友好。

（6）成本低廉：与同类产品相比，其终端具有较大的成本优势，运营维护成本较低。

（7）业务扩展性较好：业务加载无需对终端、平台进行改造，承载业务内容丰富，具有较好的灵活性、可扩展性。

3. 移动支付

移动支付是指消费者以手机、PDA、可穿戴设备等移动终端为载体，通过移动客户端进行的电子货币支付。移动支付融移动互联网、终端设备和金融机构于一体，构建了新型的支付体系。这部分内容将在本章第五节详细探讨。

第二节　电子支付工具

随着计算机技术和互联网技术的深入发展，电子支付工具越来越多样化。不同的电子支付工具有其自身的特点和运作模式，也适用于不同的交易过程。这些工具大致可以分为三类：电子货币类（电子现金、电子钱包等）、银行卡类（结算卡、智能卡等）和电子支票类（电子支票、电子汇款、电子划款等）。

一、电子货币

电子货币为当今世界最新的货币形式，自 20 世纪 70 年代以来应用愈加广泛，尽管世界各国推行或研制的电子货币形态千差万别，但就其本质而言：电子货币是利用银行的电子存款系统和各种电子清算系统进行金融资金转移的方式。

关于电子货币，目前尚无统一的定义。巴塞尔银行监管委员会（Basel Committee on Banking Supervision，BCBS）将电子货币界定为：在零售支付机制中，通过销售终端、各类电子设备以及在公开网络上执行支付的储值产品和预付支付机制。欧洲中央银行对电子货币的定义为：电子货币是存储在技术设备上的货币价值，可广泛用于除了其发行者之外的多个实体做支付，交易中不必涉及银行账户，是一种预付的无记名支付工具。欧洲议会与欧洲理事会将其定义为：作为发行者负债的货币价值，存储在电子设备上，按照接受的资金总额不低于发行者的电子货币价值发行，被除了其发行者之外的多个实体接受为支付工具。

通常来讲，电子货币是以金融网络为载体，以物理卡或电子软件为媒介，利用计算机技术或网络技术将电子数据（二进制数据）存储在银行计算机之中，并以电子信息传递形式实现流通和支付功能的信用货币。电子货币类支付工具包括电子现金和电子钱包。

1. 电子现金

电子现金（E-Cash），即数字现金（Digital Cash），是现实货币的电子化或者数字化，以数字信息形态通过网络流通，最早的电子现金方案由 Chaum 于 1982 年提出，通过借助盲签名技术实现用户隐私保护。然而盲签名技术的完全匿名性也存在诸多隐患，使得不法之徒可借此进行贪污、非法售卖（毒品、军火等）、敲诈勒索等活动而不被警方抓获。随后 Stadler、Camenisch 和 Frankel 等人提出了公平盲签名和公平的离线电子现金的概念，可以用于条件匿名的支付系统。公平电子现金中的用户的匿名性是不完全的，它可以被一个可信赖的第三方撤销，从而可以防止利用电子现金的完全匿名性进行犯罪活动。

电子现金作为当前运用较为成熟的电子支付工具，主要适用于网络支付的小额交易。电子现金在流通过程中涉及用户、商家、银行三个主体，并经历提取、支付和存款三个过程，其基本流通模式如图 5-4 所示：用户与银行执行提取协议，从银行提取电子现金；用户与商家执行支付协议，支付电子现金；商家与银行执行存款协议，将交易所得的电子现金存入银行。

电子现金与现实货币相比更加便捷、经济，在社会经济等领域与现金货币起着同等重要的作用，并随着经济发展而越来越重要。电子现金应具备如下性质：

（1）独立性。电子现金的安全性不仅仅依赖物理上的安全性，更重要的是通过其自身各项保密技术保障电子现金的安全。

（2）不可重复花费。电子现金只能使用一次，重复花费能轻易被系统检测出来。

（3）匿名性。银行和商家互通也无法跟踪用户电子现金的使用，从而无法获取用户的购买行为，可保障历史交易的隐蔽性。

（4）不可伪造性。用户不可能凭空伪造有效的电子现金，也不可以从银行提取

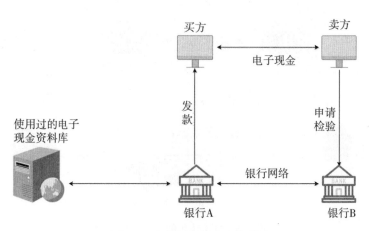

图 5-4 电子现金基本流通模式

有效电子现金后，根据其信息制造出有效的电子现金。

（5）可传递性。与现金货币一样，电子现金可以在用户之间任意转让，且不被跟踪。

（6）可分割性。与现金货币不同，电子现金既可以作为整体使用，也可以被任意分割成若干细小的单位，被多次支付使用，只要被分割的电子现金的面额之和与原始电子现金的面额相等即可。

2. 电子钱包

电子钱包（E-Wallet）是安全电子交易中的一环，其功能在于消费者进行电子交易和交易信息存储。安装符合标准的电子钱包是安全电子交易的前提。目前已经有VISA Cash、Mondex、MasterCard cash、Clip 和 Proton 等电子钱包服务系统，还有eWallet 以及 Microsoft Wallet 等应用性强的电子钱包软件。

电子钱包具有安全性高、适用性广、机遇性强、管理高效和支持小额支付的优点。其功能主要包括以下几个方面：个人信息管理、网上安全交易、交易记录查询、账户余额查询等。

电子钱包主要有两种形式：一种是用于网上消费和用户个人信息管理的软件，该软件通常与银行账户系统进行绑定，用户网上交易的金额直接从银行卡扣除；另外一种是小额支付的智能储值卡，由持卡人预先在卡中存储一定的金额，交易时直接从储值卡中扣除相应的交易金额，其交易流程如图 5-5 所示：

（1）客户和商家达成购销协议并选择用电子钱包支付。

（2）客户选定用电子钱包付款并将电子钱包装入系统，输入保密口令并进行付款。

（3）电子商务服务器进行合法性确认后，在信用卡公司和商业银行之间进行应

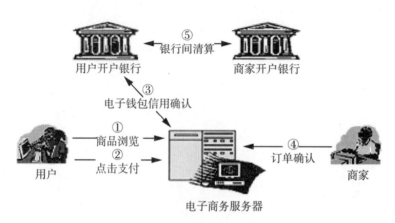

图 5-5 电子钱包的使用过程

收款项和账务往来的电子数据交换和结算处理。

(4)商业银行证明电子钱包付款有效并授权后,商家发货并将电子收据发给客户;与此同时,销售商留下整个交易过程中发生往来的财务数据。

(5)商家按照客户提供的电子订货单将货物从发送地点交到客户或其指定人手中。

二、银行卡支付

银行卡是指经批准由商业银行(含邮政金融机构)向社会发行的,具有消费信用、转账结算、存取现金等全部或部分功能的信用支付工具。银行卡减少了现金和支票的流通,使银行业务突破了时间和空间的限制,发生了根本性变化。银行卡自动结算系统的运用,使"无支票、无现金社会"的梦想成为现实。

1. 信用卡

信用卡(Credit Card),又叫作贷记卡,最早出现于 19 世纪末的英国。它提供了一种非现金交易付款的方式,消费时无须支付现金,待账单日时再进行还款。其本质上是商业银行或信用卡机构对具备一定信用资质的消费者发行的信用凭证,执行流通和支付的职能。其形式是一张正面印有发卡银行名称、有效期、号码、持卡人姓名等信息,背面有磁条、签名条的卡片。持卡人可以到特约商业服务部门购物或消费,再由银行同商户和持卡人进行结算,持卡人在规定额度内透支。

根据不同的分类标准,信用卡有不同的类型:

(1)根据发卡机构不同,可以分为银行卡和非银行卡。

银行卡是银行机构发行的信用卡。持卡人可以在银行特约商户购物消费,也可以在发卡行所属的分支机构或者 ATM 机取款。非银行卡是非金融机构发行的信用卡，如零售信用卡或旅游娱乐卡，前者是商业机构发行的信用卡，如百货公司发行的购物卡、石油公司发行的汽油站加油卡，后者是服务业发行的信用卡，如航空公司发行的机票卡。

（2）根据发卡对象不同，可以分为公司卡和个人卡。

公司卡的发卡对象是企事业单位、国家机关等法人组织。个人卡的发卡对象是普通居民个人，要求发卡对象具有稳定的收入来源或一定的偿还能力。个人卡是以个人的名义申请并承担相应的责任。

（3）根据持卡人的信誉、社会地位等资信情况的不同，可分为普通卡和金卡。

普通卡的发卡对象为经济实力、社会地位、信誉较为一般的人；金卡的发卡对象为经济实力较强，偿还能力较好，信用度较高，具有一定的社会地位的用户。金卡的授权限额起点较高，附加服务项目也更多，因而对有关服务费用和担保金的要求也比较高。

（4）根据流通范围不同，可以分为国际卡和地区卡。

国际卡是一种在国际范围通用的信用卡，常见的万事达卡（Master Card）、维萨卡（VISA Card）就属于国际卡。地区卡是一种只能在一个国家或者一个地区使用的信用卡，我国商业银行发行的信用卡大多属于地区卡。

2. 借记卡

借记卡（Debit Card）是指发卡银行向持卡人签发的，持卡人先存款、后使用进行转账，存取现金和消费的银行卡，与信用卡不同的是借记卡没有信用额度。

借记卡是日常生活中使用比较普遍的一种电子支付媒介，其功能主要有以下几点：

（1）存取现金。与现金货币一样，借记卡具备本外币、定期、活期等储蓄存储功能。同时可以在银行网点、自助银行、全国乃至全球的 ATM 机上取款。

（2）转账汇款。持卡人可以通过银行网点、网上银行、自助银行等渠道将款项转账或汇款给其他账户。

（3）刷卡消费。持卡人在线下商户消费时，可以用借记卡刷卡进行消费。

（4）代收代付。借记卡具备代发工资和缴纳物业费、水费、电费、燃气费、通信费等费用的功能。

（5）资产管理。借记卡具备投资理财、保险、个人外汇业务办理、贵金属交易等领域的交易和结算功能。

（6）其他服务。除以上服务之外，借记卡的服务延伸到了金融服务领域之外，如医疗健康服务。

按功能不同，借记卡可以分为转账卡、专用卡和储值卡。转账卡是一种实时扣账的借记卡，具有转账结算、存取现金和消费的功能。专用卡是在特定领域专用（如在餐饮店、超市）的一种借记卡，具有转账、存取现金的功能。储值卡是发银行根据持卡人要求将其资金转至卡内存储，交易时直接从卡内扣款的预付钱包式借记卡。

借记卡已经渗透到我们日常生活的方方面面，成为我们日常消费生活中不可或缺的电子支付工具，具有便捷易用、普及性高、安全可靠等特征。

三、电子支票

电子支票(Electronic Check)是纸质支票的替代物，通过数字传递的方式，将资金从一个账户转移到另一个账户，使用数字签名和自动验证技术来确定其合法性。支票上除了必需的收款人姓名、账号、金额和日期外，还隐含了加密信息。

1. 电子支票的概念

电子支票是客户向收款人签发的、无条件的数字化支付指令。电子支票是网络银行常用的一种电子支付工具，它是将传统支票改变为带有数字签名的电子报文，或利用其他数字电文代替传统支票的全部信息。

网络银行和大多数银行金融机构，通过建立电子支票支付系统，在各个银行之间发出和接收电子支票，向用户提供电子支付服务。

电子支票包含三个实体，即买方、销售方以及金融机构。通常情况下，电子支票的收发双方都需要在银行开有账户，让支票交换后的票款能直接在账户间转移，而电子支票付款系统则提供身份认证、数字签名等，以弥补无法面对面地进行交换所带来的缺陷。电子支票目前主要是通过专用网络系统进行传输。

2. 电子支票的使用流程

电子支票系统主要包括消费者、商家、银行以及认证中心等部分。电子支票的使用流程主要包括支票的生成、支付、清算(兑付)等几个部分。

电子支票的工作流程如下(图5-6)：

(1)用户和商家达成购销协议，选择用电子支票支付。

(2)用户在计算机上填写电子支票，电子支票上包含支付人姓名、支付人账户名、接收人姓名、支票金额等。用自己的私钥在电子支票上进行数字签名，用卖方的公钥加密电子支票，形成电子支票文档。

(3)用户通过网络向商家发出电子支票，同时向银行发出付款通知单。

(4)商家收到电子支票后进行解密，验证付款方的数字签名，背书电子支票，填写进账单，并对进账单进行数字签名。

(5)商家将经过背书的电子支票及签名过的进账单通过网络发给收款方开户银行。

(6)收款方开户银行验证付款方和收款方的数字签名后，通过金融网络发给付款方开户银行。

(7)付款方开户银行验证收款方开户银行和付款方的数字签名后，从付款方账

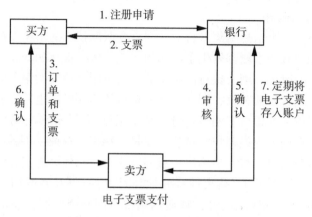

图 5-6 电子支票交易过程

户划出款项，收款方开户银行向收款方账户存入款项。

3. 电子支票支付的特点

（1）工作流程简单。与传统支票工作方式十分相似，易于理解和接受。

（2）便于小额清算。电子支票适宜做小额的清算。

（3）便于公开验证，易于流通。与基于公钥加密的数字现金相比，加密的电子支票更易于流通，收款主体都可以使用公开密钥来验证支票，电子签名也可自动验证。

（4）与 EDI 应用相结合，推动基于 EDI 的电子交易和支付。

（5）可连接公众网络金融机构和银行票据交换网络，以达到通过公众网络连接现有金融付款体系的目的。

第三节　网　上　银　行

随着互联网产业的深入发展，传统金融服务为了降低成本、提高竞争力，日趋网络化、技术化，网上银行是银行降低成本、实现金融业务创新的客观需求，也是高科技支持金融业发展的必然产物。本小节以网上银行的概念、功能、业务和流程为基础，分析网上银行存在的安全风险问题，并提出应对之策。

一、网上银行概述

1995 年 10 月，全球首家以网络银行冠名的金融组织——安全第一网络银行（Security First Network Bank，SFNB）拉开了网上银行发展的序幕。随后，网上银行以其高效便捷的优势成为国内外银行关注的焦点，也给传统银行带来勃勃生机，各大银行纷纷开启网上银行，抢占市场，争夺用户资源。

1. 网上银行的概念

现代银行业是一个信息密集型行业，随着互联网技术的不断发展进步，银行的组织结构、功能和服务手段都发生了深刻的变化。传统银行的变化集中体现在网上银行这一新事物的诞生。网上银行以独特的运营机制、便捷的服务和优质的信息管理机制赢得了广大客户的青睐，同样，网上银行的茁壮发展也冲击着传统银行业。

网上银行又称在线银行、网络银行，是指银行利用 Internet 网络或其他专用网络，为银行客户在网上提供开户、销户、支付、转账、查询、汇款、网上证券、投资理财等传统服务项目。客户足不出户就能够安全快捷地办理银行业务。

网上银行通过支付网关(防火墙或其他隔离设备)将互联网用户的客户端连接到银行专用网络(网上银行中心)，从而达到银行网和互联网信息隔离的作用，以保障银行专用网信息安全和客户通信安全。图 5-7 为网上银行的网络连接图。

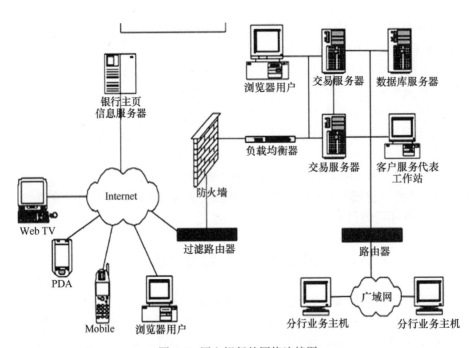

图 5-7　网上银行的网络连接图

2. 网上银行的分类

网上银行的定义千差万别，究其原因，不仅仅是因为不同国家、机构和个人对网上银行的看法存在一定的差异，而且与一国网上银行的发展和监管策略密不可分。网上银行的严格法律定义还未出现，而它的发展又很快，需要加以适当的管理，在这种情况下，需要根据不同的分类标准将其加以界定。

（1）根据经营者分类。

根据经营者不同，将网上银行划分为独立型网上银行和依附于传统银行的网上银行。

独立型网上银行即"虚拟银行"，指互联网公司借助其在网络技术上的优势，通过互联网提供某些银行服务的网上银行。如国内互联网巨头腾讯公司旗下民营银行——深圳前海微众银行和蚂蚁金服作为大股东发起设立的中国第一家核心系统基于云计算架构的商业银行——网商银行。独立型网上银行没有实际的物理柜台作为支持，只有一个办公地址，没有分支机构，也没有营业网点，采用国际互联网等高科技服务手段与客户建立密切的联系，提供全方位的金融服务。

依附于传统银行的网上银行，指在已有的传统银行的基础上，利用互联网开展传统的银行业务交易服务，即传统银行利用互联网作为新的服务手段为客户提供在线服务，其本质上是传统银行服务空间网络化。国内大多数商业银行如中国银行、中国建设银行、中国工商银行等，均采用这种形式开展网上银行业务。其好处在于摆脱了传统银行在服务空间和服务时间上的限制，降低了服务成本，同时可以提供优质的个性化服务，提升用户黏性和忠诚度。

（2）根据服务对象分类。

根据服务对象不同，网上银行可以分为个人网上银行和企业网上银行。

个人网上银行是银行通过互联网为个人提供账户信息查询、转账交易、信用卡还款、网上缴费、理财服务、外汇服务、信息管理、电子工资单查询等服务的网上银行。个人网上银行可以为居民个人提供全天候不间断服务，其业务包括基本业务、网上投资、网上购物、个人理财、企业银行及其他金融服务，同时针对个人客户群体之间的差异提供不同层次的个性化服务（图 5-8 所示为中国农业银行的个人网上银行登录界面）。

企业网上银行适用于需要实时掌握账户及财务信息、不涉及资金转入和转出的广大中小企业客户。客户在工行网点开通企业电话银行或办理企业普通卡证书后，就可在柜面或在线自助注册企业网上银行普及版。客户凭普通卡证书卡号和密码即可登录企业网上银行普及版，获得基本的网上银行服务。

企业网上银行服务品种比针对个人客户的服务品种更多，也更为复杂，对相关技术的要求也更高，所以能够为企业提供网上银行服务是商业银行实力的象征之一。企业银行服务一般提供账户余额查询、交易记录查询、总账户与分账户管理、转账、在线支付各种费用、透支保护、储蓄账户与支票账户资金自动划拨、商业信用卡等服务，此外还包括投资服务等。部分网上银行还为企业提供网上贷款业务。

3. 网上银行的业务

一般来说，网上银行的业务品种主要包括查询服务、网上投资、网上购物、理

图 5-8 中国农业银行个人网上银行登录界面

财服务、转账服务、网上缴费、网上支付、贷款服务、国债投资、基金投资、外汇买卖、提醒服务、挂失服务和维护服务公共信息等服务。归纳起来可以分为以下几种业务类型：

(1)信息服务类业务。

信息服务类业务主要是宣传银行能够给客户提供的产品和服务，包括存贷款利率、外汇牌价查询、投资理财咨询等。这是银行通过互联网提供的最基本的服务，一般由银行一个独立的服务器提供。这类业务的服务器与银行内部网络无连接路径，风险较低。

(2)客户交流服务类业务。

客户交流服务类业务包括电子邮件、账户查询、贷款申请、档案资料(如住址、姓名等)定期更新。该类服务使银行内部网络系统与客户之间保持一定的连接，银行必须采取合适的控制手段，防止黑客入侵银行内部网络系统。

(3)金融交易服务类业务。

金融交易服务类业务包括个人业务和公司业务两类。这是网上银行业务的主体。个人业务包括转账、汇款、代缴费用、按揭贷款、证券买卖和外汇买卖等。公司业务包括结算业务、信贷业务、国际业务和投资银行业务等。银行交易服务系统服务器与银行内部网络直接相连，无论从业务本身还是网络系统安全角度来看，均存在较大风险。

二、网上银行安全风险

网上银行的产生改变了传统银行的经营模式和业务运营模式，使其在面对传统金融市场的运营风险和信用风险的同时，还因互联网的介入增加了上述风险发生的可能性，并且增加了新的风险。本部分将从技术、管理、链接服务和法律四个角度阐述网上银行存在的安全风险。

1. 技术安全风险

随着银行业务的网络化，网络技术不仅仅作为金融服务的工具和后台支撑手段，而是直接作为金融创新的重要组成部分，在现代银行业务中起着举足轻重的作用。与此同时，技术融入也带来了相关技术风险，成为商业银行金融风险管理的重要内容。

(1)网上银行客户端安全认证风险。

网银客户端使用证件号码、用户名和密码登录，一旦用户计算机感染病毒、木马或者被黑客攻击，如钓鱼攻击、中间人攻击等，如果没有进行安全认证，网上银行用户所做的所有操作，都会被发送至控制用户计算机的服务器后端，严重影响网银客户端用户的银行账号和密码安全。假冒银行网站而出现的钓鱼网站，能将用户的所有操作通过键盘记录或者屏幕录制，将账号和密码信息传输至窃取人指定的服务器中，危及用户资金安全。

(2)网络传输风险。

网上银行业务通过网络在银行和用户之间进行数据传输，在数据传输过程中要求进行加密处理，如果网络传输系统和环境被攻破，或者加密算法被黑客攻击，用户个人信息将会被窃取、篡改和仿冒，并将使网上银行客户的资金、账号、密码在网络传输中如同明文传输，造成客户信息泄露，严重影响网上银行用户的信息安全。

(3)系统漏洞风险。

网上银行应用系统和数据库在技术上依然存在一些系统漏洞和隐患，这些漏洞往往会被黑客、计算机病毒所利用，对网上银行系统造成很大的信息安全风险。

(4)数据安全风险。

网上银行的数据要求绝对安全和保密。用户基本信息、支付信息、业务处理信息、数据交换信息等的丢失、泄露和篡改，都会使银行产生不可估量的损失。如何确保数据输入和传输的完整性、安全性和可靠性，如何防止对数据的非法篡改，如何实现对数据非法操作的监控与控制，是网上银行系统需要解决的问题。

2. 管理安全风险

(1)系统应急风险。

银行在系统建设和运行中，应不间断按照业务运行应急计划进行演练，制定应对电力中断、地震、洪水等灾害的措施，加强系统运行的稳健性。

（2）内部控制风险。

网上银行的内部管理制度指对网上银行日常运行处理过程进行流程或制度规范，一旦执行不到位，将会造成网上银行在运行或者业务操作中出现问题，比如由单个维护人员完成对客户的密码重置或者客户账户信息调整等，造成网上银行系统信息安全风险。

（3）外包管理风险。

在网上银行快速发展的过程中，由于银行专业人才不足，在系统开发、运行维护过程中，很多是通过购买第三方外包服务的方式提供网上银行技术支持。如果网上银行外包服务管理不到位，将给银行带来数据泄露的风险。

3. 链接服务风险

链接服务风险主要是指网上银行与其他电子商务网站之间没有足够多的链接，银行无法为客户在网上的各种消费提供支付服务，造成客户流失，并最终导致银行收益损失的可能。

在客户决定着网上银行能否生存的情况下，客户在网上消费到哪里，所注册的网上银行就应跟踪链接到哪里。为此，银行一方面要向社会公众做好宣传与营销，提高自己品牌的知名度；另一方面要做好与其他著名商务网站的合作，让其提示客户在进行消费时优先链接到自己的平台，使用本行提供的交易支付工具。

4. 法律风险

法律风险是指由于有关网上交易法律法规的不健全而使网上银行陷入法律纠纷的风险。同传统银行相比，网上银行有两个十分突出的特性：一是它传递信息包括契约采用的是电子化方式；二是它体现了互联网的平等、开放、协作、共享精神，其业务和客户随着互联网的延伸可达世界的每个角落。这就向传统的基于地理空间和纸质合约的法律法规提出了挑战。目前网上银行相关的法律法规还不够完善，相关的制度规范和约束机制还不够健全，相对规范的法制环境需要进一步优化。

三、网上银行安全策略

随着网上银行业务的迅速发展，其安全性问题日益突出，解决这些问题成为网上银行发展的当务之急。加强网上银行风险防控，其策略如下：

（1）加强系统安全性。网上银行安全的关键就是网上银行系统的安全性，银行应定期从物理安全、逻辑安全、管理安全、操作系统安全、联网安全、客户端安全等几个方面对网上银行进行入侵检测和网络渗透检测，防范系统被入侵和攻击。

（2）完善内部控制体系。网上银行信息系统内部操作人员对系统及其权限了如指掌，风险也来自内部操作人员，因而应加强内控管理，建立健全有效的内部控制体系，如系统维护制度、信息保密制度、数据备份制度、人员管理制度、风险预警制度、重大事项报告制度等，确保网上银行系统有序正常运行。

（3）加强外包服务管理。中小银行限于自身技术能力，往往会将系统开发和维护的工作外包。而网银数据的重要性不言而喻，加强系统外包服务管理势在必行。要选择长期可靠、实力强劲的外包服务商，并加强合同管理，规范和明确其服务内容，强化外包服务人员管理和过程管理，严格监控外包服务；加强外包团队建设，构建长效沟通机制。

（4）制定应急预案。网上银行系统是由纷繁复杂且相互关联的子系统构成的，当出现系统故障或者发生不可抗力时，每一个环节的停顿都可能对整个业务的连续性带来影响。应制定详细的应急预案，加强网上银行应急演练，并对预期风险进行严密的分析论证。

（5）完善事前、事中和事后防御机制。事前预防阶段，利用网银安全助手、密码控件等防范手段对客户端加强防范，重点加强钓鱼网站的早期发现，阻止钓鱼网站蔓延，防御客户端安全隐患。事中认证阶段，对网银认证并分析交易信息，主动防御，分辨并且阻止非法交易进行。事后审计阶段，通过网银交易审计系统，保持完整交易记录，追查攻击者来源。

（6）增强客户操作风险防范。技术的进步和管理制度的革新，使得技术安全风险远低于客户操作上的风险。因此，银行亟须加强对客户有关安全使用网银的宣传和教育，重点包括对使用网上银行的客户的风险提示和安全教育、安全上网行为宣传介绍和引导等。

（7）强化客户管理。加强对申请签约客户的资格审查，对于符合条件、信誉良好的客户，才能签订规范的网银服务协议。加强对网上银行客户的身份验证，及时提醒客户妥善保管各种交易信息和工具，以免被他人盗用，并加强对网上银行客户的操作范围和流程的监督。

（8）用户自身要提高安全防范意识。除银行对用户进行网上银行安全的宣传、推广和教育以外，用户自身也要提高安全防范意识，关注网上银行的一些使用常识和金融安全知识。

第四节　第三方支付

随着互联网的快速发展，电子商务作为一种全新的商业业态迅速崛起，而网络支付成为电子商务交易关键的一环。第三方支付在网络支付领域占据举足轻重的地位，伴随而来的安全问题成为各大平台和消费者关注的焦点。

一、第三方支付概述

1. 第三方支付的概念

第三方支付(Third Party Payment)指具备一定实力和信誉保障的独立机构,采用与现有商业银行签约的方式,通过与银行支付结算系统接口对接而促成买卖双方进行交易的网络支付模式。顾名思义,在银行的直接支付环节中增加一个中介,买方选购商品后将款项付给中介,由中介通知卖家进行发货;待买方收到商品后,由中介将买方的款项转至卖家账户。

支付宝和微信支付是第三方支付的典型代表。易观国际数据显示:支付宝(53.76%)和微信支付(38.95%)两者市场份额在 2018 年第一季度占比 92.71%,在我国第三方支付中占据绝对主导地位。[①] 第三方支付采用支付结算方式。按支付程序分类,结算方式可分为一步支付方式和分步支付方式。其中一步支付方式包括现金结算、票据结算(如支票、本票、银行汇票、承兑汇票)、汇转结算(如电汇、网上支付);分步支付方式包括信用证结算、保函结算、第三方支付结算。

2. 第三方支付的特征

第三方支付作为独立于买卖双方和银行之外的中介平台,在电子商务交易过程中具备典型的特征,具体如下:

(1)独立性。

第三方支付平台作为既独立于交易双方又独立于银行的交易中介,并不单独参与商品或服务的销售,只是在买卖双方交易过程中作为支付平台,与双方签约银行合作完成在线支付服务,整个过程中独立于买卖双方的开户行。

(2)安全性。

第三方支付作为交易双方的中间平台,保障资金的安全性是其主要目的。在交易过程中,买房购买商品或服务完成支付,支付金额存在第三方支付平台;当卖家发货或者提供服务,买家确认收货后,第三方平台将支付款项打给卖家,完成交易。第三方平台在这个过程中起着信用担保和资金安全保障的作用,极大化解了网络交易的不确定性和风险性。

(3)公正性。

为降低运营风险,采用第三方支付平台可以最大限度避免欺诈和拒付的不良行为发生。第三方支付作为中立的中介服务机构,避免支付平台单纯作为连接商业银行支付网关的形式存在,能有效保留交易信息,监督买卖双方的交易行为,保障彼此的合法权益。

---

① 易观国际:2018 中国第三方支付行业专题分析,http://www.199it.com/archives/781828.html。

（4）便利性。

第三方支付平台与各大银行支付网管对接，为买卖双方提供了极大便利。双方只需在任一银行开户办卡即可，即使买卖双方所持银行卡不一致，也可以通过支付宝与各大银行对接，跨行完成交易结算。

（5）应用广泛性。

第三方支付作为支付交易工具，不仅仅可以用于在线网络购物，还可以用于日常生活的缴费服务，如缴纳水费、电费、煤气费、物业费，还可以购买机票、景区门票及爱心捐款等。

3. 第三方支付的流程

第三方支付的交易流程大同小异，在此以消费者最为常见的 B2C 购物为例进行阐述，具体流程如下：

（1）用户注册。用户在购物之前，必须在 B2C 网站注册，注册需填写主要信息：用户名、用户密码、用户姓名、送货地址、联系电话等。

（2）选购商品。用户登录网站后，根据自身需求在 B2C 网站搜索需要购买的商品，并浏览意向商品的商品详情，通过货比三家，选定理想的商品之后与卖家达成购买意向。

（3）支付结算。用户在购物车中确认自己所购买的商品明细，确认无误后，选择合适的物流方式，并选择第三方支付作为交易中介，将交易金额划入第三方支付平台账户。

（4）物流配送。第三方平台将用户支付信息告知卖家，卖家在规定时间内安排物流服务商发货，完成配送任务。

（5）交易结算。买家收货并验证后通知第三方平台，第三方交易平台将交易金额划拨给卖家，交易完成。

4. 第三方支付模式

第三方支付不仅承担着信用中介的任务，还肩负着安全保障和技术支持的作用。根据支付流程不同，我国第三方支付平台大致可分为三种模式：账户型支付模式、网关型支付模式和多种支付手段结合模式。

（1）账户型支付模式。

这种类型的支付平台一般是由电子交易平台独立或者与银行合作开发，并与各大银行建立合作关系，凭借其公司的实力和信誉承担买卖双方中间担保的第三方支付平台，利用自身的电子商务平台和中介担保支付平台吸引商家开展经营业务。国内账户型第三方支付平台的典型代表是支付宝。

（2）网关型支付模式。

网关型第三方支付平台是没有内部交易功能的，只是银行网关代理的第三方支付平台。所谓支付网关，是指连接银行内部的金融专用网络与互联公用网络的一组服务器，其主要作用是完成两者之间的通信、协议转换和对数据进行加密、解密，以保护银行内部数据安全。国内网关型第三方支付平台的典型代表是快钱。

(3)多种支付手段结合模式。

多种支付手段结合模式是指第三方电子支付公司利用电话支付、移动支付和网上支付等多种方式提供支付平台的模式。在该种模式下，用户可以选择办理卡片进行购物、缴费等，还可在终端上选择相应的服务，或者是利用手机短信等进行相关操作。其典型代表是"拉卡拉"和"嗖！付"。

表 5-1 和表 5-2 分别列出了三种模式的区别及其典型代表。

表 5-1 三种模式的比较

	账户型支付模式	网关型支付模式	多种支付手段结合模式
优势	承担中介职责，有客户资源，建立信用评价体系，可信度高	起步早，充分了解客户需求	方式多样，不用上网也可完成操作，风险低
客户	个人或中小型商户，面向 B2B、B2C、C2C	为中小型电子商务网站提供在线支付服务，面向 B2C	主要面向个人消费者，主要提供线下服务
盈利	服务费、店铺费、商品展示费等	手续费+年费	手续费+会员费
问题	平台间竞争激烈，认证程序复杂，中介账户有资金滞留吸储嫌疑	单独网关型的收入主要是银行的二次结算获得的分成，一旦商家和银行直接相连，这种模式就会因为附加值低而最容易被抛弃	大部分是线下服务，若当地没有开通此服务或没有相关终端，则无法进行操作
发展	加强与银行、物流、认证中心的合作，将信息流、资金流、物流整合在一起	提供多种增值服务，扩大自己的营销领域；整合电子商务资源，发展成为以支付为基础的行业咨询公司	提供各式各样的增值服务，建立多种会员制，牢牢把握客户

表 5-2 三种模式的典型代表

模式	举　例
账户型支付模式	支付宝(https：//www. alipay. com) 财付通(https：//www. tenpay. com/) 安付通(http：//www. ebay. com. cn/) 贝宝(PayPal)(http：//www. paypal. com) YeePay(http：//www. yeepay. com)
网关型支付模式	快钱(https：//www. 99bill. com/) 北京首信易支付(http：//www. beijing. com. cn) 云网支付(http：//www. cncard. net)
多种支付手段结合模式	拉卡拉(http：//www. lakala. com/) 嗖！付(https：//www. soopay. net/) 缴费易(https：//www. pay1. com. cn)

二、第三方支付安全风险

伴随网络的普及和互联网产业的深入发展，第三方支付在我国如雨后笋般迅猛发展，但是不可忽视的是，第三方支付也面临着严峻的挑战和各种各样的风险。当前我国第三方支付面临诸多风险，其中信用风险、技术风险以及洗钱风险尤为突出。

1. 信用风险

社会信用体系的建立和完善是我国社会主义市场经济不断走向成熟的重要标志之一。2019 年，"两会"政府工作报告中明确提出"健全社会信用体系"，指出实施更大规模减税、着力优化营商环境、推动消费稳定增长等工作任务，须以完善的社会信用体系为保障。当前中国正处于全面建成小康社会的决胜阶段，建立和完善信用信息共享机制，以信用服务市场，以信用培育和拉动市场，使之公平竞争，也是第三方支付的一个重要职责。

金融活动必然会伴随信用风险，第三方支付作为一项新生的金融结算活动，其信用保障尤为关键。只有以强大的信用保障作为基础，第三方支付才能健康而又可持续地发展。当前，个别商家和第三方支付平台对信息的真实性、交易的合法性等相关内容审核不够严格，数据信息保管不完善，造成资金流向监管困难，给一些不法分子利用这些漏洞实施犯罪活动造成了可乘之机，也在很大程度上损害了第三方支付平台的信用。面对资金失窃、客户信息泄露等问题，我们必须要全面加强信息化数据的管理，加快构建起安全有效的社会信用体系，加强个人信用体系建设，通过实名制和区块链技术来保障信息安全，这是实现我国第三方支付市场平稳发展的重中之重。

2. 技术风险

网络黑客技术的快速发展使得第三方支付存在严重的技术风险，虽然第三方支付已经通过面部识别、指纹识别、声波识别等技术加以改善，但一旦账号被盗会引起社会恐慌。第三方支付以网络环境为支撑，一旦网络环境异常，出现漏洞或者被黑客攻击，第三方支付的网络隐患将难以预估。

第三方支付作为电子商务平台的重要一环，与银行网关直接关联，当第三方支付平台的防火墙被病毒入侵时，银行信息会存在被泄露的风险，甚至可能遭受巨大的损失。随着智能时代的到来，智能终端设备的普及，第三方支付的风险越发严重，当消费者点击不明链接时，可能导致手机中毒，个人支付信息被泄露，用户资金被转移。网络诈骗在当今社会屡见不鲜，作为消费者应该时刻警惕第三方支付中存在的软件和硬件的漏洞，尽可能规避风险。

3. 洗钱风险

目前，我国第三方支付机构的客户身份验证系统还处在建立初期，识别机制和手段措施还不是很健全，对客户资料的审核手续尚不完善。在整个第三方支付平台上，只要登记姓名、证件、联系地址等即可以开设账号，没有建立与公安户籍系统的联网比对，缺乏严密的审核手续，对资料的真实性要求较低，这给了一些不法分子可乘之机。

我国的第三方支付平台虽然不是金融机构，但它却具备了资金归集、储蓄、设立基金等多项功能，由于第三方网上支付机构对交易双方的身份认证难以确切核实，不掌握交易的因果性，因而很难辨别资金的真实来源和去向；如果缺乏严格的风险预警和控制机制，第三方网上支付系统很可能成为不法分子非法转移资金、套取现金及洗钱的便利工具。

4. 资金沉淀风险和投资风险

第三方支付的主要作用是为买卖双方提供中间担保，卖方发出货物和买方确认收货之间有一段时差，消费者在没有收到货物之前就将款项转移到了第三方支付机构，商家在消费者确认收货前是拿不到货款的，而不同消费者的结算周期不同，导致了第三方支付平台上结存了稳定的数量可观的沉淀资金，这部分资金也很容易被第三方支付机构直接用来投资获利。资金规模越大风险越大，一旦资金链断裂，会给网络经济市场造成不可弥补的损失。

三、第三方支付安全策略

1. 加强信用体系的建设

第三方支付都是在网络上进行交易的，加强信用建设尤为重要。当前，我国的信用系统还不尽完善，信誉度相对较低，这里既有国民素质的问题，也有一定的社会环境因素的影响。第三方支付平台可以借鉴国外经验，通过银行等金融机构对客户进行评级，这样的评级更具有真实性；同时第三方支付平台可以与商家、客户合作，共享信用信息，形成完善的信用网络。同时，监管部门应加强法律法规的建设，做到信用监管有法可依。各信用评级机构也要互相共享信息，定期公布信用缺失的企业用户，同步不诚信档案，建立惩戒机制。

2. 加快技术创新，化解金融风险

第三方支付平台兴起和使用的时间还不是很长，在实践与应用的过程中难免存在很多问题与不足。第三方支付的专属支付渠道、交易自由等特点既存在有利方面，也有一定风险。我们除了要进一步加强金融监管外，还要通过相应的技术创新来进行有效的管理，减少负面因素，从而达到对金融犯罪的有效预防和查处。要引入创新数字签名技术、数字证书等，运用云计算、大数据等手段，充分使用加密技术，让数据管理技术得到质的飞跃，充分保障用户信息与资金的安全。

3. 加强市场监管，遏制洗钱行为

为有效防止洗钱行为的发生，我们必须进一步完善与加强涉及第三方支付机构的法律、法规建设，制定行之有效的规章制度，约束第三方支付过程中的每个行为。要坚决打击洗钱犯罪，旗帜鲜明地反对洗钱行为，这既是第三方支付机构的义务，更是法律责任。要建立规范的客户身份识别机制，形成严谨的报送规则与流程。要严格全面保留交易记录，确保每一笔交易行为和资金流动都有据可查，提高网上交易的真实性。要依法严格保护用户隐私，切实明确第三方支付机构和用户的权利和义务，保护和奖励检举人。要全面落实全部备付金集中存管机制，坚持统一管理资金，降低由挤提引发的资金流动性风险。

4. 加强投资监管，控制投资风险

针对第三方支付平台对于沉淀资金的运作，为了控制投资风险，相关的监管机构应该加强监管。对于沉淀资金，要使用多元化的运作模式，建立健全的监管机构。此外消费者个人应该提升自我保护意识，避免第三方支付风险和投资风险对自己利益的损害。

第五节　移 动 支 付

随着网络宽带的提速和智能终端设备在日常生活中的普及，移动支付伴随移动场景交易应运而生。作为第三方支付的衍生品，移动支付日益成为居民消费支付的主流方式，移动互联网时代，支付与场景的结合越来越密切。移动支付的产业在近几年纷纷加大了对支付场景的争夺力度，移动支付场景化竞争越发激烈。

一、移动支付概述

1. 移动支付的概念

移动支付是指在移动互联网环境下，以移动终端为中心，随时随地地利用现代智能设备如手机、PDA、笔记本电脑等工具，为服务商务交易而进行的资金流动。简而言之，就是移动用户使用其移动终端（通常是手机）对所消费的商品或服务进行账务支付的一种服务方式。手机支付是移动支付最主要的表现形式。

移动支付作为一种新型的网络支付方式，在大部分城市生活中已经取代纸币支付，成为居民消费主流支付方式。移动支付的特点主要包括：

（1）时空限制小，方便快捷。互联网时代下的移动支付打破了传统支付对于时空的限制，使用户可以随时随地进行支付活动。移动支付打破了现金、支票、储值卡不能实现远程支付，而网上支付、电话支付等不能实现现场支付的限制，同时满足了远程支付和现场支付的需要，方便快捷，操作简单。

（2）方便管理。用户可以随时随地通过手机进行各种支付活动，并对个人账户进行查询、转账、缴费、充值等功能的管理，也可随时了解自己的消费信息。这对用户的生活提供了极大的便利，也更方便用户对个人账户的管理。

（3）支付成本低，应用场景广泛。移动支付有效解决了交易中大量重复发生的小额支付问题，降低了交易双方的交易成本；同时能满足日常生活中所需的各种场景支付，如缴纳水电费、物业费等，为个人生活提供了极大的便利。

2. 移动支付的流程

根据移动支付不同的业务种类和业务实现方式，支付的流程也不尽相同。归纳成一般流程，通常涉及消费者、商家、支付平台、移动网络运营商、第三方信用机构和设备制造商。

整个支付流程基本上由9个步骤构成，如图5-9所示，流程参与方的多少并不固定。具体步骤如下：

（1）消费者通过互联网进入消费者前台系统选择商品。

（2）将购买指令发送到商家管理系统（支付平台）。

（3）商家管理系统（支付平台）将购买指令发送到无线运营商综合管理系统（第三方信用机构）。

（4）无线运营商综合管理系统（第三方信用机构）将确认购买信息指令发送到消费者前台消费系统或消费者手机上请求确认，如果没有得到确认信息，则拒绝交易。

（5）商家管理系统（支付平台）向消费者发出授权请求。

（6）消费者通过消费者前台消费系统或手机将确认购买指令发送到商家管理系统（支付平台）。

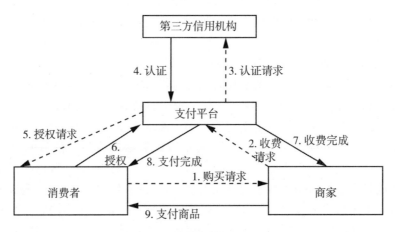

图 5-9　移动支付的流程图

(7)商家管理系统将消费者确认购买指令转交给无线运营商综合管理系统，请求缴费操作。

(8)无线运营商综合管理系统缴费后，告知商家管理系统可以交付产品或服务，并保留交易记录。

(9)商家管理系统交付产品或服务，并保留交易记录，将交易明细写入消费者前台消费系统，以便消费者查询。

3. 移动支付的分类

移动支付按照不同的分类方式，主要可以分为以下三类：

(1)按照支付金额大小可以分为微支付(Micro-payment)，小额支付(Bulk Payment)和大额支付(High Value Payment)。在不同国家支付金额的划分标准有所差异，我国对该标准尚没有明确的划分。欧洲银行标准化协会将低于 2 欧元的支付金额划分为微支付；将 2~5 欧元的支付金额划分为小额支付；大于 25 欧元的支付金额为大额支付。

(2)根据支付时支付方与受付方是否在同一现场，可以将移动电子支付分为远程支付和现场支付。如在线购买商品就是远程支付，而通过线下店铺消费扫码支付则是现场支付。

(3)根据实现方式的不同，可以将移动支付分为两种：一种是通过短信、WAP等远程控制完成支付；另一种是通过近距离非接触技术完成支付，主要的近距离通信技术有 RFID、NFC、蓝牙、802.11 等。

二、移动支付安全风险

虽然我国的移动支付业务发展极其迅速，但总的来说还是处于发展的初期阶段。在这个发展过程中，移动支付的领域也遇到了很多风险，必须深入了解这些风险，才能切实保障消费者的财产安全。我国移动支付领域存在的安全风险主要有以下几个方面：

1. 移动终端和无线网络的安全风险

移动终端的不安全因素主要表现为用户身份、账户信息和认证密钥丢失，移动设备被攻击和数据破坏，SIM 卡被复制，RFID 被解密等。现有的移动支付方式，主要采用银行卡和手机号的绑定来完成，由于移动终端技术的限制，所发送的信息缺少安全手段，普遍缺乏对 RSA、AES 等加解密算法的支持，信息的完整性和安全性难以保证。当手机作为支付工具时，其丢失、密码被攻破、病毒入侵等问题都可能会造成重大损失。由于技术因素的限制，无线网络本身也存在安全漏洞。无线通信网络在给用户带来通信自由和灵活的同时也埋下了许多安全隐患。开放的无线接口使移动设备互联十分简便，但在此开放的网络环境中，任何适当的移动终端设备都能接入网络，可以侦听、窃取无线信道中传输的消息。

2. 信息传递安全风险

移动支付的跨行业特征明显，产业链上的通信运营商、金融支付机构、电子商务平台等主要参与方需要协作配合才能成功开展支付活动。整个支付过程融合了通信、金融、互联网等相关技术，支付指令由消费者发起后，支付机构经信息检验执行支付操作，商家对支付结果进行确认，最后反馈交易信息，完成交易。活动过程中支付信息在不同机构的多个环节传递，安全隐患较大。目前虽然各参与方在一定程度上已建立起协作关系，但不同主体所采用的技术方案、业务模式、安全控制手段差别很大，人们对国内移动支付全流程的安全防护水平仍缺乏信心。

3. 移动支付的法律体系尚不健全

移动支付是在虚拟网络环境中的商务交易模式，较之传统交易模式更需要政策法规的规范。日韩及欧盟等移动支付发展较为先进的地区都有相对完善的配套法规作为支撑，与其相比，当前我国在互联网及移动支付领域的法律保障方面，仅有一部涉及电子金融行业的《电子签名法》，随着电子商务模式的发展，它难以适应新的形势变化。我国还没有制定单独的移动支付法律规范，而是在其他法律法规中融入这方面的立法内容，但都缺乏深入的分析界定，而且彼此之间没有构成一个成熟的保护体系。从立法主体上看，目前电子支付领域的法律文件大多数由中国人民银行和银保监会制定，属于部门行政规章及规范性文件，法律效力有限，影响了规范移动支付的作用的发挥。

4. 信用体系不完善

移动支付发展先进的国家，基本上市场经济体系都比较完善，其公民个人在金融服务领域的信用体系也较为完善，移动支付的发展有相对良好的社会基础。比如日本在发展移动支付业务过程中，利用了健全的法律法规、完善的信用发展体系和良好的纠纷解决机制。

我国曾长期处于计划经济阶段，计划经济时代社会经济资源通过政府的行政命令进行配置，信用在商品交易中的作用并不显著，信用建设也不被重视，信用建设的社会基础薄弱。而信用体系的不完善直接影响和限制了移动支付的发展，一些信用不良的企业和个人利用移动支付的漏洞进行非法活动的风险很大。

三、移动支付安全策略

移动支付产业发展迅猛，已经引起了很多国内外专家的研究兴趣，在风险研究领域也取得了很好的研究成果。但是由于我国的移动支付环境跟国外的移动支付环境大相径庭，很多国外的风险研究并不合适中国的国情，所以，我们需要对这些研究成果进行梳理，找出符合我国国情的研究成果，然后做深入分析，来带动我国的移动支付行业更好更安全的地前进。

1. 消费者要提高自我保护意识和安全防范意识

首先，网络环境复杂，各种信息充斥其中，其中不乏钓鱼网站、欺诈短信、中奖信息等容易使消费者轻信上当的内容。在移动支付中，在运营商不断规范自身行为的同时，消费者应该具有一定的防范意识和辨别能力，切莫贪图便宜或者贸然进入一些没有任何安全认证的网站，坚信天下没有免费的午餐，不给诈骗者任何机会。

其次，在移动支付交易发生前，消费者对商户信息的甄别确认非常必要，要通过了解对方经营信息、查看过往交易等手段对商户进行考察，做出能否交易的初步判断。在交易过程中，消费者对涉及交易的信息要加强保护，如交易密码、支付验证码，防止被他人窃取，并尽量选择具有公信力的支付平台进行操作。

另外，为了提高消费者防范风险的意识和能力，要有重点地开展消费者安全教育，加强对移动终端安全性方面的风险提示，如提醒消费者购买符合安全标准的手机终端产品、安装杀毒软件并及时杀毒等，以保护移动支付使用者的合法支付权益不受侵害。

2. 移动支付产业链各参与方应通过相互协作形成合力确保支付安全

移动支付产业链涉及通信运营商、应用提供商、设备提供商、支付服务商、系统集成商等多个参与方，没有一家机构能主导整个产业链的格局。在运营模式、安全标准、技术方案等方面，相关各方应加强沟通协作，采取合作的态度共同致力于提升移动支付的安全性。

在支付环节，银行、电信公司及第三方支付公司等主体应在统一的安全架构下设计安全支付流程，提升支付终端设备、加密认证、应用程序等软硬件方面的兼容性，整合安全管理体系，完善应对移动支付安全事件的协同处理机制。

3. 建立健全移动支付法律法规

鉴于国内立法对移动支付领域未有专项法律进行规范，笔者建议在我国信息安全立法保护中，将移动支付单独纳入保护范围，并设定特有的保护标准，且对相关专业规章进行升级、优化。借鉴国外的移动电子商务相关法律法规，完善现有法律法规，以适应移动支付发展的需要。

移动支付涉及的参与主体很多，包括政府部门、电信运营商、商业银行、消费者、商家等，相互之间的业务关系十分复杂，因此在立法过程中，首先应明确相关企业、部门和个人的职责与义务，防止法律管辖和界定不明确的问题。其次要加强对移动电子商务从业人员、企业及相关机构的管理，规范其经营行为，维护移动电子商务活动的正常秩序。还要严厉打击移动电子商务领域中虚假交易、网上诈骗等非法经营活动，净化市场环境。

4. 建设和发展统一的信用制度

政府应担当起构建完善与发达的信用体系的职责，通过教育提高人们的诚信观念和意识，健全完善信用体系的制度规范，建立全面的个人和企业信用制度。信用服务部门应着力于建立成熟的信用评价服务体系，加快信用数据库建设，充实和共享信用基础信息，在个人和企业信用信息基础上建立合理的评价机制，提供企业和个人信用信息查询和公示服务，使信用信息更透明、远程交易更放心、监管指标更明确，为移动支付的发展提供信用支持。

本 章 小 结

随着互联网的快速发展，传统商务与网络技术相结合，电子商务成为时代的发展潮流，而电子支付作为电子商务交易中的核心环节，其安全性的重要性不言而喻。本章节在阐述电子支付的概念、特征及类型的基础上对电子货币支付、银行卡支付和电子支票支付等电子支付工具进行了重点分析。

网上银行、第三方支付和移动支付作为降低成本、实现金融业务创新的必然产物，在其发展过程中存在诸多问题，如：网上银行存在技术、管理、链接服务和法律等方面的风险；第三方支付存在信用、技术、洗钱、资金沉淀和投资等方面的风险；移动支付则存在移动终端和无线网络的安全风险，信息传递安全风险，支撑移动支付安全的法律体系尚不健全、信用体系尚不完善等方面的风险。本章从不同角度进行了深入分析，提出了应对之策。

课 后 习 题

一、填空题

1. 在第三方支付模式中，支付宝属于(　　)型支付模式。

2. (　　)是一种以数据形式流通的货币，它是把现金数值转换成一系列的加密序列数，通过这些序列数来表示现实中各种金额的币值。

3. (　　)是在小额购物或购买小商品时常用的新式钱包，它如同现金一样，一旦遗失或被窃，里面的金钱价值不能重新实现，也就是说持卡人必须负起管理上的责任。

4. ATM 卡是通过(　　)介质来储存信息的。

5. 在使用电子钱包时，把(　　)安装到电子商务服务器上，利用电子钱包服务系统就可以把各种电子货币或电子金融卡上的数据输入进去。

6. 在线商店向银行请求支付授权时，信息通过(　　)从 Internet 传给收单行。

7. 中国第一家网上银行是 (　　)。

8. 电子支付方式可以分为(　　)(　　)(　　)三大类。

二、选择题

1. 以下选项中不属于电子支付安全问题的是(　　)。

　　A. 缺乏相应支付系统的支持　　　　B. 黑客入侵

　　C. 内部作案　　　　　　　　　　　D. 密码泄露

2. 电子支付具有以下特征，其中错误的是(　　)。

　　A. 电子支付是采用先进的技术通过数字流转来完成信息传输的

　　B. 电子支付的工作环境是基于一个封闭的系统平台

　　C. 电子支付使用的是最先进的通信手段

　　D. 电子支付具有方便、快捷、高效、经济的优势

3. 以下关于电子支付工作程序的步骤说法错误的是(　　)。

　　A. 消费者可以通过电子商务服务器与有关在线商店联系，在线商店作出应答

　　B. 在 SET 中，消费者必须对订单和付款指令进行数字签名

　　C. 信息直接到收单银行，再到电子货币发行公司确认

　　D. 在线商店会发送订单确认信息给消费者

4. 电子支付指的是电子交易的当事人，使用安全电子支付手段通过网络进行的(　　)。

　　A. 现金流转　　　　　　　　　　　B. 数据传输

　　C. 货币支付或资金流转　　　　　　D. 票据传输

5. 在电子支付流程中，SET 是何时开始介入的? (　　)

A. 在线商店接受订单后

B. 消费者输入订货单后

C. 消费者选择支付方式，确定订单、签发付款指令后

D. 在线商店发送订单、确认信息给消费者后

6. 在电子现金的支付过程中，E-cash 结算是在商家和(　　　)之间。

A. 用户　　　　　　B. E-cash 银行　　　C. 电子银行　　　D. 网上银行

7. 使用电子钱包的支付过程是(　　　)。

A. 电子信用卡→电子钱包→电子商务服务器→信用卡公司或商业银行

B. 电子钱包→电子信用卡→电子商务服务器→信用卡公司或商业银行

C. 电子钱包→电子信用卡→商户服务器→信用卡公司或商业银行

D. 电子信用卡→电子钱包→商户服务器→信用卡公司或商业银行

8. 全球第一家网络银行产生于(　　　)。

A. 1980 年　　　　　B. 1990 年　　　　　C. 1995 年　　　　　D. 1993 年

9. 目前，电子支付存在的最关键的问题是(　　　)。

A. 技术问题　　　B. 安全问题　　　C. 成本问题　　　D. 观念问题

10. 出于安全性考虑，网上支付密码应该是(　　　)。

A. 用字母和数字混合组成　　　　　B. 用银行提供的原始密码

C. 用常用的英文单词　　　　　　　D. 用生日的数字组成

三、名词解释

1. 电子货币与电子现金

2. 信用卡与借记卡

3. 发卡行与收单行

四、简答题

1. 什么是电子支付？电子支付有哪几种方式？与传统支付方式比较有哪些特征？

2. 什么是网上银行？网上银行具有哪些功能？

3. 什么是支付网关？其有什么功能？

4. 比较国内外网上第三方支付产品，分析其功能与特色。

案 例 分 析

第三方支付整体安全解决方案

方案背景

随着互联网时代的到来及各种交易业务的蓬勃发展，交易方式日益丰富（支付

宝、百付宝、微信支付等新兴交易方式），涉及客户人群愈来愈多。

但在用户享受便捷交易的同时，网络支付也面临安全问题的挑战，诸如：身份真实性问题；交易过程中数据篡改、伪造、抵赖等问题；业务合规性问题；如何确保符合电子签名法和有关监管机构规定的问题等。

CFCA作为金融行业信息安全服务提供商，凭借多年对信息安全研究和积累的经验，提出了第三方支付系统网络支付安全解决方案。

需求分析

(1)遵循相关标准规范，能够被法律认可。确保电子交易、签名的法律效力，可以被监管机构、司法界接受。

(2)安全可靠的技术方案，规避业务风险。防伪造、防篡改、防窃取、防滥用。

(3)成本可控、易于实施的应用方案。海量的消费者，签名应用的投入与回报合理，成本可控。实施方案可行易用，对现有系统改造最小化，易实施、易扩展。

解决方案

(1)构建第三方支付网络信任环境

基于可信第三方CA机构颁发的数字证书，采用数字签名技术。提供第三方支付从开户、身份验证、交易签名及可信凭证等全流程交易安全保障。

① 强身份认证		② 交易安全保障	③ 可信凭证及司法取证
消费者　　　网站			
实名认证：以网银证书构建的统一认证平台，对用户身份进行鉴证。	＋	数字签名：确保交易数据完整性、真实性、抗抵赖。 ＋	可信交易凭证存储：电子凭证符合法律法规定的书面形式、原件形式、保存形式和可靠电子签名的要求。
安全认证：采用数字证书方式登录认证。		安全通道：确保交易数据传输安全保密。	可取证和司法落地

(2)总体架构

部署RA系统为第三方支付平台用户申请、发放数字证书。

部署数字签名服务器，实现用户身份认证，交易业务签名验证等功能。

通过统一认证前置与CFCA统一认证平台交互，实现用户身份鉴别。

客户端部署安全中间件、安全输入开发套件等产品，实现用户登录、交易数据签名等功能。

手写签名系统，提供移动端对电子协议签署的完整性保护、防抵赖，表达客户

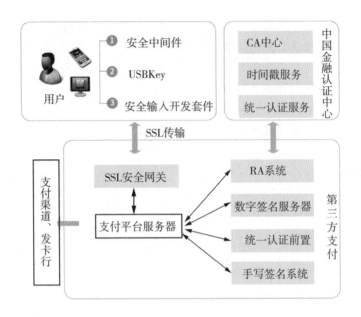

意愿及符合用户习惯。

(3)基于统一认证平台实现用户身份鉴证

CFCA 作为金融领域权威第三方机构,提供基于网银证书、银行卡、公安权威身份库等多种方式的认证服务。

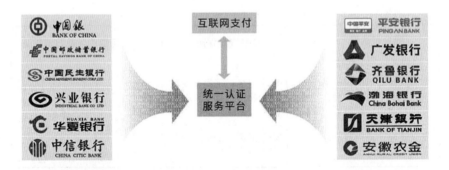

1.基于证书的认证

网银证书认证:
8000 万张个人网银证书,1200 余万张企业证书

将近 **500+** 银行采用了 CFCA 的电子证书服务

2.基于银行卡认证

身份认证:
从全国公民身份证号查询服务中心获取权威数据

银行卡验证:
支持 **200+** 城市商业银行,农信社等金融机构

解决方案优势：

(1)合规性遵循，符合电子签名法等法律法规要求

(2)支持中国用户身份辨别方式，满足支付公司业务需求

(3)实用存量网银证书进行在线身份认证，简单有效

(4)丰富的行业解决方案优势及服务优势

成功案例

超过20家第三方支付平台采用 CFCA 安全解决方案，其中包括：易宝支付、本源支付、网汇通、快钱、畅捷通、日日顺、易极付、海航新生等。

(资料来源：中国金融认证中心：电子商务解决方案)

根据案例回答问题：

1. 案例中的安全解决方案涉及哪些信息安全技术，可以解决哪些安全问题？

2. 说说你所使用(或熟悉)的网上银行有哪些对客户信息和资金的安全保障措施？

3. 除技术保障外，在使用第三方支付时客户应该注意哪些问题？

第六章　电子商务系统的安全管理

【本章主要内容】

电子商务硬件系统安全

操作系统安全

数据库系统安全

Web 网站系统安全

【本章学习方略】

本章重点内容

(1)各软件系统的安全漏洞与机制

(2)数据库管理系统的安全

本章难点内容

(1)各个系统软件之间的相互关系

(2)网站建立与网页设计的安全

电子商务系统像其他信息系统一样，由硬件系统和软件系统组成。硬件系统主要包括物理设备、场地环境、通信线路等，软件系统主要包括网络操作系统、数据库系统、网络协议、Web 应用系统等。硬件系统安全包括硬件系统自身的漏洞、系统运行环境安全、物理访问风险与控制等，软件系统安全是指保护电子商务软件和资料不会被篡改、泄露、破坏、非法复制(包括有意或无意)。

本章主要包括电子商务系统中硬件系统安全、操作系统安全、数据库系统安全、Web 网站系统安全等内容。

第一节　电子商务硬件系统安全

电子商务硬件系统安全是电子商务安全管理得以实施并发挥正常作用的基础和前提条件，硬件系统安全在整个计算机网络信息系统安全体系中占有重要地位。计算机信息系统物理安全的内涵是保护计算机信息系统设备、设施以及其他媒体免遭地震、水灾、火灾等环境事故，人为操作失误或错误，以及各种计算机犯罪行为导致的破坏。其包含的主要内容为机房安全技术、电源系统安全技术、通信线路安全技术、计算机系统设备安全技术等。

物理安全又叫实体安全，实体安全技术主要是指对计算机及网络系统的环境、场地、设备和通信线路等采取的安全技术措施。

一、影响硬件系统安全的主要因素

1. 计算机及其网络系统自身存在的脆弱性因素

系统硬件主要包括计算机、通信设备和设施。计算机设备故障是其脆弱性的主要因素，再好的设备也不能保证没有故障的发生以及外部环境的破坏。设备的安全指设备的防盗、防毁、防电磁泄漏、防线路截获、抗电磁干扰及电源保护等。

2. 各种自然灾害导致的安全问题

自然环境威胁主要包括洪水、地震、暴风雨、龙卷风、火灾、极端的气候条件等。供应系统威胁包括停电、通信中断、其他自然资源（如水、蒸汽、汽油）中断等。

3. 人为的错误操作及各种计算机犯罪导致的安全问题

人为威胁主要指未授权访问（内部的和外部的）、爆炸、愤怒的员工所造成的毁坏、员工造成的错误和事故、故意破坏、欺诈、盗窃以及其他威胁；还包括以政治为动机的威胁，如罢工、暴乱、不合作主义、恐怖袭击和爆炸等。

二、硬件系统安全内容

1. 硬件设备的维护和管理

计算机网络系统的硬件设备一般价格昂贵，一旦被损坏而又不能及时修复，可能会产生严重的后果。因此，必须加强对计算机网络系统硬件设备的使用管理，坚持做好硬件设备的日常维护和保养工作。

硬件设备的使用管理包括：严格按硬件设备的操作使用规程进行操作，建立设备使用情况日志并登记使用过程，建立硬件设备故障情况登记表，坚持对设备进行例行维护和保养等。

常用硬件设备的维护和保养包括主机、显示器、软盘、软驱、打印机、硬盘的维护保养，网络设备如 HUB、交换机、路由器、MODEM、RJ45 接头、网络线缆等的维护保养；还要定期检查供电系统的各种保护装置及地线是否正常。

机房是硬件系统的集中地。机房安全技术涵盖的范围非常广，机房从里到外，从设备设施到管理制度都属于机房安全技术研究的范围。包括计算机机房的安全保卫技术，计算机机房的温度、湿度等环境条件保持技术，计算机机房的用电安全技术和安全管理技术等。

机房的安全等级分为 A 类、B 类和 C 类三个基本类别。见表 6-1。

A 类：对计算机机房的安全有严格的要求，有完善的计算机机房安全措施。

B类：对计算机机房的安全有较严格的要求，有较完善的计算机机房安全措施。

C类：对计算机机房的安全有基本的要求，有基本的计算机机房安全措施。

表 6-1 计算机机房安全要求

安全项目 ＼ 安全类别	A 类机房	B 类机房	C 类机房
场地选择	—	—	
防火	—	—	—
内部装修	+	—	
供配电系统	+	—	
空调系统	+	—	
火灾报警和消防设施	+	—	—
防水	+	—	
防静电	+	—	
防雷击	+	—	
防鼠害	+	—	
防电磁泄漏	—	—	

表中符号说明：+：要求；—：有要求或增加要求。

2. 电磁兼容和电磁辐射的防护

电磁兼容性就是电子设备或系统在一定的电磁环境下互相兼顾、相容的能力。计算机网络系统的各种电子设备在工作时都不可避免地会向外辐射电磁波，同时也会受到其他电子设备的电磁波干扰，当电磁干扰达到一定的程度就会影响设备的正常工作。

对传导发射的防护，主要是对电源线和信号线加装性能良好的滤波器，减小传输阻抗和导线间的交叉耦合；对辐射的防护措施包括采用各种电磁屏蔽措施，加强抗干扰等。

3. 信息存储媒体的安全管理

计算机网络系统的信息要存储在某种媒体上，常用的存储媒体有硬盘、磁盘、磁带、打印纸、光盘等，要做好对它们的安全管理。

信息存储媒体也称为介质，介质数据的安全是指对介质数据的保护。具体内容包括：介质数据的防盗，如防止介质数据被非法复制；介质数据的销毁，包括介质的物理销毁(如介质粉碎等)和介质数据的彻底销毁(如消磁等)，防止介质数据删除或销毁后被他人恢复而泄露信息；介质数据的防毁，即防止意外或故意的破坏使介质数据丢失。

4. 电源系统安全

电源系统电压的波动、浪涌电流和突然断电等意外情况的发生，可能引起计算机系统存储信息的丢失、存储设备的损坏等，电源系统的安全是计算机网络系统物理安全的一个重要组成部分。

国标 GB2887—2000 和 GB9361—88 中也对机房安全供电做了明确的要求。国标 GB2887—2000 将供电方式分为了三类：

一类供电：需建立不间断供电系统。

二类供电：需建立带备用的供电系统。

三类供电：按一般用户供电考虑。

三、物理实体的访问控制

1. 机房的安全管理制度

机房出入口应有专人值守，鉴别进入人员的身份并登记在案；无人值守的机房门口应具备告警系统；对批准进入机房的来访人员，应限制和监控其活动范围；应对机房划分区域进行管理，区域和区域之间设置物理隔离装置，在重要区域前设置交付或安装等过渡区域；应对重要区域配置电子门禁系统，鉴别和记录进入人员的身份并监控其活动。在公司里，可以考虑为每个员工配备身份卡，这样出了安全问题后，容易找到具体实施的人。服务器应该安放在安装了监视器的隔离房间内，并且监视器要保留 15 天以上的摄像记录。

机箱、键盘、电脑桌抽屉要上锁，以确保旁人即使进入房间也无法使用电脑，钥匙要放在安全的地方。在自己的办公桌上安上笔记本电脑安全锁，以防止笔记本电脑丢失。

2. 用户的识别与访问权限

对于用户访问的控制，需采取以下两种措施：识别与验证访问系统的用户，决定用户对某一系统资源可进行何种访问(读、写、修改及运行等)。

所谓"识别"，就是要明确访问者是谁，即识别访问者的身份。所谓"验证"，是指在访问者声明自己的身份(向系统输入它的标识符)后，系统必须对它所声明的身份进行验证，以防假冒，实际上就是证实用户的身份。目前，最常用的验证手段仍是口令机制。

对于一个已被系统识别与验证了的用户，还要对其访问操作实施一定的限制。可以把用户分为具有如下几种属性的用户类：特殊的用户、一般的用户、审计的用户、作废的用户等。

3. 网络隔离

面对新型网络攻击手段的出现和高安全度网络对安全的特殊需求，全新的网络安全技术——"网络隔离技术"应运而生。

所谓网络隔离技术，是指两个或两个以上的计算机或网络在断开连接的基础上，实现信息交换和资源共享，也就是说，通过网络隔离技术既可以使两个网络实现物理上的隔离，又能在安全的网络环境下进行数据交换。网络隔离技术的主要目标是将有害的网络安全威胁隔离开，以保障数据信息在可信网络内进行安全交互。目前，一般的网络隔离技术都是以访问控制思想为策略，物理隔离为基础，并定义相关约束和规则来保障网络的安全强度。

网络隔离技术主要包括：物理网络隔离、逻辑网络隔离、虚拟局域网（VLAN）、虚拟路由和转发、多协议标签交换（MPLS）、虚拟交换机等。

网络隔离技术的发展经历了五个阶段，主要包括：完全的隔离、硬件卡隔离、数据转播隔离、空气开关隔离、安全通道隔离。

第五代隔离技术的实现原理是通过专用通信设备、专有安全协议和加密验证机制，以及应用层数据提取和鉴别认证技术，进行不同安全级别网络之间的数据交换，彻底阻断了网络间的直接 TCP/IP 连接，同时对网间通信的双方、内容、过程施以严格的身份认证、内容过滤、安全审计等多种安全防护机制，从而保证了网间数据交换的安全、可控，杜绝了由于操作系统和网络协议自身漏洞带来的安全风险。

第二节 操作系统安全

一、操作系统安全概述

1. 操作系统安全的重要性

操作系统是管理整个计算机硬件与软件资源的程序。网络操作系统是网络系统的基础，是保证整个互联网实现信息资源传递和共享的关键，其安全性在网络安全中举足轻重。一个安全的操作系统能够保障计算资源使用的保密性、完整性和可用性，可以对数据库、应用软件、网络系统等提供全方位的保护。没有安全的操作系统的保护，根本谈不上网络系统的安全，更不可能有应用软件信息处理的安全性。因此，安全的操作系统是整个信息系统安全的基础。

操作系统是大型数据库系统的运行平台，为数据库系统提供一定程度的安全保护。目前服务器常用的操作系统有：UNIX、Linux、Windows Server 2000 系列等。长期以来，我国广泛应用的主流操作系统都是从国外引进直接使用的产品，这些系统的安全性令人担忧。

2. 操作系统安全隐患

操作系统提供了很多的管理功能，主要是管理系统的软件资源和硬件资源。操作系统软件自身的不安全性，系统开发设计不周而留下的破绽，都给网络安全留下了隐患。

(1)操作系统结构体系的缺陷。操作系统本身有内存管理、CPU 管理、外设的管理，每个管理都涉及一些模块或程序，如果在这些程序里面存在问题，比如内存管理的问题，外部网络的一个连接过来，刚好连接到一个有缺陷的模块，可能出现的情况是，计算机系统会因此崩溃。

(2)操作系统支持在网络上传送文件、加载或安装程序，包括可执行文件，这些功能也会带来不安全因素。像远程调用、文件传输，如果在上面安装"间谍"程序，那么用户的整个传输过程、使用过程都会被别人监视到。所有传输的文件、加载的程序、安装的程序、执行文件，都可能给操作系统带来安全隐患。

(3)操作系统不安全的一个原因在于它可以创建进程，支持进程的远程创建和激活，支持被创建的进程继承创建的权利，这些机制提供了在远端服务器上安装"间谍"软件的条件。若将间谍软件以打补丁的方式"打"在一个合法用户上，特别是"打"在一个特权用户上，黑客或间谍软件就可以使系统进程与作业的监视程序监测不到它的存在。

(4)操作系统有些守护进程，这些系统进程总是在等待某些事件的出现。一些监控病毒的监控软件也是守护进程，这些进程是好的，但是有些守护进程是有害的，如果操作系统中有守护进程被人为破坏，就会出现不安全的情况。

(5)操作系统会提供一些远程调用功能，如 Telnet、远程终端等。远程调用要经过很多环节，中间的通信环节可能会出现被人监控等安全问题。

(6)操作系统的后门和漏洞。操作系统中，一旦后门被黑客利用，或在启动软件前没有删除后门程序，就容易被黑客进行攻击，造成信息泄露和丢失。此外，操作系统的无口令入口也存在信息安全隐患。尽管操作系统的漏洞可以通过版本升级来克服，但是系统的某一个安全漏洞安全可能使得系统的所有安全控制毫无价值。

3. 操作系统安全机制

为了实现操作系统的系统安全、用户安全、资源安全和通信安全，需要依据特定的设计原则和设计方法，构建相应的安全机制，具体包括：硬件安全机制、身份鉴别、访问控制、最小特权原则、可信通道、安全审计等。

(1)硬件安全机制：与计算机硬件设备相关的安全机制，包括内存外存的保护机制、运行权限机制、I/O 权限机制等。

(2)身份鉴别：即计算机系统对用户身份的标识与鉴别机制，用于保证只有合法用户才能进入系统，进而访问系统中的资源。在操作系统中，身份鉴别一般在用户登录系统时进行，常使用的鉴别机制有口令机制、智能卡和生物鉴别技术等。

(3)访问控制：访问控制是确定谁能访问系统(鉴别用户和进程)，能访问系统何种资源(访问控制)以及在何种程度上使用这些资源(授权)。访问控制包括以下三个任务：授权、确定访问权限、实施访问权限控制。

(4)最小特权原则：最小特权原则的基本思想是系统中每一个主体只能拥有与其操作相符的必需的最小特权集。在目前流行的多用户操作系统中，超级用户一般具有所有特权，而普通用户不具有任何特权，一个进程要么具有所有特权，要么不具有任何特权。这便于系统维护和配置，但不利于系统的安全性。

(5)可信通道：可信通道机制即终端人员能借以直接与可信计算机通信的一种机制。该机制只能由有关终端操作人员或可信计算机启动，并且不能被不可信软件模拟。

(6)安全审计：就是对系统中有关安全的活动进行记录、检查或审核。安全审计方法用于监视与安全相关的活动。安全审计机制的实现一般是一个独立的过程，应与系统其他功能相隔离，同时要求操作系统必须能够生成、维护及保护审计过程，使其免遭修改、非法访问及毁坏。

二、UNIX 的安全机制

UNIX 是一种多用户多任务操作系统，其基本功能就是要防止使用同一个操作系统的不同用户之间相互干扰，因此 UNIX 操作系统在设计时就已经使用了以下一些安全机制来适应安全性需求。

1. 运行保护

UNIX 系统具有两个执行态：核心态和用户态。运行内核中程序的进程处于核心态，而运行内核外程序的进程处于用户态。系统保证用户态下的进程只能访问它自己的指令和数据，而不能访问内核和其他进程的指令和数据，并且保证特权指令只能在核心态执行。用户程序可以使用系统调用进入内核，运行系统调用后再返回用户态，并且在不受用户干扰的情况下对该请求进行访问控制。

2. 身份鉴别

用户唯一的标识(UID)可以属于一个或多个用户组，每个用户组由 GID 唯一标识。系统的超级用户(root)的 GID 为 0。

UNIX 系统采用口令机制对用户身份进行鉴别，用户的信息存在/etc/passwd 文件中(加密口令也可能存于/etc/shadow 文件中)。

3. 访问控制

UNIX 系统的访问控制机制在文件系统中实现，采取 9 比特访问控制模式。如 ls 命令可列出文件(或目录)及不同用户对系统的访问权限，chmod 命令可以用来改变文件的访问权限，Umask 命令则用以控制该用户新建文件的访问权限。

有时没有被授权的用户需要完成某些要求授权的访问任务，如 password 程序，对于普通用户，它允许修改用户自身的口令，但其不能拥有直接修改/etc/password文件的权限，以防止改变其他用户的口令。为了解决此问题，UNIX 系统允许对可执行的目标文件设置 SUID 和 SGID 特殊权限。

4. 最小特权原则

UNIX 操作系统最初没有实现最小特权原则，超级用户拥有全部特权。在基于UNIX 系统上开发的一些安全操作系统，如 UNIX SVR4.1ES 实现了最小特权原则，从而降低了由于超级用户口令被破解或其误操作所带来的安全风险。

5. 安全审计

UNIX 系统的审计日志文件主要包括以下内容：

（1）acct(或 pacct)：记录每个用户使用过的命令历史列表。

（2）lastlog：记录每个用户最后一次成功登录的时间和最后一次登录失败的时间。

（3）loginlog：记录失败的登录尝试。

（4）messages：记录输出到系统主控台以及由 syslog 系统服务产生的信息。

（5）sulog：记录 su 命令的使用情况。

（6）utmp 或 utmpx：记录当前登录的每个用户。

⑦wtmp 或 wtmpx：记录每一次用户登录和注销的历史信息，以及系统关闭和启动的信息。

大部分版本的 UNIX 系统具备安全审计服务程序 syslog，以实现灵活配置和集中式安全审计和管理。当前大部分 UNIX 系统实现的安全审计机制达到了 TCSEC的 C2 级安全审计标准。

6. 网络安全性

UNIX 系统属于网络型操作系统，网络安全性是 UNIX 系统所关注的一个重要方面，它对网络访问控制提供了强有力的安全支持：

/etc/inetd.conf 文件控制系统提供哪些网络服务。

/etc/services 文件罗列了各种网络服务的端口号、协议和对应的网络服务名称。

TCP_WRAPPERS 由/etc/hosts.allow 和/etc/hosts.deny 两个文件控制哪些 IP 地址被禁止登录，哪些被允许登录。

三、Linux 的安全机制

随着 Internet/Intranet 网络的日益普及，采用 Linux 网络操作系统作为服务器的用户也越来越多，一方面是因为 Linux 安装使用的是开放源代码的免费正版软件，另一方面是因为与微软的 Windows NT 系列网络操作系统相比，Linux 系统具有更好的稳定性、效率性和安全性。

Linux 网络操作系统提供了用户账号、文件系统权限和系统日志文件等基本安全机制，如果这些安全机制配置不当，就会使系统存在一定的安全隐患。因此，网络系统管理员必须小心地设置这些安全机制。

1. Linux 系统的用户账号

在 Linux 系统中，用户账号是用户的身份标志，它由用户名和用户口令组成。在 Linux 系统中，系统将输入的用户名存放在/etc/passwd 文件中，而将输入的口令以加密的形式存放在/etc/shadow 文件中。在正常情况下，这些口令和其他信息由操作系统保护，能够对其进行访问的只能是超级用户(root)和操作系统的一些应用程序。但是如果配置不当或在一些系统运行出错的情况下，这些信息可以被普通用户得到。进而，不怀好意的用户就可以使用一类被称为"口令破解"的工具去得到加密前的口令。

2. Linux 的文件系统权限

Linux 文件系统的安全主要是通过设置文件的权限来实现的。每一个 Linux 的文件或目录，都有三组属性，分别定义文件或目录的所有者、用户组和其他人的使用权限(只读、可写、可执行、允许 SUID、允许 SGID 等)。特别注意，权限为 SUID 和 SGID 的可执行文件，在程序运行过程中，会给进程赋予所有者的权限，如果被黑客发现并利用，就会给系统造成危害。

3. 合理利用 Linux 的日志文件

Linux 的日志文件用来记录整个操作系统的使用状况。一个 Linux 网络系统管理员要充分用好以下几个日志文件。

（1）/var/log/lastlog 文件：记录最后进入系统的用户的信息，包括登录的时间、登录是否成功等信息。这样用户登录后只要用 lastlog 命令查看一下/var/log/lastlog 文件中记录的所用账号的最后登录时间，再与自己的用机记录对比一下，就可以发现该账号是否被黑客盗用。

（2）/var/log/secure 文件：记录系统自开通以来所有用户的登录时间和地点，可以给系统管理员提供更多的参考。

（3）/var/log/wtmp 文件：记录当前和历史上登录到系统的用户的登录时间、地点和注销时间等信息。可以用 last 命令查看，若想清除系统登录信息，只需删除这个文件，系统会生成新的登录信息。

四、Windows 的安全机制

1. Windows 系统登录

Windows 要求每一个用户提供唯一的用户名和口令来登录到计算机上，这种强制性登录过程不能关闭。强制性登录和使用 Ctrl+Alt+Del 组合键启动登录，可以确定用户身份的合法性，确定用户的身份，从而确定用户对系统资源的访问权限。在强制登录期间，挂起对用户模式程序的访问，防止创建偷窃用户账户和口令的应用程序。允许用户具有单独的配置，包括桌面和网络连接，这些配置在用户退出时自动保存，在用户登录后自动调出。多个用户可以使用同一台机器，并且仍然具有他们自己的专用设置。

2. 访问控制

允许资源的所有者决定哪些用户可以访问资源和他们可以如何处理这些资源。所有者可以授权给某个用户或一组用户，允许他们进行各种访问。其安全特性包括：活动目录(Active Directory)、NTFS 的权限、共享文件访问许可、分布式文件系统访问许可。

3. 安全审计

检测和记录与安全性有关的任何创建、访问或删除系统资源的事件或尝试。登录标识符记录所有用户的身份，这样便于跟踪任何执行非法操作的用户。其安全特性包括：审计资源的使用、监控网络资源的访问行为。

4. Windows 2000 系列的安全策略

Windows 2000 系列的安全策略主要包括如下三个方面：本地安全策略、域安全策略、域控制器安全策略。

本地安全策略：设置可以存储在个人计算机上，无论这些计算机是否为活动目录(Active Directory)环境或网络环境的一部分；域安全策略和域控制器安全策略应用于域内，针对站点、域或组织单位设置组策略。域安全策略与域控制器安全策略的配置内容相似。

5. Windows 2000 系列组的形式

按组的使用领域分为本地组、全局组和通用组三种形式。

(1)本地组：在 Windows 专业版客户端和成员服务器中使用本地组，本地组给用户访问本地计算机上的资源提供权限。

(2)全局组：全局组主要是用来组织用户，也就是将多个网络访问权类似的用户账户加入同一个全局组内。

(3)通用组：主要用于指定对多个域中相关资源的访问权限。

第三节　数据库系统安全

一、数据库系统安全概述

1. 数据库系统安全问题

数据库系统安全包含两层含义。第一层是指系统运行安全，系统运行安全通常受到的威胁如下：一些网络不法分子通过互联网或局域网等途径入侵电脑，使系统无法正常启动，或超负荷让机子运行大量算法，并关闭 cpu 风扇，使 cpu 过热烧坏等破坏性活动。第二层是指系统信息安全，系统信息安全通常受到的威胁如下：黑客入侵数据库并盗取想要的资料。数据库系统的安全特性主要是针对数据而言的，包括数据独立性、数据安全性、数据完整性、并发控制、故障恢复等几个方面。

目前绝大多数的网络应用系统离不开数据库，所以也可称为数据库管理系统，其安全威胁来自网络硬件、软件、服务器、信息存储与传输等多个方面。一般针对数据库系统的安全威胁主要指数据本身的损坏、篡改、窃取，阻碍系统正常提供数据服务等方面，如图 6-1 所示。

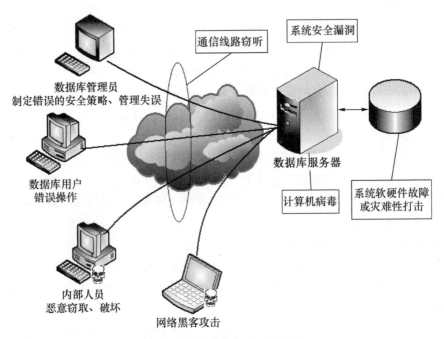

图 6-1　数据库安全威胁示意图

目前用于网站的数据库管理系统有 Access、SQL Server、Oracle、Sysbase、MySQL 等。大多数关系数据库已经存在几十年了，已经都是相当成熟的产品。但由于其应用目的、环境等的不同，其安全性存在着不同程度的缺陷(见表 6-2)。

2. 数据库安全技术

数据库安全问题可归纳为保证数据库系统中各种对象存取权的合法性(保证合法访问、阻止非法访问)和数据库内容本身的安全(防泄露、篡改或破坏)两个方面。围绕这两个方面，数据库的安全可采用如下技术：

表 6-2　　　　　　　　　　　　　　常用数据库基本安全策略缺陷

常用数据库	基本安全策略缺陷
SQL Server	当使用混合认证方式时，安全检查是针对活动目录进行的，而用户和数据库服务器并不在相同的活动目录区域内，也就无法使用诸如活动目录等所提供的底层安全架构； SQL server 数据库提供的基本安全技术能够满足一般的数据库应用，而对于一些重要部门或敏感领域来说，这些技术措施难以完全保证数据的安全。因此，有必要对数据库中存储的重要数据进行加密处理，以实现数据存储的安全保护
Oracle	Oracle 数据库客户端与服务端进行交互时，默认为明文传输，易造成用户的数据库账号、密码以及用户通过合法调用数据库查询命令所查到的敏感信息等被恶意入侵者盗取； Oracle 需要手动配置连接超时功能，默认情况下不开启，这容易造成由人为疏忽而引起的长时间空闲连接数据库，给数据库性能和安全都带来负面影响
MySQL	建立在非安全操作系统基础上的 MySQL 存在权限重放缺陷； MySQL 提供基于用户主机的 IP 验证安全功能，但其只是将用户登录时登录主机的 IP 地址与 user 表中的 IP 地址进行比较，并无其他握手信号，存在 IP 地址篡改和 IP 地址假冒等 IP 欺骗缺陷

（1）用户标识与鉴别。用户标识与鉴别是系统提供的最外层安全保护措施。系统内部记录着所有合法用户的用户名和口令，每次要求进入系统时，用户需标识自己的名字或身份，系统根据用户的输入，鉴别此用户是否有权进入此系统。目前使用最广泛的就是口令。

（2）存取控制技术。存取控制技术是数据库安全的核心，一般采用多层控制，即系统登录控制、数据库使用权控制及数据库对象操作权控制。系统登录控制，又称为标识/鉴别技术，即通过输入用户名及口令，由系统进行身份验证。数据库使用权及数据库对象操作权控制指通过数据库的授权系统将各种使用与操作权授予相应的用户。

（3）隔离控制技术。隔离控制技术在数据库中也是一项很重要的安全技术。即通过某种中间机制，将用户与存取对象隔离。用户不能直接对存取对象进行操作，而是通过中间机构间接进行。常用的中间机构有视图和存储过程。

（4）加密技术。对于一些重要部门或敏感领域的应用，有必要对数据库中存储的重要数据进行加密处理，以实现数据存储的安全保护。由于数据加密与解密也是比较费时的操作，而且数据加密与解密程度越高，占用的系统资源越大，因此一般也只对高度机密的数据加密。通常，数据库加密包括密码系统的选择和加密范围的确定。

(5)信息流向控制。信息流向控制技术是将数据库信息内容按照敏感程度分成多个密级(如绝密、机密、秘密、一般)，以防止信息从高安全级流向低安全级。其思路是对可访问的对象之间的信息流加以监控和管理，防止对象中所含信息传到更低保护等级的对象中，主要是堵住隐秘通道。

(6)审计。审计是一种监视措施，它跟踪记录有关这些数据的存取活动，监测可能的非法行为。数据库管理员可以利用审计跟踪的信息，重现导致数据库现有状况的一系列事件，找出非法存取数据的人、时间和内容等。审计通常很费时间和空间，故该功能一般用于安全性要求较高的部门。

(7)备份与恢复。备份是指在某种介质上，如磁带、磁盘等，存储数据库或部分数据库的复制内容。恢复是指能够及时将数据库返回到原来的状态。

数据库的备份主要考虑以下几个因素：备份周期；使用冷备份还是热备份；使用增量备份还是全部备份，或者两者同时使用；使用什么介质进行备份，备份到磁盘还是磁带上；是人工备份还是设计一个程序定期自动备份等。

二、SQL Server 的安全机制

1. SQL Server 的安全体系

SQL Server 是 Microsoft 公司推出的关系型数据库管理系统，具有使用方便、可伸缩性好与相关软件集成程度高等优点，其使用范围跨越从运行 Windows XP 的个人计算机到运行 Windows Server 2019 的大型多处理器的服务器等多种平台。SQL Server 主要由四个部分组成：数据定义语言(DDL)、数据操纵语言(DML)、嵌入式 SQL 语言的使用规则、数据控制语言(DCL)。

SQL Server 提供以下四层安全防线：

(1)操作系统的安全防线：Windows 网络管理员负责建立用户组，设置账号并注册，同时决定不同用户对不同系统资源的访问级别。

(2)SQL Server 的运行安全防线：通过登录账号设置来创建附加安全层。用户只有登录成功，才能与 SQL Server 建立一次连接。

(3)SQL Server 数据库的安全防线：特定数据库都有自己的用户和角色，该数据库只能由它的用户或角色访问，其他用户无权访问其数据。

(4)SQL Server 数据库对象的安全防线：可以对权限进行管理，保证合法用户即使进入了数据库也不能有超越权限的数据存取操作，即合法用户必须在自己的权限范围内进行数据操作。

2. SQL Server 的安全策略

SQL Server 作为中小企业最常用的数据库之一，其安全策略主要包括以下几个

方面:

(1)安全的密码策略。通常,许多数据库账号的密码过于简单,这与系统密码过于简单所造成的不安全是一个道理。对于系统管理员(SA)更应该注意,此外,需定期修改密码。

(2)安全的账号策略。由于 SQL Server 不能更改 SA 用户名称,也不能删除这个超级用户,所以,必须对数据管理员的账号进行最强的保护,包括使用非常强壮的密码,安全的数据管理员账号策略还包括不要让管理员权限的账号泛滥。

(3)加强数据库日志的记录。审核数据库登录的"失败和成功",可在实例属性中选择"安全性",将其中的审核级别选定为"全部",这样在数据库系统和操作系统日志里面,就详细记录了所有账号的登录事件。

(4)管理扩展存储过程。在多数应用中不需要使用太多的系统存储过程,因此系统存储过程可根据广大用户需求删除不必要的存储过程。因为过多的存储过程容易被人用于提升权限或进行测试。

(5)使用加密协议。SQL Server 使用 Tabular Data Stream 协议进行网络数据交换,包括密码、数据库内容等的交换。这是一个潜在的安全威胁。所以,应采用 SSL 加密协议。

(6)防止探测、修改 TCP/IP 端口。默认情况下 SQL Server 使用 1433 端口监听,通过对 1434 UDP 端口的探测可以得到 SQL Server 所使用的 TCP/IP 端口。

由于 1434 端口探测不受限制,容易被别人探测到数据库信息,遭到 DoS 攻击,使数据库服务器的 CPU 负荷增大;因而,对 Windows 操作系统来说,在设置 IPsec 过滤拒绝 1434 端口的 UDP 通信时,尽可能地隐藏 SQL Server。

(7)对网络连接进行 IP 限制。SQL Server 数据库系统本身没有提供网络连接的安全解决办法,但是 Windows 2000 系列提供了这样的安全机制。使用操作系统自己的 IPsec 设置可以确保 IP 数据包的安全性。如对 IP 连接进行限制,只保证自有的 IP 能够访问,拒绝其他 IP 进行的端口连接,以便有效地控制来自网络上的安全威胁。

三、Oracle 的安全机制

1. Oracle 的安全体系

Oracle 数据库系统是美国 Oracle 公司(甲骨文)提供的以分布式数据库为核心的一组软件产品,是目前最流行的 C/S(客户/服务器)或 B/S(浏览器/服务器)体系结构的数据库之一。Oracle 在 2018 年发布最新版本 Oracle Database 18c,传说中全球第一个自动驾驶数据库正式到来。18c 不仅仅是数据库,更是一种云服务,包括 Oracle 数据库 18c、Oracle 云基础架构和 Oracle 云工具,机器学习能够实现自治驾驶、自治安全、自治修复。

Oracle 数据库采用一系列的安全控制机制，以保证数据库的安全性。Oracle 数据库在三个层次上采取安全控制机制：

（1）系统安全性：在系统级别上控制数据库的存取和使用机制，包括有效的用户和口令，判断用户是否被授予权限可以连接数据库，用户创建数据库对象时可以使用的表空间大小，用户的资源限制，是否启动数据库的审计功能，用户可以进行哪些操作等。

（2）数据安全性：在数据库模式对象级别上控制数据库的存取和使用机制，包括用户可以存取的模式对象以及在该对象上可以进行的操作等。用户要对某个模式对象进行操作，必须具有该对象相应的对象权限。

（3）网络安全性：Oracle 数据库是网络数据库，网络数据库传输的安全性至关重要，主要包括登录助手、目录管理、标签安全性等。Oracle 通过分发钱包（Wallet）、数字证书、安全套接字（SSL）和数据密钥等办法来确保网络数据传输的安全性。

2. Oracle 的安全策略

（1）用户管理。用户是数据库的使用者和管理者，Oracle 数据库通过设置用户及其安全属性来控制用户对数据库的访问和操作。用户管理是 Oracle 数据库安全管理的核心和基础。Oracle 数据库中的用户分为两类：一类是创建数据库时系统预定义的用户，而预定义的用户根据作用不同又可以分为三类——管理员用户、示例方案用户、内置用户；另一类是根据应用需要由 DBA（数据库管理员）创建的用户。

（2）资源限定与口令管理。在 Oracle 数据库中，用户对数据库和系统资源使用的限制以及对用户口令的管理是通过概要文件实现的。概要文件不是一个物理文件，而是存储在 sys 模式的几个表中的信息的集合。

（3）权限管理。Oracle 数据库使用权限控制用户对数据库的访问和用户在数据库中所能执行的操作。用户在数据库中可以执行什么样的操作，以及可以对哪些对象进行操作，完全取决于该用户拥有的权限。控制 Oracle 数据库访问的权限类型有两种：系统权限和对象权限。

（4）角色管理。为了简化数据库权限的管理，在 Oracle 数据库中引入角色的概念。所谓角色，就是一系列相关权限的集合。它可以将要授予相同身份用户的所有权限先授予角色，然后再将角色授予用户，这样用户就得到了该角色所具有的所有权限，从而简化了权限的管理。

（5）审计。审计是监视和记录用户对数据库所进行的操作，以供 DBA 进行统计和分析。利用审计可以完成下列任务：保证用户对自己在数据库中的活动负责；禁止用户在数据库中从事与自己职责不相符的活动；调查数据库中的可疑活动；通知审计员一个未授权用户在数据库中的活动；监视和收集特定数据库活动的数据。

第四节　Web 网站系统安全

一、Web 网站的安全问题

World Wide Web 称为万维网，简称 Web。它的基本结构是采用开放式的 B/S（浏览器/服务器）模式，相当于三层 C/S 模式（Client/Server），分成服务器端、客户接收机及通信协议三个部分。

以前黑客的攻击目标集中在操作系统和网络协议上，但随着操作系统的弱点和漏洞逐渐得到修补，它正变得越加稳健，而身份验证和加密功能渐渐被内置到网络协议中，又使网络协议变得更加安全。要进行这类攻击已经很难，黑客逐渐把目光转向 Web 服务器软件及应用程序。

网站安全管理是指为防止外来计算机入侵者对网站进行挂马、篡改网页等行为而做出一系列的防御工作。一个网站设计者往往更多地考虑满足用户应用，如何实现业务，而很少考虑网站应用开发过程中所存在的漏洞，这些漏洞在不关注安全代码设计的人员眼里几乎不可见，大多数网站设计开发者、网站维护人员对网站的攻防技术了解甚少；在正常使用过程中，即便存在安全漏洞，正常的使用者并不会察觉。可以将 Web 网站安全问题概括为以下十种类型：

（1）SQL 注入：拼接的 SQL 字符串会改变设计者原来的意图，执行如泄露、改变数据等操作，甚至控制数据库服务器，如 SQL Injection 与 Command Injection 等攻击。

（2）跨站脚本攻击：跨站脚本（Cross-Site Scripting）是指远程 Web 页面的 html 代码可以插入具有恶意目的的数据，当浏览器下载该页面，嵌入其中的恶意脚本将被解释执行，从而对客户端用户造成伤害。简称 CSS 或 XSS。

（3）没有限制 URL 访问：系统已经对 URL 的访问做了限制，但这种限制实际上却并没有生效。攻击者能够很容易就伪造请求直接访问未被授权的页面。

（4）越权访问：用户对系统的某个模块或功能没有权限，通过拼接 URL 或 Cookie 欺骗来访问该模块或功能。

（5）泄露配置信息：服务器返回的提示或错误信息中出现服务器版本信息泄露、程序出错泄露物理路径、程序查询出错返回 SQL 语句、过于详细的用户验证返回信息。

（6）不安全的加密存储：常见的问题是不安全的密钥生成和储存、不轮换密钥，以及使用弱算法。使用弱的或者不加盐的哈希算法来保护密码也很普遍。

（7）传输层保护不足：在身份验证过程中没有使用 SSL / TLS，因此暴露传输数据和会话 ID，被攻击者截听，或使用过期或者配置不正确的证书。

155

(8)登录信息提示：用户登录提示信息会给攻击者一些有用的信息，作为程序的开发人员应该做到对登录提示信息的模糊化，以防攻击者利用登录得知用户是否存在。

(9)重复提交请求：程序员在代码中没有对重复提交请求做限制，这样就会出现订单被多次下单，帖子被重复发布。恶意攻击者可能利用此漏洞对网站进行批量灌水，致使网站瘫痪。

(10)网页脚本错误：访问者所使用的浏览器不能完全支持页面里的脚本，形成"脚本错误"，也就是网站中的脚本没有被成功执行。

二、Web 网站的安全措施

(1)配置主机操作系统。已经安装完毕的操作系统都有一系列常用的服务，系统在默认的情况下自动启用这些服务，或提供简单易用的配置向导。这些配置简单的服务应用在方便管理员而且增强系统功能的同时，也埋下了安全隐患。

在安装操作系统时，应该只选择安装必要的协议和服务；系统功能越单纯、结构越简单，可能出现的漏洞越少，因此越容易进行安全维护。

使用必要的辅助工具，简化主机的安全管理：启用系统的日志(系统账户日志和 Web 服务器日志)记录功能。监视并记录访问企图是主机安全的一个重要机制，以利于提高主机的一致性及其数据保密性。

(2)合理配置 Web 服务器。设置 Web 服务器的各种访问控制选项，保障服务器安全，如通过 IP 地址、子网域名控制的设置，使得未被允许的 IP 地址、IP 子网发来的请求被拒绝；通过用户名和口令限制，只有当远程用户输入正确的用户名和口令的时候，访问才能被正确响应；用公用密钥加密方法，对文件的访问请求和文件本身都加密，以便只有合法的用户才能读取文件内容。

(3)设置 Web 服务器有关目录的权限。为了安全起见，管理员应对"文档根目录"和"服务器根目录"做严格的访问权限控制。服务器根目录下存放日志文件、配置文件等敏感信息，它们对系统的安全至关重要，不能让用户随意读取或删改。

(4)网页高效编程。现在 Web 制作技术日趋复杂，再加上网页编程人员大多使用自己或第三方开发的软件，而这些软件有的就没有考虑安全问题，这就造成了很多 Web 站点存在着极为严重的安全问题。

在编程过程中应避免出现输入验证机制不足、编程思路不缜密、客户端执行代码乱用等问题。

(5)Web 网站的安全管理。Web 服务器的日常管理、维护工作包括：更新 Web 服务器的内容，对日志文件进行审计，安装一些新的工具、软件，更改服务器配置，对 Web 进行安全检查等。主要应注意以下几点：以安全的方式更新 Web 服务器；经常审查有关日志记录；进行必要的数据备份；定期对 Web 服务器进行安全检查；冷静处理意外事件。

（6）Web 网站的安全认证。合法的 Web 网站通过权威第三方认证中心申请安装 Web 网站数字证书，访问网站时要求必须通过 HTTPS 协议访问，对网站的合法性进行检验，既可以避免钓鱼网站的攻击，又可以保障通信的机密性。根据认证内容及认证方式的不同，网站认证分为官网认证、网站身份认证、技术安全认证、资质认证和信用认证等。

本 章 小 结

本章四小节分别介绍了电子商务系统中硬件系统安全、操作系统安全、数据库系统安全、Web 网站系统安全。

电子商务硬件系统安全是电子商务安全管理得以实施并发挥正常作用的基础和前提，包括硬件设备的维护和管理、电磁兼容和电磁辐射的防护、信息存储媒体的安全管理、电源系统安全等。操作系统是管理整个计算机硬件与软件资源的程序，因此，安全的操作系统是整个信息系统安全的基础。操作系统的安全机制包括：硬件安全机制、身份鉴别、访问控制、最小特权原则、可信通道、安全审计等。本章具体介绍了 UNIX、Linux 和 Windows 操作系统的安全机制。数据库系统安全有两层含义，一是指系统运行安全，二是指系统信息安全。本章具体介绍了 SQL Server 和 Oracle 两种数据库的安全机制。Web 网站系统安全管理，是指为防止外来计算机入侵者对网站进行挂马、篡改网页等行为而做出一系列的防御工作。本章介绍了 Web 网站可能遇到的安全问题和相应的安全措施。

课 后 习 题

一、填空题

1. 安全操作系统安全是（   ）的基础。

2. 操作系统的三种基本类型是（   ）、分时操作系统和实时操作系统。实时操作系统首先强调的是实时性，其次再考虑系统效率。

3. 目前比较常见的备份方式有（   ）。

4. Windows 中 NTFS 文件系统比（   ）有更详细的权限设置，安全性更高。

5. 一般 Web 访问协议为 HTTP，为了防止钓鱼网站，采用一些认证技术和加密技术来限制对 Web 网站的访问，则其访问协议为（   ）。

二、选择题

1. 电子商务硬件系统的安全不包括（   ）。

    A. 硬件系统自身漏洞   B. 系统运行环境的安全

    C. 物理访问风险与控制   D. 操作系统的安全

2. 下面( )不属于操作系统。

    A. 分时系统   B. 实时系统

    C. 批处理系统   D. SPOOLing 系统

3. 下列软件系统不属于操作系统的是( )。

    A. Linux   B. Windows NT   C. Photoshop   D. Solaris

4. 批处理操作系统的缺点是( )。

    A. 系统吞吐率大   B. 资源利用率高

    C. 系统效率低   D. 交互能力差

5. Web 服务是目前最常用的服务，使用 HTTP，默认 Web 服务占用( )，在 Windows 平台下一般使用 IIS(Internet Information Server)作为 Web 服务器。

    A. 20 端口   B. 21 端口

    C. 80 端口   D. 8080 端口

6. 在下列计算机系统安全隐患中，属于电子商务系统所独有的是( )。

    A. 硬件的安全   B. 软件的安全

    C. 数据的安全   D. 交易的安全

7. 计算机网络安全的威胁中，系统本身的缺陷不包括( )。

    A. 计算机硬件、网络硬件

    B. 操作系统、网络软件、数据库管理系统

    C. 应用软件、网络通信协议等

    D. 计算机病毒、黑客攻击

8. 要阻止非法用户进入系统使用( )。

    A. 数据加密技术   B. 接入控制

    C. 病毒防御技术   D. 数字签名技术

9. Web 客户机的主要任务是( )。

    A. 为客户提出一个服务请求

    B. 接收请求

    C. 检查请求的合法性

    D. 解释服务器传送的 HTML 等格式文档，通过浏览器显示给客户

10. 以下( )不属于实现数据库系统安全性的主要技术和方法。

    A. 存取控制技术   B. 视图技术

    C. 审计技术   D. 出入机房登记和加锁

11. 在数据库的安全性控制中，授权的数据对象的(　　)，授权子系统就越灵活。

　　A. 范围越小　　　　　　　　B. 约束越细致

　　C. 范围越大　　　　　　　　D. 约束范围大

三、名词解释

1. 网络隔离

2. 安全机制

3. 磁盘镜像

4. B/S 模式

四、简答题

1. 电子商务硬件系统安全包含哪些内容？

2. 常用的网络操作系统有哪些？各有什么特点？

3. 操作系统安全机制有哪些？你所使用的 Windows 操作系统安全机制具体有哪些？

4. 实现数据库安全的策略有哪些？简述常用数据库的备份方法。

案 例 分 析

盘点：2018 年上半年国内外互联网十大数据库泄露事件

2018 年上半年大型数据泄露导致的损失巨大，百万条记录可致损失 4000 万美元，5000 万条记录可致损失 3.5 亿美元。遭遇数据泄露事件的公司企业平均要损失 386 万美元，同比去年增加了 6.4%。根据全球各地频发的数据泄露事件，这里整理了 2018 年上半年度的十起国内外影响最大的数据泄露事件，希望以此引起广大网友对数据安全的重视。

1. Aadhaar

泄密指数：★★★★★　　泄密数量：10 亿条　事件时间：2018 年 1 月 3 日

今年 1 月份，印度 10 亿公民身份 Aadhaar 被曝遭网络攻击，该数据库除了名字、电话号码、邮箱地址等之外还有指纹、虹膜记录等极度敏感的信息。

2. Facebook

泄密指数：★★★☆☆　泄密数量：超过 8700 万条　事件时间：2018 年 3 月 17 日

今年 3 月，一家名为 Cambridge Analytica 的数据分析公司通过一个应用程序收集了 5000 万 Facebook 用户的个人信息，该应用程序详细描述了用户的个性、社交网络以及在平台上的参与度。今年 4 月，该公司通知了在其平台上的 8700 万名用户，他们的数据已经遭到泄露。

3. Panera

泄密指数：★★☆☆☆　泄密数量：3700 万条　事件时间：2018 年 4 月 2 日

4 月 2 日，安全研究员 Dylan Houlihan 联系了调查信息安全的记者 Brian Krebs，向他讲述了他在 2017 年 8 月向 Panera Bread 报告的一个漏洞。该漏洞导致 Panerabread. com 以明文泄露客户记录。

4. UnderArmour

泄密指数：★★★★☆　泄密数量：1.5 亿条　事件时间：2018 年 5 月 25 日

3 月 25 日，美国著名运动装备品牌 Under Armour 称有 1.5 亿 MyFitnessPal 用户数据被泄露。据该公司称，此次数据泄露事件影响到的用户数据包括用户名、邮箱地址和加密的密码，但并没有涉及用户的社会安全号码、驾驶证号和银行卡号等隐私信息。

5. MyHeritage

泄密指数：★★★★☆　泄密数量：超过 9200 万条　事件时间：2018 年 6 月 4 日

6 月 4 日，MyHeritage 的安全管理员收到一位研究人员发来的消息称，其在该公司外部的一个私有服务器上发现了一份名为"myheritage"的文件，里面包含了 9228 万个 MyHeritage 账号的电子邮件地址和加密密码。

6. Ticketfly

泄密指数：★★☆☆☆　泄密数量：超过 2700 万条　事件时间：2018 年 6 月 3 日

5 月 31 日，美国票务巨头 Ticketfly 遭遇黑客攻击勒索，导致音乐会和体育赛事票务网站遭到破坏，并离线和中断一周。据黑客 IsHaKdZ 表示，他手中拥有完整的数据库，里面包含 2700 万个 Ticketfly 账户相关信息(如姓名、家庭住址、电子邮箱地址和电话号码等，涉及员工和用户)。

7. Sacramento Bee

泄密指数：★★☆☆☆　泄密数量：1950 万条　事件时间：2018 年 6 月 7 日

今年 2 月，一名匿名攻击者截获了由 SacramentoBee 拥有并运营的两个数据库。其中一个 IT 资产包含加利福尼亚州州务卿提供的加州选民登记数据，而另一个则存储了用户为订阅该报刊而提供的联系信息。根据 Sacramento Bee 的说法，这起黑客攻击事件共暴露了 5.3 万名订阅者的联系信息以及 1940 万加州选民的个人数据。

8. AcFun

泄密指数：★★☆☆☆　泄密数量：800 万条　事件时间：2018 年 6 月 14 日

6 月 14 日凌晨，国内著名弹幕网站 AcFun(A 站)在官网发布《关于 AcFun 受黑客攻击致用户数据外泄的公告》称，该网站曾遭遇黑客攻击，近千万条用户数据已发生外泄，包括用户 ID、昵称以及加密存储的密码等数据均遭泄露。

9. 圆通

泄密指数：★★★★★　泄密数量：10 亿条　事件时间：2018 年 6 月 19 日

6 月 19 日，一位 ID 为"f666666"的用户在暗网上开始兜售圆通 10 亿条快递数据，该用户表示售卖的数据为 2014 年下旬的数据，数据信息包括寄(收)件人姓名、电话、地址等信息，10 亿条数据已经经过去重处理，数据重复率低于 20%，并以 1 比特币打包出售。

10. 华住旗下多个连锁酒店开房信息

泄密指数：★★★★★　泄密数量：5 亿条　事件时间：2018 年 8 月 28 日

华住旗下多个连锁酒店开房信息数据正在暗网出售，受到影响的酒店，包括汉庭酒店、美爵、禧玥、漫心、诺富特、美居、CitiGo、橘子、全季、星程、宜必思、怡莱、海友等，泄露数据总数更是近 5 亿条！

（资料来源：51CTO. Com 2018 年 9 月）

根据案例回答问题：

1. 案例中，哪些泄密事件是由数据库本身的安全漏洞造成的？哪些是由于管理不善造成的？

2. 结合案例谈谈：为了保护个人信息安全，我们应该注意哪些问题？

第七章　电子商务风险与评估

【本章主要内容】

信息安全体系与安全模型

电子商务风险管理

电子商务安全评估

信息安全等级标准

【本章学习方略】

本章重点内容

(1)电子商务风险与评估

(2)电子商务安全法律法规

本章难点内容

(1)电子商务安全体系

(2)电子商务安全模型

电子商务安全必须从管理和技术两个方面着手。安全技术通过建立安全的主机系统和安全的网络系统，并配备适当的安全产品来实现；在管理层面，则通过构建电子商务安全管理体系来实现。技术层面和管理层面的良好配合，是企业实现电子商务安全的有效途径。"三分技术、七分管理"，就是强调管理的重要性，在安全领域更是如此。对电子商务系统进行风险评估是科学实施电子商务安全管理的前提。

本章主要介绍信息安全体系结构、安全模型、安全等级，电子商务风险管理、电子商务安全评估，以及信息安全等级标准等内容。

第一节　信息安全体系与安全模型

一、信息安全体系

1. OSI 安全体系结构

国际标准化组织于 1989 年在原有网络通信协议七层模型的基础上扩充了 OSI

参考模型，确立了信息安全体系结构，国际标准 ISO 7498-2-1989《信息处理系统·开放系统互连、基本模型 第 2 部分 安全体系结构》，为开放系统标准建立了框架。OSI 安全体系结构主要用于提供网络安全服务与有关机制的一般描述，确定在参考模型内部可提供这些服务与机制，并于 1995 年再次在技术上进行了修正。

OSI 安全体系结构定义了网络安全的层次（ISO 7498-2），各个安全层次是与 OSI/RM 相对应的，也就是说，安全服务与实现的层次之间存在明确的关系。OSI 安全体系结构包括五类安全服务以及八类安全机制。表 7-1 列出了每一层所能提供的安全服务类型，在表中有 √ 记号的即表示该层应提供此安全服务。

表 7-1　　　　　　　　　　　　ISO 7498-2 的安全服务与机制

安全服务　安全机制	对等实体鉴别	访问控制	数据保密	数据完整性	抗抵赖
加密	√		√	√	
数字签名	√	√		√	√
访问控制		√			
数据完整性				√	√
认证交换	√				
业务流填充			√		
路由控制			√		
公证机制					√

2. 五类安全服务

安全服务是指为了加强网络信息系统安全性，对抗安全攻击而采取的一系列措施。它们能在一定程度上弥补现有操作系统和网络信息系统的安全漏洞。OSI 参考模型安全服务紧扣安全技术目标，包括：

（1）认证（鉴别）服务：用于保证通信的真实性，正常接收的数据就来自所要求的发送方。

（2）访问控制服务：用于防止对网络资源的非授权访问，保证系统的可控性。

（3）数据保密性服务：用于加密数据以防被窃听。

（4）数据完整性服务：用于保证所接收的消息未经复制、插入、篡改、重排或重放。

（5）抗否认性服务：用于防止通信双方对通信行为的抵赖。

3. 八类安全机制

安全机制是用来实施安全服务的机制。安全机制既可以是具体的、特定的，也

163

可以是通用的。主要的安全机制有以下几种。

(1)加密机制：加密机制对应数据保密性服务。

(2)数字签名机制：数字签名机制对应认证(鉴别)服务。

(3)访问控制机制：访问控制机制对应访问控制服务。

(4)数据完整性机制：数据完整性机制对应数据完整性服务。

(5)认证机制：认证机制对应认证(鉴别)服务。

(6)业务流填充机制：也称为传输流填充机制。

(7)路由控制机制：路由控制机制对应访问控制服务。

(8)公证机制：公证机制对应抗否认性服务。

安全机制对安全服务做了详尽的补充，针对各种服务选择相应的安全机制可以有效地提高应用安全性。随着技术的不断发展，各项安全机制相关的技术水平不断提高，尤其是结合加密理论之后，应用安全性得到了显著提高。

二、网络安全模型

网络安全模型是动态网络安全过程的抽象描述。通过对安全模型的研究，了解安全动态过程的构成因素，是构建合理而实用的安全策略体系的前提之一。为了达到安全防范的目标，需要建立合理的网络安全模型，以指导网络安全工作的部署和管理。目前在网络安全领域存在较多的网络安全模型，下面介绍常见的 PPDR 模型和 PDRR 模型。

1. PPDR 网络安全模型

PPDR 是美国国际互联网安全系统公司(ISS)提出的动态网络安全体系的代表模型，也是动态安全模型的雏形。PPDR 的基本思想是：在整体安全策略的控制和指导下，在综合运用防护工具(如防火墙、身份认证、加密等)的同时，利用检测工具(如漏洞评估、入侵检测等)了解和评估系统的安全状态，通过适当的反应将系统调整到"最安全"和"风险最低"的状态。

PPDR 包含四个主要部分：策略(Policy)、防护(Protection)、检测(Detection)和响应(Response)(见图 7-1)。其中，防护、检测和响应组成了一个完整、动态的安全循环，在安全策略的指导下保证网络的安全。

(1)策略(Policy)。策略体系的建立包括安全策略的制定、评估和执行等过程。网络安全策略一般包括两部分：总体的安全策略和具体的安全规则。总体的安全策略用于阐述本部门网络安全的总体思想和指导方针；具体的安全规则是根据总体安全策略提出的具体网络安全实施规则，它用于说明网络上什么活动是被允许的，什么活动是被禁止的。

(2)防护(Protection)。防护是根据系统可能出现的安全问题采取一些预防措施，通过一些传统的静态安全技术及方法来实现的。通常采用的主动防护技术有数

图 7-1 PPDR 安全模型

据加密、身份验证、访问控制、授权和虚拟专用网技术等；被动防护技术有防火墙技术、安全扫描、入侵检测、路由过滤、数据备份和归档、物理安全、安全管理等。

（3）检测（Detection）。攻击者如果穿过防护系统，检测系统就要将其检测出来，如检测入侵者的身份、攻击源点和系统损失等。防护系统可以阻止大部分的入侵事件，但不能阻止所有的入侵事件，特别是那些利用新的系统缺陷、新的攻击手段的入侵。一旦入侵事件发生，就要启动检测系统进行检测。

（4）响应（Response）。系统一旦检测出有入侵行为，响应系统则开始紧急响应（事件处理）。响应工作可由一个特殊部门负责，那就是计算机安全应急响应小组（CERT）。我国第一个计算机安全应急响应小组（CCERT）建立于 1999 年，主要服务于 CERNET。不同机构的网络系统也有相应的计算机安全应急响应小组。

2. PDRR 网络安全模型

PDRR 是美国国防部提出的安全模型，PDRR 模型与前述的 PPDR 模型有很多相似之处。其中 Protection（防护）和 Detection（检测）两个环节的基本思想是相同的，PPDR 模型中的响应（Response）环节包含了紧急响应和恢复处理两部分，而在 PDRR 模型中响应（Response）和恢复（Recovery）是分开的，内容也有所扩展。

PDRR 包含了网络安全的四个环节：防护（Protection）、检测（Detection）、响应（Response）和恢复（Recovery），如图 7-2 所示。PDRR 模式是一种公认的比较完善、比较有效的网络信息安全解决方案，可以用于政府、机关、企业等机构的网络系统。

响应是在已知入侵事件发生后，对其进行处理。在大型网络中，响应除了对已知的攻击采取应对措施外，还提供咨询、培训和技术支持。人们最熟悉的响应措施就是采用杀毒软件对计算机病毒造成的系统损害的处理。

165

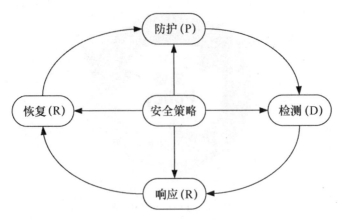

图 7-2　PDRR 安全模型

　　恢复是 PDRR 网络信息安全解决方案中的最后环节。它是指在攻击或入侵事件发生后，把系统恢复到原来的状态或比原来更安全的状态，把丢失的数据找回来。恢复是对入侵最有效的挽救措施。

　　PPDR 和 PDRR 安全模型都存在一定的缺陷。它们都更侧重于技术，而对诸如管理方面的因素并没有强调。模型中一个明显的不足就是忽略了内在的变化因素。

　　实际上，安全问题牵涉面广，除了要注重防护、检测、响应和恢复外，系统本身"免疫力"的增强，系统和整个网络的优化，以及人员素质的提升等，都是网络安全中应该考虑到的问题。网络安全体系应该是融合了技术和管理在内的一个可以全面解决安全问题的体系结构，它应该具有动态性、过程性、全面性、层次性和平衡性等特点。

三、信息安全管理体系

1. 信息安全管理体系的概念

　　信息安全管理体系（Information Security Management System，ISMS），是组织在整体或特定范围内建立的信息安全方针和目标，以及完成这些目标所用的方法和体系。它是直接管理活动的结果，表示为方针、原则、目标、方法、计划、活动、程序、过程和资源的集合。

　　BS 7799-2 是建立和维持信息安全管理体系的标准，标准要求组织通过确定信息安全管理体系范围、制定信息安全方针、明确管理职责、以风险评估为基础选择控制目标与控制措施等一系列活动来建立信息安全管理体系；体系一旦建立，组织应按体系的规定要求进行运作，保持体系运行的有效性；信息安全管理体系应形成一定的制度性文件，即组织应建立并保持一个文件化的信息安全管理体系，其中应阐述被保护的资产、组织风险管理方法、控制目标与控制措施、信息资产需要保护的程度等内容。

ISMS 的范围可以根据整个组织或者组织的一部分进行定义，包括相关资产、系统、应用、服务、网络和用于过程中的技术、存储以及通信的信息等。ISMS 的范围可以包括组织所有的信息系统和组织的部分信息系统。此外，为了保证不同的业务利益，组织需要为业务的不同方面定义不同的 ISMS。例如，可以为组织和其他公司之间特定的贸易关系定义 ISMS，也可以为组织结构定义 ISMS，不同的情境可以由一个或者多个 ISMS 表述。

2. 组织内部成功实施信息安全管理的关键因素与步骤

组织内部成功实施信息安全管理的关键因素主要包括以下几点：

(1)反映业务目标的安全方针、目标和活动。

(2)与组织文化一致的安全实施方法。

(3)来自管理层的支持与承诺。

(4)对安全要求、风险评估和风险管理的良好理解。

(5)向所有管理者及雇员推行安全意识。

(6)向所有雇员和承包商分发有关信息安全方针和准则的导则。

(7)提供适当的培训与教育。

(8)用于评价信息安全管理绩效及反馈改进建议，并有利于综合平衡的测量系统。

不同的组织在建立与完善信息安全管理体系时，可根据自己的特点和具体的情况，采取不同的步骤和方法。但总体来说，建立信息安全管理体系一般要经过下列四个基本步骤：

(1)信息安全管理体系的策划与准备。

(2)信息安全体系文件的编制。

(3)信息安全管理体系的运行。

(4)信息安全管理体系的审核与评审。

3. 信息安全管理模型

PDCA 是管理学惯用的一个过程模型，遵循管理的一般循环模式，即计划(Plan)、执行(Do)、检查(Check)和行动(Action)的持续改进模式。PDCA 最早是由沃尔特·休哈特(Walter Shewhart)于 19 世纪 30 年代构想的，后来被爱德华兹·戴明(Edwards Deming)采纳、宣传并运用于持续改善产品质量的过程。

作为一种抽象模型，PDCA 把相关的资源和活动抽象为过程进行管理，而不是针对单独的管理要素开发单独的管理模式，这样的循环具有广泛的通用性，因而很快从质量管理体系(QMS)延伸到其他各个管理领域，包括环境管理体系(EMS)、职业健康安全管理体系(OHSMS)和信息安全管理体系(ISMS)，如图 7-3 所示。

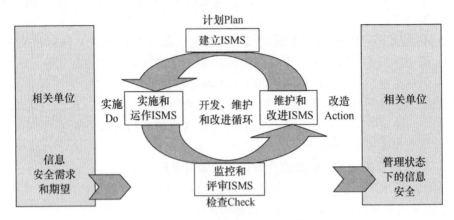

图 7-3 PDCA 模型与信息安全管理体系过程

为了实现 ISMS，组织应该在计划（Plan）阶段通过风险评估来了解安全需求，然后根据需求设计解决方案；在实施（Do）阶段将解决方案付诸实现。解决方案是否有效？是否有新的变化？应该在检查（Check）阶段予以监视和审查；一旦发现问题，需要在改造（Action）阶段予以解决，以便改进 ISMS。通过这样的过程周期，组织就能将确切的信息安全需求和期望转化为可管理的信息安全体系。

第二节　电子商务风险管理

从本质上讲，安全就是风险管理。如果一个组织者不了解其信息资产的安全风险，很多资源就会被错误地使用。风险管理提供信息资产评估的基础。通过风险识别，可以知道一些特殊类型的资产价值以及包含这些信息系统的价值。

一、风险相关概念

风险是构成安全基础的基本观念。风险是丢失需要保护的资产的可能性。如果没有风险，就不需要安全了。

1. 漏洞

是攻击的可能途径。漏洞有可能存在于计算机系统和网络中，它允许打开系统，使技术攻击得逞。漏洞也有可能存在于管理过程中，它使系统环境对攻击开放。漏洞不仅和计算机系统、网络有关，而且和物理场地安全、员工的情况、传送中的信息安全等有关。

2. 威胁

是一个可能破坏信息系统环境安全的动作或事件。威胁包含以下三个组成部分：①目标：威胁的目标通常是针对安全属性或安全服务，包括机密性、完整性、可用性、可审性等。②代理：代理需要有三个特性，即访问、知识、动机。③事件：事件是代理采取的行为，从而导致对组织的伤害。

3. 风险

风险是威胁和漏洞的综合结果。没有漏洞的威胁就没有风险，没有威胁的漏洞也没有风险。风险的度量是要确定事件发生的可能性。风险可划分成低、中、高三个级别。

低级别风险是漏洞使组织的风险达到一定水平，然而不一定发生，如有可能，应将这些漏洞去除，但应权衡去除漏洞的代价和能减少的风险损失；中级别风险是漏洞使组织的信息系统或场地的风险(机密性、完整性、可用性、可审性)达到相当的水平，并且已有发生事件的现实可能性，应采取措施去除漏洞；高级别风险是漏洞对组织的信息、系统或场地的机密性、完整性、可用性和可审性已构成现实危害，必须立即采取措施去除漏洞。

二、风险评估

风险评估也称为风险分析，是组织使用适当的风险评估工具，对信息和信息处理设施的威胁、影响、薄弱点及其发生的可能性的评估，也就是确认安全风险及其大小的过程。

风险评估是信息安全管理的基础，它为安全管理的后续工作提供了方向和依据，后续工作的优先等级和关注程度都是由信息安全风险决定的，而且安全控制的效果也必须通过对剩余风险的评估来衡量。

风险评估的意义在于对风险的认识，而风险的处理过程可以在考虑了管理成本后，选择适合企业自身的控制方法，对同类的风险因素采用相同的基线控制，这样有助于在保证效果的前提下降低风险评估的成本。

电子商务风险评估是确定一个电子商务系统面临的风险级别的过程，是风险管理的基础，其风险评估的过程包括风险评估准备、资产识别、威胁识别、脆弱性识别等。

风险计算：

风险值 $= R(A, T, V) = R(L(T, V), F(I_a, V_a))$

其中，R 表示风险计算函数；A、T、V 分别表示资产、威胁和脆弱性；L 表示安全事件发生的可能性；F 表示安全事件发生后造成的损失；I_a 表示资产重要程度；V_a 表示脆弱性的严重程度。

三、风险管理的内容与过程

风险管理是以可接受的费用识别、控制、降低或消除可能影响信息系统的安全风险的过程。风险管理通过风险评估来识别风险大小，通过制定信息安全方针，选择适当的控制目标与控制方式使风险得到避免、转移或降至一个可被接受的水平。在风险管理方面，应考虑控制费用与风险之间的平衡。

风险管理由三个部分组成：风险评估、风险处理以及基于风险的决策。

风险评估将全面评估企业的资产、威胁、脆弱性以及现有的安全措施，分析安全事件发生的可能性以及可能的损失，从而确定企业的风险，并判断风险的优先级，建议处理风险的措施。

基于风险评估的结果，风险处理过程将考察企业安全措施的成本，选择合适的方法处理风险，将风险控制在可接受的程度。

基于风险的决策旨在由企业的管理者判断残余的风险是否处在可接受的水平之内，基于这一判断，管理者将做出决策，决定是否进行某项电子商务活动。

四、电子商务风险管理的内涵

狭义来说，电子商务风险管理仅指对电子商务活动的风险度量，即用于收集风险方面的数据，识别风险并使之量化。这些风险主要是信用风险、市场风险和操作风险。

广义来说，电子商务风险管理的含义倾向于包含风险度量在内的风险控制。也即是说，风险管理包括风险度量和风险控制，以及运用这些工具来调整公司的风险与收益比率。

通常来讲，电子商务风险可以分为电子商务活动本身的风险和传统企业初步介入电子商务领域的风险。商务活动本身的风险可分为交易风险、信息风险、税收风险、技术风险、法律风险和信用风险等；介入电子商务的风险包括企业组织结构风险和流程再造风险，如图 7-4 所示。

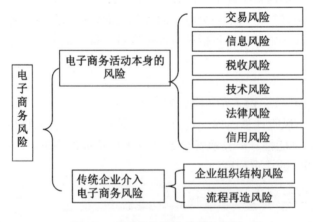

图 7-4 电子商务风险分类示意图

第三节　电子商务项目风险管理

电子商务项目是以电子商务模式为主导开展起来的项目。电子商务项目也指用电子手段来装备一切商务活动过程的种种努力。电子商务项目可应用于任何一个拥有电子商务平台的公司、企业及个人。

电子商务项目中出现的风险主要包括产品项目规模风险、商业影响风险、网上支付风险、技术风险、管理风险以及信息传送风险等。虽然多为一般项目所固有，但其无论在表现形式、强烈程度或影响范围上都与传统项目中的风险有所不同(见图 7-5)。

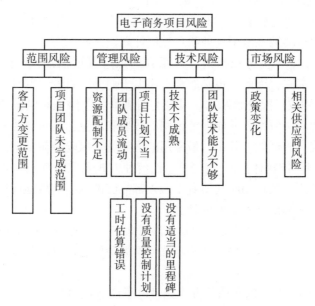

图 7-5　电子商务项目风险分解结构示例

一、电子商务项目风险管理计划

电子商务项目风险管理计划在风险管理活动中起控制作用，是针对整个项目生命周期而制订的如何组织和进行风险识别、定性评估、定量分析、风险应对和风险监控的计划。

风险管理计划要详细地说明风险识别、风险估计、风险分析和风险控制过程的所有方面，并且要说明如何把风险分析和管理步骤应用于整个电子商务项目。

风险管理计划还要说明项目整体风险评价基准是什么，应当使用什么样的方法以及如何参照这些风险评价基准对电子商务项目整体风险进行评价。

风险管理计划一般包括以下几方面的内容：

(1)方法论。确定对电子商务项目中的风险进行管理所使用的策略、方法、工具和依据等，这些内容可以随着电子商务项目生命周期的不同阶段及其风险分析的结果作适当的调整。

(2)角色与职责划分。确定电子商务项目中进行风险管理活动的角色定位、任务分工、相关责任人及各自的具体职责。

(3)风险承受程度。不同的电子商务项目团队对于风险所持的态度也不相同，这将影响其对风险认知的准确性，也将影响其应对风险的方式。应当为每个电子商务项目制定适合的风险承受标准，对风险的态度也应当明确地表述出来。

(4)时间与频率。应确定在电子商务项目的整个生命周期中实施风险管理活动的各个阶段，以及风险管理过程的评价、控制、变更、次数与频率等，并把电子商务项目风险管理活动纳入电子商务项目进度计划。

(5)预算。对电子商务项目进行一系列的风险管理活动，必然要产生一些成本，要占用一些资源，因此，也必然会占用电子商务项目的一部分预算。

(6)风险类别或风险分解结构。风险类别清单可以保证对电子商务项目进行风险识别的系统性和一致性，并能保证识别的效率和质量，还可以为其他的风险管理活动提供一个统一的框架。其中，最常用的框架就是风险分解结构。

(7)基准。要明确由何人、在何时、以何种方式采取行动应对风险，明确的定义可以确保电子商务项目团队与所有干系人都能够准确、有效地应对风险，防止对风险管理活动的理解出现不必要的歧义。

(8)汇报格式。确定电子商务项目风险管理各个过程中应该汇报或者沟通的内容、范围、渠道以及方式、格式，确定如何对风险管理活动的结果进行记录、分析与沟通。

(9)跟踪。确定如何以文档的方式记录电子商务项目进行过程中的风险与风险管理活动，风险管理文档可以用于对项目进行管理、监控、审计和总结经验教训等。例如，风险识别资料的记录，风险分析过程和结果的记录，风险应对策略、决策的依据和结果的记录，风险应对计划和措施的记录，风险发生、处理情况的记录等。

(10)风险概率与影响等级的定义。为了按照统一的标准管理电子商务项目的风险，需要先定义风险概率与影响的等级。

二、电子商务项目风险识别

(1)项目文档审核：对电子商务项目的总体、详细两个层次的计划、方案等文档进行一次全面的结构性审核，可以识别出电子商务项目的一些风险。

（2）阶段评审：电子商务项目生产的是无形的软件产品或商务服务，其每一步工作的结果如何不像其他产品那样容易检验，也不容易立即评价。因此在进行风险识别的时候，常常要依靠阶段性评审、过程审查等手段来辅助进行。

（3）德尔菲法：把需要做风险识别的电子商务项目的情况分别匿名征求相关专家的意见后，再把这些意见进行综合整理、归纳和统计，然后匿名反馈给各专家，再次征求意见，如此反复进行再集中、再反馈，直至得到稳定的意见。德尔菲法有助于减少数据方面的偏见，并避免个人因素对项目风险识别的结果产生不良的影响。

（4）头脑风暴法：简单来说就是团队的全体成员自由地提出主张和想法。头脑风暴法是解决问题时常用的一种方法，它有助于保证群体决策的创造性，提高决策质量。头脑风暴法主要侧重于提出风险项的数量而不是质量。其目的是要团队成员以及相关专家想出尽可能多的可能的威胁和风险，鼓励大家有创新或突破常规。

（5）面谈法：与电子商务项目的团队成员、有经验的项目干系人和有关专家进行有关风险的面谈，将有助于识别那些在常规方法中未被识别的风险。在进行可行性研究时获得的项目前期面谈记录，往往也是识别风险的很好素材。

（6）SWOT分析：就是从多个角度、各个方面，对电子商务项目的内部优势和弱势以及外部机会和威胁进行综合的分析，从而对电子商务项目的风险进行识别。

（7）核对表：风险核对表是根据以往经验编制的，通过把以前经历过的风险事件及其来源按照一定的类别罗列出来，形成一张用于风险识别的核对图表。

（8）图解法：用一些图形来辅助进行风险识别。比如，常见的鱼刺图可以帮助把问题回溯到发生问题的最基本的部位，找到根本的原因，从而易于理解风险的根源和影响。此外，还有关联因素图，可以通过显示问题的关联因素以及关系程度帮助我们进行风险识别。

（9）事故树：事故树分析是从结果出发，通过演绎推理查找原因的一种过程，可以用于分析电子商务项目风险产生的原因或来源。事故树由节点和连接节点的线组成。节点表示事件，而连线则表示事件之间的关系。

在电子商务项目风险识别中，事故树分析不仅能够查明电子商务项目的风险因素，求出风险事故发生的概率，还能提出各种控制风险因素的方案。事故树分析法一般适用于技术性比较强、比较复杂的电子商务项目，也常用于直接经验很少的电子商务项目。

（10）系统分析法：就是将复杂的电子商务项目分解成为比较简单的、容易被认识的组成部分，将大系统分解成小系统，通过分析系统的组成关系或过程关系进行电子商务项目风险识别的方法。

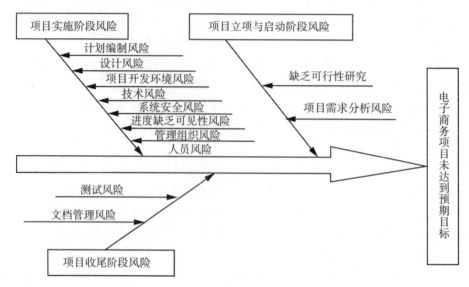

图 7-6　电子商务项目风险管理中的鱼刺图示例

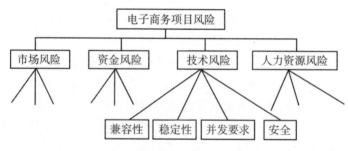

图 7-7　系统分析法的应用示意图

三、电子商务项目风险对策

1. 减轻风险

减轻风险策略,是通过缓和或预知等手段来减轻风险,降低风险发生的可能性或风险发生后的影响程度。

减轻风险策略的有效性与风险是已知风险、可预测风险还是不可预测风险关系很大。对于已知风险,项目管理者可以在很大程度上加以控制,可以动用项目现有资源降低风险的严重性和风险发生的频率。对于可预测风险或不可预测风险,诸如某些外部环境因素、市场因素、新技术还不成熟等导致的风险,项目团队是很难去控制的,因此有必要采取迂回策略。对于这类风险,仅仅靠动用项目资源一般收效不大，还必须进行深入细致的调查研究，减少其不确定性。

2. 风险预防

风险预防是一种主动的风险管理策略，通常采取有形或无形的手段。

工程法是一种有形的风险预防手段，它主要依靠工程技术，消除物理性风险威胁。工程法预防风险有多种措施。它可以防止风险因素出现，减少已存在的风险因素，将风险因素、项目资源在时间和空间上隔离。

无形手段包括教育法和流程法。教育内容应该包含有关电子商务项目的章程、标准和规范，以及信息系统安全知识、必要的法规、操作规程和风险常识等。流程法是指以制度化的方式进行电子商务项目活动，以减少不必要的损失。

3. 回避风险

回避风险是指通过风险分析，发现电子商务项目的潜在风险太大，可能产生的不利后果也很严重，又没有其他更好的策略可用时，主动放弃项目或改变项目目标与行动方案，从而规避风险的一种策略。

回避风险包括主动预防风险和完全放弃两种。人们不可能排除所有的风险，但可以通过分析找出风险的根源，通过消除这些根源来避免相应的风险，这是通过主动预防来回避风险。完全放弃是最彻底的回避风险的办法，但是，放弃的同时也失去了发展的机遇。

在采取回避策略之前，必须要对风险有充分的认识，对风险出现的可能性和后果的严重性有准确的把握。采取回避策略，最好在电子商务项目尚未开始实施时；而放弃或改变正在进行的项目，一般都要付出高昂的代价。

4. 转移风险

转移风险是将风险转移给参与该项目的其他人或其他组织，因此又叫合伙分担风险。其目的不是降低风险发生的概率和减轻不利后果，而是运用合同或协议，在风险发生时将损失的一部分转移给有能力承受或控制风险的个人或组织。

承担风险者应得到相应的回报。对于各具体风险，谁最有能力管理就采用这种策略转移给谁，所付出的代价大小取决于风险大小。当项目的资源有限，不能实行减轻和预防策略，或风险发生频率不高，但潜在的损失很大时，可采用此策略。

转移风险可以分为财务性风险转移和非财务性风险转移。财务性风险转移可以分为保险类风险转移和非保险类风险转移两种，近年来，在电子商务项目中日益流行的外包就是一种非常好的非财务性风险转移策略。

5. 接受风险

对于一些潜在后果并不严重的风险，也可以采取接受风险的应对策略，就是电子商务项目团队有意识地选择由自己来承担风险后果。

6. 风险预留

所谓风险预留，就是指根据电子商务项目风险分析的结果，事先确定相应的预留措施并完善项目风险管理计划，一旦发现风险，就启动预留或后备应急措施。

电子商务项目的风险预留主要有风险成本预留、风险进度预留和技术后备措施等。

第四节　电子商务安全评估

系统安全评估在电子商务安全体系建设中具有重要的意义。它是了解系统安全现状、提出安全解决方案、加强安全监督管理的有效手段。

电子商务安全评估主要涉及环境安全、应用安全、管理机制、通信安全、审计机制等多个方面。这里主要对网络安全、平台安全、应用安全的评估加以说明。

一、网络安全评估

（1）了解网络的拓扑：假如防火墙会阻断跟踪路由分组，这就比较复杂，因为跟踪路由器是用来绘制网络拓扑的。

（2）获取公共访问机器的名字和 IP 地址：这是比较容易完成的，只要使用DNS 并在美国互联网号码注册机构（American Registry for Internet Number，ARIN）中查询所有注册的公共地址。

（3）对全部可达主机进行端口扫描：端口是用于 TCP/IP 网络传输层中将一个接口指定到一个逻辑连接的术语。端口号标识端口的类型，例如 80 号端口专用于HTTP 通信。假如给定端口有响应，那么说明此端口是开放的，可根据需要测试所有已知的漏洞。

二、平台安全评估

平台安全评估的目的是认证平台的配置情况，如操作系统不易受已知漏洞损害、文件保护及对配置文件的适当保护等。认证的唯一方法是在该平台上执行一个程序（代理）。假如平台已经适当加固，那么就要有一个基准配置。

（1）认证基准配置、操作系统、网络服务没有变更。黑客攻击平台前，首先是将前述相关文件的版本替换成自己的版本。黑客的版本通常会记录管理员的口令，并转发给 Internet 上的攻击者。所以，假如有文件需要打补丁或需要使用服务包，代理将通知管理员，进行安全预警以保护平台安全。

（2）认证管理员的口令。大部分机器不允许应用程序的用户登录到平台，对应用程序的用户鉴别是由在平台上运行的应用程序自身来完成，而不是由平台来完成的。此外，还要测试本地口令的强度，如口令长度、口令组成、字典攻击等。最后，还要跟踪审计子系统，在黑客作案前就能跟踪其行迹。

三、应用安全评估

应用安全评估，对于使用像网络和平台扫描这些自动工具而言，需要更高的技术水平。黑客的目标是通过系统平台得到对应用程序的访问，强迫应用程序执行某些非授权用户的行为。很多基于 Web 应用的开发者使用通用网关接口（Common Gateway Interface，CGI）来分析表格，黑客能利用很多已知漏洞来访问使用 CGI 开发的 Web 服务器平台。

编写质量低的应用程序，其最大风险是允许访问执行应用程序的平台。当一个应用程序损坏时，安全体系结构必须将黑客纳入平台安全评估中，防止应用程序造成安全问题。一旦一台在公共层的机器受损，黑客就可用它来攻击其他机器。黑客最通用的方法是在受损的机器上安装一台口令探测器，以获得口令进行攻击。

第五节　信息安全等级标准

信息安全等级保护制度是国家在国民经济和社会信息化的发展过程中，提高信息安全保障能力和水平，维护国家安全、社会稳定和公共利益，保障和促进信息化建设健康发展的一项基本制度。实行信息安全等级保护制度，能够充分调动国家、法人和其他组织及公民的积极性，发挥各方面的作用，达到有效保护的目的，增强安全保护的整体性、针对性和实效性，使信息系统安全建设更加突出重点、统一规范、科学合理，对促进信息安全的发展将起到重要推动作用。

标准是技术性法规，作为一种依据和尺度。建立评估标准的目的是建立一个业界能广泛接受的，通用的信息安全产品和系统的安全性评价原则。

一、美国可信计算机标准评价准则 TCSEC

目前信息安全领域比较流行的评估标准是可信计算机标准评价准则（Trusted Computer Standards Evaluation Criteria，TCSEC），是于 1983 年由美国国防部制定的 5200.28 安全标准，即网络安全"橙皮书"或"橘皮书"，主要利用计算机安全级别评价计算机系统的安全性。

TCSEC 将安全分为四个方面（类别）：安全政策、可说明性、安全保障和文档。将这四个方面（类别）又分为 7 个安全级别，从低到高为 D、C1、C2、B1、B2、B3 和 A 级（见表 7-2）。

表 7-2   **TCSEC 安全等级**

类别	级别	名称	主 要 特 征
D	D	低级保护	没有安全保护
C	C1	自主安全保护	自主存储控制
	C2	受控存储控制	单独的可查性，安全标识
B	B1	可标识安全保护	强制存取控制，安全标识
	B2	结构化保护	面向安全的体系结构，较好的抗渗透能力
	B3	安全区域	存取监控，高抗渗透能力
A	A	验证设计	形式化的最高级描述和验证

TCSEC 的安全级别中最常见的是 C1、C2 和 B1 级。如果一个系统具有身份认证和粗粒度的自主访问控制机制，那么它能达到 C1 级；如果系统不具备审计功能，则肯定不能达到 C2 级，如果系统不具备强制访问控制机制，则肯定不能达到 B1 级。

二、我国信息系统安全评估准则

1994 年国务院颁布的《中华人民共和国计算机信息系统安全保护条例》第九条规定"计算机信息系统实行安全等级保护。安全等级的划分标准和安全等级保护的具体办法，由公安部会同有关部门制定"。1999 年 9 月 13 日国家发布《计算机信息系统安全保护等级划分准则》。2003 年，中央办公厅、国务院办公厅转发《国家信息化领导小组关于加强信息安全保障工作的意见》（中办发〔2003〕27 号文）明确指出，"要重点保护基础信息网络和关系国家安全、经济命脉、社会稳定等方面的重要信息系统，抓紧建立信息安全等级保护制度，制定信息安全等级保护的管理办法和技术指南"。2007 年 6 月，公安部、国家保密局、国家密码管理局、国务院信息化工作办公室制定了《信息安全等级保护管理办法》，明确了信息安全等级保护的具体要求。

我国计算机信息系统安全保护等级如表 7-3 所示。

表 7-3   **我国计算机信息系统安全保护等级**

等级	名称	描 述
第一级	用户自我保护级	安全保护机制可以使用户具备安全保护的能力，保护用户信息免受非法的读写破坏

续表

等级	名称	描　　述
第二级	系统审计保护级	除具备第一级所有的安全保护功能外，要求创建和维护访问的审计跟踪记录，使所有用户对自身行为的合法性负责
第三级	安全标记保护级	除具备前一级所有的安全保护功能外，还要求以访问对象标记的安全级别限制访问者的权限，实现对访问对象的强制访问
第四级	结构化保护级	除具备前一级所有的安全保护功能外，还将安全保护机制划分为关键部分和非关键部分，对关键部分可直接控制访问者对访问对象的存取，从而加强系统的抗渗透能力
第五级	访问验证保护级	除具备前一级所有的安全保护功能外，还特别增设了访问验证功能，负责仲裁访问者对访问对象的所有访问

信息安全等级保护制度的实施，大大提高了我国的信息安全水平，有力地保护了我国信息化建设成果。同时，我国相关的信息安全企业也得到了实惠。有关技术专家分析，国家对于信息系统以及相关安全产品进行等级划分，会使很多企事业单位的安全意识得到增强，有了这样的认识之后，信息安全厂商的相关产品才能够被广泛了解，安全厂商可以针对等级划分，对自己的产品进行有针对性的调整，相关解决方案是否符合当前信息系统的安全需求也可以经过等级评估的检验。

三、其他信息安全评估标准

1. 欧洲信息技术安全评估标准 ITSEC

信息技术安全评估标准 ITSEC（Information Technology Security Evaluation Criteria），俗称欧洲的白皮书，将保密作为安全增强功能，仅限于阐述技术安全要求，并未将保密措施直接与计算机功能相结合。ITSEC 是欧洲的英国、法国、德国和荷兰四国在借鉴美国"橙皮书"的基础上联合提出的。"橙皮书"将保密作为安全重点，而 ITSEC 则将首次提出的完整性、可用性与保密性作为同等重要的因素，并将可信计算机的概念提高到可信信息技术的高度。

2. 美国联邦准则 FC 标准

美国联邦准则 FC 标准参照了加拿大的评价标准 CTCPEC 与橙皮书 TCSEC，其目的是提供 TCSEC 的升级版本，同时保护已有建设和投资。FC 是一个过渡标准，之后结合 ITSEC 发展为联合公共准则。

3. 通用评估准则 CC

通用评估准则 CC 主要确定了评估信息技术产品和系统安全性的基本准则，提出了国际上公认的表述信息技术安全性的结构，将安全要求分为规范产品和系统安全行为的功能要求，以及解决如何正确有效地实施这些功能的保证要求。CC 结合了 FC 及 ITSEC 的主要特征，强调将网络信息安全的功能与保障分离，将功能需求分为 9 类 63 族，将保障分为 7 类 29 族。CC 的先进性体现在其结构的开放性、表达方式的通用性，以及结构及表达方式的内在完备性和实用性。目前，中国测评中心主要采用 CC 等进行测评，具体内容及应用可以查阅相关网站。

4. 安全管理标准(BS 7799)

BS 7799 标准是由英国标准学会(BSI)制定的信息安全管理标准，是国际上具有代表性的信息安全管理体系标准。该标准包括以下两部分：

(1)BS 7799-1：1999《信息安全管理实施规则》。

BS 7799-1(ISO/IEC 1799：2000)《信息安全管理实施细则》是组织建立并实施信息安全管理体系的一个指导性的准则，主要为组织制定其信息安全策略和进行有效的信息安全控制提供了一个大众化的通用标准。

(2)BS 7799-2：2002《信息安全管理体系规范》。

BS 7799-2《信息安全管理体系规范》规定了建立、实施和文本化信息安全管理体系(ISMS)的要求，规定了根据独立组织的需要应实施安全控制的要求。

本 章 小 结

对电子商务系统进行风险评估，是科学实施电子商务安全管理的前提。第一节介绍了信息安全体系结构——OSI 安全体系结构，包含五类安全服务和八类安全机制；网络安全模型——PPDR 和 PDRR；信息安全管理体系，包含概念、关键因素与步骤、管理模型等。第二节论述电子商务风险管理，首先介绍了与风险、风险评估和风险管理有关的基本概念，然后介绍了电子商务风险管理的内容——电子商务活动本身的风险和传统企业介入电子商务的风险。第三节论述以电子商务模式为主导开展起来的项目——电子商务项目的风险管理，包含管理计划、风险识别、风险对策等内容。第四节为电子商务安全评估，主要涉及网络安全评估、平台安全评估、应用安全评估。第五节介绍了不同国家和地区的信息安全等级标准。

课 后 习 题

一、填空题

1. OSI 安全体系结构定义了网络安全的层次(　　　)，各个安全层次是与 OSI/RM 相对应的，也就是说，安全服务与实现的层次之间存在明确的关系。OSI 安全体系结构包括五类安全服务以及八类安全机制。

2. ISO 7498-2 安全体系的五类安全服务包括：认证（鉴别）服务、访问控制服务、数据保密性服务、数据完整性服务和（　　）。

3. P2DR 模型包含四个主要部分：安全策略、（　　）、检测和（　　）。

4. 风险是构成安全基础的基本观念。风险是丢失需要保护的资产的可能性。如果没有风险，就不需要安全了。风险还是从事安全产业者应了解的一个观念。风险是威胁和（　　）的综合结果。

5. 美国可信计算系统评价准则 TCSEC 将安全等级分为 4 个类型 7 个级别，其中（　　）为最高级、（　　）为最低级。

6. 目前国际上主要存在以下几种征信规范模式：市场运作、立法指导型、（　　）、直接监管型。

7. 我国电子签名法是（　　）年诞生的。

二、选择题

1. 下面哪一项不是风险管理的四阶段之一？（　　）

    A. 计划　　　　　　B. 开发　　　　　　C. 评估　　　　　　D. 执行

2. 风险评估不包含下列哪一方面的内容？（　　）

    A. 风险识别　　　　B. 脆弱性识别　　　C. 威胁识别　　　　D. 人员识别

3. （　　）属于电子商务的信用风险。

    A. 信息传输　　　　B. 交易抵赖　　　　C. 交易流程　　　　D. 系统安全

4. 下列各项不属于电子商务中所涉及的隐私权保护问题的是（　　）。

    A. 个人资料的收集　　　　　　　　B. 个人资料的不合理开发利用

    C. 个人资料的侵害　　　　　　　　D. 个人资料的无意泄露

5. 《电子商务法》是调整以数据电文为交易手段而形成的因（　　）所引起的商事关系的规范体系。

    A. 交易形式　　　　B. 交易内容　　　　C. 交易方式　　　　D. 交易结果

6. 关于数据电文的法律效力，正确的表述是（　　）。

    A. 由于数据电文的易篡改性，其法律效力是不能确定的

    B. 由于数据的电文是一种新的形式，其法律效力需要等待法律的明确规定

    C. 数据电文是否具有法律效力，由有关的当事人约定

    D. 不得仅仅以某项信息采用数据电文形式为理由，而否定其法律效力

7. 根据《合同法》的规定，对格式条款的理解发生争议的，应当按照通常理解予以解释。对格式条款有两种以上解释的，应当做出（　　）的解释。

    A. 有利于提供条款一方　　　　　　B. 不利于提供格式条款一方

    C. 最符合经济效益原则　　　　　　D. 有利于双方当事人合法利益

三、名词解释

1. ISIM

2. PDCA 模型

3. 信用体系

4. 隐私权

5. 电子商务法

四、简答题

1. 如何认识信息安全"三分靠技术，七分靠管理"？

2. 简述美国"橙皮书"中等级保护的主要内容。

3. 什么是风险管理？它对保障信息系统安全有何作用？

4. 论述建立信用保障机制的意义。

5. 简述我国电子商务法律法规的建设现状。

案 例 分 析

果小美全国业务或将停滞 将放弃自营新零售

——蓝鲸 TMT：2018 年 5 月 4 日 9 点 44 分

对于不少无人货架行业的从业者来说，2018 年或许会成为难忘的一年。

数日前，36 氪与猎云网分别报道，该行业内两家知名平台——便利购与果小美出现大规模裁员，其中便利购将大量员工的合同转为外包，操作手段被视为变相裁员，而果小美线下也有约 2000 多人被裁撤。

根据 IT 橘子上的数据显示，这两家企业成立都不足一年，但都曾获得资本的青睐。

便利购成立于 2017 年 8 月，由每日优鲜孵化并分拆独立运营，并在 2017 年 12 月 29 日完成了由鼎晖领投，北极光创投参投的一笔 1.44 亿美元 B 轮融资；相比较之下，果小美成立时间则更早 2 个月，并且同样也是在去年同期完成了一笔祥峰投资领投，IDG 资本等参投的 5000 万美元 C 轮融资。

然而无人货架风起得快，停得也快。裁员风波很快弥漫开来。

为此，蓝鲸 TMT 独家采访到两位果小美内部人员，从采访中挖掘到了一些内部的信息及不同视角的内容，蓝鲸 TMT 整理为文，以飨读者。

前员工称部分一线城市断货严重，内部矛盾激化

李腾(化名)曾在某一线城市担任果小美的供应链经理。在网上公开渠道，他曾实名对果小美进行指责，也因此收到了不少声讨。对此，他回应称没有真凭实据不会实名。

在接受蓝鲸TMT记者的采访中，李腾表示，在该城市市场环境本就压力巨大的情况下，自己的基本工资未经沟通就抽出了30%作为绩效，成为他和公司闹翻的主因。

"(今年)年初断货断得仓库的老鼠都会饿死"，李腾打了一个较为夸张的比方。他告诉记者，该城市的断货情况严重，整个仓库里天天空荡荡，以至于他和员工每天的清理已经让地面变得非常干净了，"供应商说单个城市的商品欠款就有近百万"。

在他看来，商品库存跟不上并不是说明出现了供不应求的情况，恰恰相反，他认为果小美一次步子迈得太大，导致比如原本只有1000套的货物，却要安排2000套货架铺货。在这样的背景下，单纯追求上架率，导致团队的工作压力较大，内部矛盾也开始不断出现。

对于自己的业绩，李腾非常肯定地表示，可以拿运营指标来公开比对，自己的业绩绝对不会是全国最差的，相反，甚至比全国平均水平都要高，但该市的缺货情况却在全国最为严重。同时他还告诉记者，在他入职时，果小美的裁员风波还没开始，公司只是非常重视铺点和上架，整个团队呈现大干一场的架势，但后面仔细想来，其实当时果小美的资金，由于供应商欠款等原因，或许已经出现问题，甚至后续被裁掉的员工能否拿到赔偿他也表示怀疑。

阿里入局计划流产，资金压力下寻求转型

对于李腾所描述的果小美危机，记者从另一消息源处得到了部分证实。

王琥(化名)于去年冬季在上海加入了果小美，如今已经离职的他告诉记者，果小美不仅仅是上海不做了，除了成都外可能全国城市都不做了，"现在的果小美基本就属于倒闭状态，但是成都果小美网络科技有限公司还是存在的。至于具体后面他们要做什么，我们也不知道。"

据王琥所说，果小美并没有下发类似全国业务暂停的通知书，但上海市的每个员工都拿到了一份离职报告单，让所有的员工去签离职报告，他告诉记者上海那边已经基本没人了。

对此，记者向果小美方面进行了求证，但对方仍旧表示，果小美业务覆盖包括北上广深的全国59座城市。

不过与李腾情况所不同的是，王琥对于果小美面临今天这样的局面有自己的看法：根本原因还是在于融资不顺。此前，曾有包括《新京报》与中国网财经在内的媒体报道称，果小美融资失败，连夜裁员。虽然果小美发布声明称不实，是在业务转型，但王琥所说，似乎又重新印证了确有尝试融资一事，而投资方则是阿里巴巴。

据说，融资失败，果小美的个人薪资发放也成了问题。"果小美原本还是剩余

有一部分钱的，但是公司考虑到员工的工资问题，所以就果断不再做了，而是直接把这部分钱分给剩下的员工，但是留下来的这笔钱也只够刚刚把四月份的工资发了，包括社保公积金。因为公司倒闭对员工造成了损失，所以每个员工理应根据工龄获得一部分补贴，但这部分补贴还不能确定是否能拿到手。"王琥说道，"这个行业就是这样，只要你能够融到钱，就能坚持存活下来。"所以在他看来，后续融资出现断裂还是果小美最大的问题。至于是否还在外欠供应商的钱，王琥表示由于业务限制他并不清楚。

针对上述种种，果小美方面告诉记者，组织体系的调整是取决于公司战略和业务策略的变化，这次变化更多还是配合业务板块调整的人员需求，有些业务收缩、有些业务加速，这都是正常的公司经营决策。但是业务不会停下，并将坚定看好办公室零售场景。至于线下货架业务，对方表示仍会继续向前推进，并将自营重模式改为第三方联运及区域合伙人制的轻模式。

而另一位接近果小美的知情人士则称，果小美将会转型，未来或许不再做新零售了。从此前凤凰科技的报道来看，果小美朝电商方向转型的概率较高。从年初开始，果小美已经在试水"合箱拼团、团长代收"的拼团电商业务，未来将会重点发力拓展基于办公室场景拼团电商的新模式，或成为办公室升级版拼多多。而果小美方面则告诉蓝鲸 TMT 记者，未来将会把业务重点放在云端电商，似乎也是一种印证。

无人货架路难走，寒潮下需寻找模式创新

无人货架行业曾一度受到资本热捧，除了果小美，还有便利购、猩便利等公司都获得了快速成长和扩张的机会。然而在曾经的员工心中，业内的几家平台之间究竟有什么不同，李腾和王琥二人分别从问题和模式创新两个方面发表了自己的看法。

李腾表示，业内几家平台在他看来模式是差不多的。就果小美而言，在供应链吃回扣这方面做得比较好，出现的情况相比部分友商要少，但并非最好。而针对近期其他媒体报道的卖点位一事，他觉得这在业务层面是行业内比较常见的一种现象。

王琥在模式上的意见与李腾相似，都觉得模式上区别不大，无论是果小美还是这个行业的其他企业，在探索的路上还没有走得很深，盈利的模式也不清晰，尽管也有部分商家开始在货柜上投放广告，但是广告带来的收入不足以维持公司的生存。不过他觉得果小美在上海曾有非常大的优势，即收购了一家名为"番茄鲜生"的企业，加大了自己在生鲜领域的实力，不过业务也仅限当地。根据启信宝上的信息显示，目前果小美已对番茄鲜生的公司主体上海小茄网络科技有限公司持股

100%，于今年的 1 月 17 日完成了股权变更。

"无人货架我们最近不看了，之前看的时候也没有出手。"某投资机构的副总裁告诉蓝鲸 TMT 记者，记者在另一家业内知名机构同样得到了类似的答复。一位长期与投资机构打交道的人士透露，无人货架的盈利模式不清晰，已经是业内众所周知的事情了。

然而整个行业即便寻求转型，前路如何依然难下定论。猩便利同样也曾因为大规模裁员而被媒体报道，至于果小美的电商之路，电商业分析人士持保守态度。一位分析人士告诉记者，电商比较难做，而拼多多的火爆则是依靠微信社交关系成长起来的，即便是依靠曾经办公室场景的积累，也依然存在难度，不过果小美将自营重资产的模式改成联营，或许能够为公司带来更多 SKU，并且借助第三方推广带来流量，这两点是好的，同时，也可以减少庞大的成本支出。

"无人货架可以成为他们线下的网点，但是目前来看整个无人货架的市场体量仍旧太小，没有体现出新零售升级的本质价值。"前述投资人士说道。阿里腾讯的新零售生态，是否还会为这些无人货架企业留有一足之地，目前也只能拭目以待了。

——资料来源：腾讯科技 2018.5.4

根据案例回答问题：

1. 根据果小美两位员工的描述，果小美的经营出现了哪些问题？印证了电子商务风险管理的哪些方面？

2. 电子商务环境下企业转型应注意哪些问题？

第八章 电子商务安全管理制度

【本章主要内容】

日常管理制度

人员管理

备份与恢复制度

应急反应机制

【本章学习方略】

本章重点内容

(1)日常管理制度

(2)人员管理

(3)应急反应机制

本章难点内容

(1)软硬件日常管理

(2)入网访问控制

电子商务安全需要技术的支持,但是仅依靠技术手段很难实现安全目标,必须建立相应的安全管理制度作为保障。事实上,在电子商务安全管理中,安全管理制度比安全技术更为重要,正所谓"三分技术,七分管理"。但现实中的管理者往往偏好使用技术防护,而轻视或忽略安全管理制度的建设与维护,结果导致安全投入不少,但安全效果不佳的结果。

第一节 日常管理制度

电子商务是基于网络实现的交易活动,其中 Intranet 是组织的内部网络,它是电子商务组织日常运行及参与电子商务活动的重要组成部分,因此 Intranet 的日常管理与维护非常重要。图 8-1 为常见的日常管理制度样例。

机房管理制度

1、路由器、交换机和服务器以及通信设备是网络的关键设备，须放置计算机机房内，不得自行配置或更换，更不能挪作它用。

2、计算机房要保持清洁、卫生，并由专人定期管理和维护（包括温度、湿度、电力系统、网络设备等），无关人员未经管理人员批准严禁进入机房。

3、严禁易燃易爆和强磁物品及其它与机房工作无关的物品进入机房。

4、建立机房登记制度，对本地局域网络、广域网的运行，建立档案，未发生故障或故障隐患时值班人员不可对中继、光纤、网线及各种设备进行任何调试，对所发生的故障、处理过程和结果等做好详细登记。

5、网管人员应做好网络安全工作，服务器的各种帐号、密码严格保密。监控网络上的数据流，从中检测出攻击的行为并给予响应和处理。

6、做好操作系统的补丁修正工作。

7、网管人员统一管理计算机及其相关设备，完整保存计算机及其相关设备的驱动程序、保修卡及重要随机文件。

8、计算机及其相关设备的报废需经过管理部门或专职人员鉴定，确认不符合使用要求后方可申请报废。

9、制定数据管理制度，对数据实施严格的安全与保密管理，防止系统数据的非法生成、变更、泄露、丢失及破坏。

计算机病毒防范制度

1、网络管理人员应有较强的病毒防范意识，定期进行病毒检测（特别是邮件服务器），发现病毒立即处理并通知管理部门或专职人员。

2、采用国家许可的正版防病毒软件并及时更新软件版本。

3、未经上级管理人员许可，值班人员不得在服务器上安装新软件，若确为需要安装，安装前应进行病毒例行检测。

4、经远程通信传送的程序或数据，必须经过检测确认无病毒后方可使用。

计算机软硬件安全管理

1、计算机实行专人专机，谁使用、谁管理、谁负责制度。

2、用户要自觉遵守《中华人民共和国计算机信息系统安全保护条例》和其他有关计算机网络方面的法律、法规，严格遵守计算机操作规程、及时反映和单报违反网络行为规范的人和事。

3、用户不得随意更改网络设置，如确需要改须经网络管理人员同意，并在网络管理人员的指导下操作。

4、用户在移动信息机中网盘，拔取电脑主板时，须做到电脑脱机。

5、用户不得未经信息中心同意，使用未经采购的硬盘、软盘、光盘、U盘，以免感染病毒，要经常检查计算机有无感染病毒。若发现计算机被病毒感染，应及时杀毒或报告网络管理人员。不得在未经过本单位同意安装来历不明的系统、应用、游戏等软件。

6、用户不得恶意访问和攻击网络服务器及他人计算机；未经允许不得阅读他人文件、文稿、电子邮件；不得监视网络资源；不得制造和传播计算机病毒；禁止破坏网络数据、网络资源，或在网络上进行恶作剧的行为。

7、用户要自觉遵守国家保密法律、法规，不得在网上发布、传送携带国家秘密的信息。

8、用户要妥善保护好自己的用户口令，必要时加密。不得把自己的用户帐号、或将口令随意告诉他人，不得冒用他人帐号、口令上网。

9、工作人员工作时在业务办公机器上不得随意使用光盘、软盘、硬盘、U盘等存储设备，如有工作需要使用的，需填写《移动存储介质使用审批表》，经本单位领导审批后交信息中心备案，并通权限。

10、工作人员工作时在业务办公机器上不得随意使用打印机、传真机等外联设备，如因工作需要确实需要使用的，需填写《计算机外联设备使用审批表》，经本单位领导审批后交信息中心备案，并通权限。

11、工作人员不得以任何方式将办公内网的计算机私自接入互联网，禁止办公机房同时连接办公网、互联网两个网络。由于工作需要进行网络变更时需填写《网络变更审批》，经本单位领导审批后交信息中心备案，并通权限。

12、业务办公网内各科室发现计算机病毒后应与时清除，无法清除的，应及时向信息中心计算机管理人员报告，并采取隔离、查杀措施。在确认病毒类型、感染情况后，慎重作出清除、隔离或恢复病毒后，方可重新投入使用。

13、禁止任何单位和个人安装黑客软件，严禁攻击内部办公网内其它计算机，严禁散布黑客软件和病毒。

数据保密及数据备份制度

1、根据数据的保密规定和用途，确定使用人员的存取权限、存取方式和审批手续。

2、禁止泄露、外借和转移专业数据信息。

3、制定业务数据的更改审批制度，未经批准不得随意更改业务数据。

4、业务数据必须定期、完整、真实、准确地备份到专业数据备份设备上并把备份文件异地存放，指定专人负责对业务数据备份情况进行日常检查，一旦发现异常应立即上报。

5、备份数据必须指定专人负责保管，任何人不得对备份数据进行更改、泄露、外借和转移。备份数据要求集中和异地保存，保存期限至少2年。

6、备份数据资料保管地点应有防火、防热、防潮、防尘、防磁、防盗设施。

图 8-1　常见的日常管理制度样例

一、硬件日常管理与维护

1. 硬件及物理环境的安全问题

(1)硬件自身故障。硬件自身故障是指对业务实施或系统运行产生影响的设备硬件故障、通讯链路中断、系统本身或软件缺陷等问题。具体有设备硬件故障、传输设备故障、存储媒体故障、系统软件故障、应用软件故障、数据库软件故障、开发环境故障等。硬件自身故障通常由故意、意外的人为行为，或非人为行为造成。

(2)外围保障设施故障。外围保障设施故障是指外围保障设施基本服务的丧失，具体有空调或供水系统故障、失去电力供应故障、电信设备故障等。其中空调或供水系统故障和电信设备故障通常由故意、意外的人为行为造成。失去电力供应故障通常由故意、意外的人为行为，或非人为行为造成。

(3)物理环境影响。物理环境影响是指对信息系统正常运行造成影响的物理环境问题和自然灾害。具体有断电、静电、灰尘、潮湿、温控不当、鼠蚁虫害、电磁干扰、洪灾、火灾、地震等。这类问题通常由故意、意外的人为行为，或非人为行为造成。如通过物理的接触造成对软件、硬件、数据的破坏、盗窃等。

2. 硬件及物理环境管理和维护策略

电子商务系统对物理的安全具有相当高的要求，具体包括安全区域设定、物理入口控制、外部和环境威胁的安全防护、安全区域工作规程、设备等方面。在设定安全区域方面，应设定物理安全边界，即定义和使用安全边界来保护包含敏感或关键信息和信息处理设施的区域。在安全边界内，具有不同安全要求的区域之间应设置额外的屏障以控制物理访问。在物理入口控制方面，应设置适当的入口控制措施，确保只有被授权的人员才能访问。在外部和环境威胁的安全防护方面，应采取物理安全措施保护办公室、房间和设施的安全。同时应防止自然灾害、恶意攻击和意外。在安全区域工作规程方面，需要覆盖安全区域工作的员工和外部用户，以及发生在安全区域内的所有活动。在交接区方面，要对访问点和未授权人员可进入的其他点进行控制。要对物资的进入、撤离进行检查(是否被篡改、存在有害物质)、登记或适当的隔离。

3. 硬件管理和维护措施

系统硬件的管理与维护是日常管理的基础，应防止人为和非人为、故意和非故意的对硬件设备的破坏和盗窃，因此机房管理人员应对会对业务实施或系统运行产生影响的设备硬件进行维护，做好系统运行外围保障设施的正常工作，确保设备硬件持续的可用性和完整性。

(1)硬件使用管理。设备、信息或软件的使用应受到控制，在授权之前不应当将其带出组织场所。对企业场所外的设备应采取安全措施。对无人值守的用户设备应进行适当保护。应对包含储存介质的设备的所有部分，如纸质、移动存储介质进行核查，以确保在处置或再利用之前，任何敏感信息和注册软件已被删除或安全地重写。对于服务器和客户机应进行检查和维护。内部通信线路应尽可能采用结构化布线，以降低网络故障率，方便故障排查。如果采用租用通信线路，应做好通信线路连通情况的记录。

（2）硬件配套软件、信息管理。应建立系统设备档案，详细记录设备的产品信息、安装信息、上网信息及内容等。网络设备应及时安装网络管理软件，以实现网络拓扑结构，网络系统节点的配置与管理，系统故障诊断，网络流量的监控与分析，网络性能的调整等方面的管理。对于无网络管理软件的设备，应通过手工操作来检查其状态，及时准确地掌握其网络运行状况。

二、软件日常管理与维护

组织应建立软件日常管理和维护制度。软件的管理和维护主要是系统软件和应用软件的日常管理和维护。系统软件包括操作系统、数据库、系统工具等。应依据最小权限原则和最大共享原则，对操作系统进行分级安全管理。对操作系统定期清理日志文件、临时文件，定期整理文件系统，检测服务器上的活动状态和用户注册数，处理运行故障等。就数据库来说，应对非网络数据库、网络数据库的核心层进行数据库加密、数据分级控制、数据库的容灾设计等。对于应用软件的管理，主要包括软件的安装、更新、卸载等。

三、入网访问控制

1. 入网访问控制策略

组织可通过建立入网访问控制策略来实现控制访问的目的，即限制对信息和信息处理设施的访问。

（1）访问控制策略范围。访问控制策略包括逻辑的和物理的策略。在制定策略时需要考虑业务应用的安全要求，信息传播和授权的需要，系统和网络的访问权与信息分级策略之间是否一致，与访问数据或服务相关的法律和合同义务，网络访问权的管理，如何控制管理访问角色、记录管理用户隐私信息，秘密信息的使用等。

（2）访问控制策略内容。在制定访问控制规则时，应基于"未经明确允许，则一律禁止"的前提，而不能在"未经明确禁止，一律允许"的弱规则的基础上建立。应设定信息处理设备和信息系统的自动启动规则。具体的访问控制规则，可通过正式的规程和已定义的责任来支持。常用的访问控制方法是基于角色的访问控制，它是一种被许多组织成功使用的来关联业务角色和访问权的方法。在网络和网络服务的访问方面，应制定一个相关的策略，仅向用户提供其已获专门授权使用的网络和网络服务。在用户访问管理方面，应通过策略确保授权用户对系统和服务的访问，并禁止未授权的访问。在用户责任方面，应制定策略让用户承担保护其鉴别信息的责任。在系统和应用访问控制方面，应制定策略防止对系统和应用的未授权访问。

2. 入网访问控制措施

组织应建立入网访问控制制度。入网访问控制的第一道防线是对网络用户的用户名和口令进行识别和验证，检查用户账号缺省限制。网络管理员应能控制和限制普通用户的账号使用，访问网络的时间、方式，应能限制用户入网的工作站的数量。

四、病毒防范制度

病毒对网络交易过程及交易数据都会产生很大威胁，电子商务参与者都应有病毒防范意识和措施。

1. 病毒防范相关法规

为了加强对计算机病毒的预防和治理，保护计算机信息系统安全，保障计算机的应用与发展，根据《中华人民共和国计算机信息系统安全保护条例》的规定，公安部于 2000 年 4 月 26 日以公安部第 51 号令发布了《计算机病毒防治管理办法》。《计算机病毒防治管理办法》对计算机病毒进行了界定，对组织的计算机病毒防治工作应当履行的职责、从事计算机病毒防治产品生产单位的要求、公安机关在计算机病毒防治工作中的相关职权等进行了明确规定，规范了计算机病毒的认定和疫情发布，并明确了计算机病毒相关违法的处罚。

2. 病毒防范制度

病毒在网络环境下具有很强的传播性，组织需要建立良好的病毒防范制度，才能最大限度减少病毒产生的危害。病毒防范需将技术措施和管理措施结合起来，才能达到防范目标。

（1）技术措施。技术措施主要使用病毒检测技术检测和查杀病毒，例如利用病毒特征码技术、实时网络流量检测、异常流量分析、蜜罐系统等。

（2）管理措施。可采取以下管理措施：

第一，建立防病毒软件和技术的安装、使用制度。组织内的计算机系统及相关设备必须有防病毒技术或软件的保护。

第二，建立病毒检测、定期清理制度。

第三，权限管理。对网络系统中敏感文件的属性、权限进行管理，如只允许终端用户具有只读权限等。

第四，提高病毒防范意识。如使用原版的网络软件；软件下载尽量从大型的专业网站下载；高度警惕网络上的免费承诺或诱人广告；不要打开陌生地址的电子邮件，谨慎对待邮件附件，使用杀毒软件仔细检测后再打开。

五、保密制度

企业应建立保密制度。网上交易涉及企业的市场、生产、财务、供应等多方面的机密，需要划分信息的安全级别，确定安全防范重点，制定相应的保密措施。

1. 信息分级

为了更好地保护信息，应对信息进行分级。信息分级的目的是确保信息依据其对组织的重要程度受到适当水平的保护。通常可将信息按照法律要求、价值、重要性及其对未授权泄露或修改的敏感性进行分级。一个四级信息保密性分级的示例方案是：泄露不造成损害；泄露造成轻微的困境或操作不便；泄露对于运行和战术目的造成重大的短期影响；泄露对长期战略目的造成了严重影响，或对组织的生存造成风险。另外，应按照组织采用的信息分级方案，制定并实现一组适当的信息标记规程，常见的标记形式有物理标签和元数据标签。还应按照组织采用的信息分级方案，制定并实现资产处理规程。即建立信息操作、处理、存储和传输的规程，并与信息分级保持一致。

信息安全级别也可分为绝密级、机密级、秘密级。绝密级的信息只限于企业高层管理人员掌握，机密级的信息只限于企业中层以上人员掌握，秘密级信息可由一般人员掌握，但必须有相应的保护程序。

2. 密码及密钥管理

（1）密码控制。在密码控制方面，应开发和实现用于保护信息的密码控制使用策略，通过适当和有效地使用密码技术来达到不同的安全目的。包括保护信息的保密性、真实性、抗抵赖性、可鉴别性。具体可通过风险评估来识别需要的保护级别，确定需要的加密算法的类型、强度和质量；对各种介质设备或通信线路传输的信息使用进行加密保护；确定密钥管理的角色和责任；考虑我国应用密码技术的规定和限制，以及加密信息跨越国界时的问题等。

（2）密钥管理。在密钥管理方面，应制定和实现贯穿其全生命周期的密钥使用、保护和生存期策略，包括密钥生成、存储、归档、恢复、分发、废止和销毁。除了安全地管理私钥外，还应考虑公钥的真实性。公钥真实性的鉴别可以由认证机构正式颁发的公钥证书来完成。需要考虑制定规程来处理对密钥访问的法律要求，例如，加密的信息可能需要以未加密的形式提供，以作为法庭证据。

3. 隐私及个人可识别信息的保护

针对隐私和个人可识别信息的保护，应制定和实现组织的数据策略，并将策略通知到涉及个人可识别信息处理的所有人员。通常，最好通过任命一个负责人来实现，如数据保护官员，该数据保护官员宜向管理人员、用户和服务提供商提供他们各自的职责以及需要遵守的特定规程的指南。处理个人可识别信息和确保了解数据保护原则的责任宜根据相关法律法规来确定。应实现适当的技术和组织措施，以保护个人可识别信息。

ISO/IEC 29100 在信息和通信技术系统内提供了个人可识别信息保护的高层框架。许多国家已经发布控制个人可识别信息(一般是指可以确定生命个体的信息)收集、处理和传输的法律。根据各国法律,这种控制可以使那些收集、处理和传播个人可识别信息的人承担责任,而且可以限制将个人可识别信息转移到其他国家。

六、跟踪和安全审计制度

1. 跟踪制度

组织应建立跟踪制度,通过网络交易系统生成的日志来记录系统运行的全过程,例如操作日期、操作方式、登录次数、运行时间、交易内容等。利用跟踪制度可以很好地实现对系统运行的监督、维护及故障排查,甚至能为案件发生后的侦破提供监督数据。

2. 安全审计制度

组织应建立安全审计制度,对来自网络内部和外部的各种事件及行为进行监控。

(1)安全审计的含义。安全审计主要是对每个用户在计算机系统或应用系统上的操作进行一个完整的记录,包括对与安全有关活动的信息进行识别、记录、存储和分析,对突发事件进行报警和响应。另外,通过对安全事件进行收集、积累以及分析,从而有选择性地对其中的对象进行审计跟踪,即事后分析及追查证据,这样,在违反安全规则的事情发生后,能有效地追查责任。有效的安全审计可以防止违规操作的无据可查,提供了抗抵赖性的服务,不仅保证了系统的安全,也为网络犯罪及其泄密行为提供了取证基础。

(2)安全审计方法。安全审计具体可采取集中式安全审计和分布式安全审计的方式。重点是审计网络安全设备、关键服务器操作系统、关键服务器的应用平台软件、关键数据库操作日志、关键应用系统、关键网络区域的客户机,以及通过堡垒机加强对人员操作的审计等。

审计层次包括主机审计和网络审计。对主机的审计就是对系统资源如系统文件、注册表等文件的操作进行事前控制和事后取证,并形成日志文件。对主机的审计应做到:采用实时审计功能对用户名、时间、事件、所做操作进行记录;对触发超出权限的操作予以邮件报警并通知管理员;保证审计记录无法被删除;定期查看和备份审计记录。对网络的审计是针对网络的信息内容和协议分析进行审计。通过设置专用的 syslog 日志服务器收集和存储网络设备日志,并对日志进行分析,形成报告。

安全审计应将技术与管理结合起来,除了借助安全审计类产品加强技术层面上的操作审计,做好风险控制、溯源之外,还需要结合管理层面对人员管理、资金管理、合同管理、文档管理等方面进行自我审查，也要组织相关人员对单位内部的安全管理标准、日常规章制度等进行定期评审。

第二节 人员管理

人员是电子商务安全的重要资源和支撑，同时人员也是电子商务安全最大的威胁。人员威胁来自组织内部人员和与组织有关的外部人员，而内部人员安全问题往往是组织风险的主要来源。内部人员的威胁不一定由在职员工产生，其实离职员工一直都是企业需要注意的群体。据调查数据显示，中国商业秘密刑事案件中有60%与人才跳槽有关。

一、人员雇佣制度

人员安全是企业安全管理的重要内容，人员的安全问题可能产生在人员雇佣前、雇佣中、雇佣终止与变更的各个环节，因此企业需制定、实施合理的安全制度来减少人员对企业安全的不利影响。

1. 雇佣(上岗)前

通过深入的个体评估，可以有效排除潜在攻击者，因此，应在员工进入企业前进行详细的个人审查。

进行审查时首先应制定规程，确定验证评审的准则和限制，例如谁有资格审查人员，以及如何、何时、为什么执行验证评审。

其次，按照相关法律法规和道德准则，对所有任用候选者的背景进行验证核查，并与业务要求、访问信息的等级和察觉的风险相适宜。审查内容包括背景审查、能力审查、信息采集。背景审查是在遵守与任用相关法律的前提下，验证申请人的身份信息、推荐材料、学历及资质证明等。能力审查是当聘用人员或晋升人员担任信息安全角色时，应确认此人是否具有相应的能力，更为重要的是其能否被信任。对于合同方人员也应履行审查程序。信息采集是根据需要收集和处理候选人信息。采集和处理候选人信息时应遵守法律相关规定，保护个人隐私。

最后，确定任用条款及条件，应在员工和合同方的合同协议中声明其对信息安全的责任。在任用之前，宜和候选人交流信息安全角色和责任相关信息，具体包括条款和条件、行为准则等。企业应确保员工和合同方同意与信息安全相关的协议内容，并确定协议内容与他们对信息系统和服务相关组织资产进行访问的类型和范围相适宜。

2. 雇佣中

在人员的雇佣中，除建立与企业相符的人员雇佣策略和规程外，需对雇佣人员进行持续的监督和管理，以减少因管理不善给企业带来的安全隐患。对管理层、一般员工及合作者，应分别确定安全策略、规程。另外，企业还需制定违规处理程序，在人员雇佣期间从品质、业务两方面对其进行考核，对违规的员工应立刻采取措施。

3. 雇佣的终止和变更

企业应制定策略来确定员工在其任用终止或变更后仍有效的信息安全责任，并传达至员工或合同方并执行。策略内容包括责任终止的传达，相关条款和条件，责任或任用的变更管理等。任用终止的处理通常由人力资源部门和管理相关规程的安全方面的监督管理员一起负责。

4. 安全教育和培训

培训教育是解决人员安全问题的重要途径。对于企业而言，应加强员工的安全意识和职业道德教育。安全教育和培训具体是指，企业所有员工和相关的合同方，宜按其工作职能，接受适当的意识教育和培训，以及学习了解企业策略及规程的定期更新的信息。

首先，应制定安全教育和培训方案。应按照组织的信息安全策略和相关规程编制安全教育和培训方案，确定方案的适用对象、内容、目标、实施方式。

其次，应确定培训对象和内容。根据企业的安全需要，应确定针对不同人员的培训内容，如一些培训内容是针对所有人员的，一些培训内容只针对管理人员，一些培训内容是针对技术、开发、安全人员的，等等。

最后，实施培训方案。培训应按照组织的安全教育和培训方案的要求执行，具体可采用课堂教学、远程学习、网络教学、自学及其他等形式进行。安全教育和培训宜定期进行。初始的教育和培训不仅适用于新员工，也适用于那些调配到信息安全要求发生变化的新岗位的员工，且宜在其开展工作前进行培训。为有效进行教育和培训，组织应制定安全培训方案。该方案宜与组织的信息安全策略和相关规程保持一致，并考虑组织要予保护的信息以及为保护这些信息已实现的控制。该方案宜考虑教育和培训的不同形式，例如讲座或自学。在培训课程结束时，可评估员工的理解情况，以测试知识传递效果。

总之，人员雇佣制度的终极目标是实现组织人员的安全管理，保证一个组织健康正常地运行。

二、人员控制和管理

1. 人员授权管理

职员的授权关系到人员的工作需求以及他们如何与计算机进行交流，授权管理不当极易引发安全问题。

(1)职员定岗。职员定岗的内容包括定义应用管理者、系统管理人员和安全人员及一般用户的工作，描述职位，确定职位的敏感性，填充职位即审查应聘者和选择人员，培训等。职员定岗是职员授权的前提，定义职位时应确定职位所需的访问类型，并对该职位的安全问题进行识别和处理。访问授权应遵循职务分离原则、最小特权原则、任期有限原则。职务分离原则是指对角色和责任进行分类，从而使单独一个人无法破坏关键过程。最小特权原则是指只赋予用户其执行工作任务所需的访问权。任期有限原则是指任何人不得长期担任与交易安全有关的职务。职位敏感性确定不当也可能引起无法接受的风险，确定职位敏感性时需要了解该职位所需的知识和访问级别。当职位敏感性被确定后，就要准备填充职位。当候选人被雇佣后，需要对员工进行培训。

（2）用户账户管理。用户账户管理的内容包括对职员账户的识别、认证、访问授权、审计，对员工调职、晋升和离职时访问权限的变更。

第一，建立职员账户。用户账户管理开始于用户主管向系统管理员申请系统账户。系统操作人员根据账户申请为其创建账户，同时设定所选择的访问授权。账户创建好后就可以把账户信息，包括识别符（如用户 ID）和认证方法（如口令或智能卡）发给职员。当员工不需要账户时，主管应通知应用管理人员和系统管理人员及时清除账户。在大型系统中通常使用非集中式的方式管理这样的用户访问过程。

第二，人员调离交接。授权状态应与职员、职位变动保持一致，当出现临时任命、职位变更、离职的情况时，需要对用户授权进行更新。例如，在其他人缺席期间经常会要求职员完成其常规工作范围外的任务，应在需要时附加访问授权，在不需要时及时清除授权。如果职员的职位在机构内需要更换，则需要清除以前职位的访问授权，赋予其新的访问授权，否则可能导致"授权蔓延"的情况，这不符合最小权限原则。

对于离职人员的用户系统访问权限的管理，主要表现为终止授权。如果终止授权发生在员工自愿调任、辞职或是退休的情况下，应按标准程序终止离职员工的授权，以确保系统账户能够被及时清除。要采取特别措施，减少终止授权发生在不情愿甚至敌对情况下的员工离职时导致的安全问题。有能力更改代码或改变系统或应用的人员会加重或复杂化安全问题，因此，应该在通知员工离职时（或之前）清除其系统访问权，或预见是不友好的离职时立即终止其系统访问权；在"公告"阶段，有必要限制人员的活动区域和功能。

第三，承包人管理。许多企业可能会使用承包人和顾问协助其进行计算机处理。承包人员的频繁转换增加了安全项目用户管理方面的难度。组织相关部门应认真履行管理职能，扮演好管理者的角色，制定有利于本单位的保密协议，防止外包商对核心数据、信息资源等私自设置处分权和利用权。要对外包商层层落实安全责任，使得外包商不敢也不能外泄内部数据和信息。应建立安全服务外包的绩效考评机制，可根据实际需求对外包商建立事故问责制和重大问题质询制，加强对服务外包商的监督和考核。

2. 安全审查

对用户的审计和管理检查通常包括：检查每个人员拥有的访问授权水平是否符合最小特权原则，所有账户是否处于活动状态，管理授权是否处于更新状态，是否完成了所需的培训。对新职员、在职人员应定期进行安全审查，特别是在其获准接触、保管机密信息前。对保卫最高保密级别场所和设施的安保人员，应进行安全审查，出入这些场所的其他员工应始终处于工作人员的监视之下。当对职员的可靠性产生怀疑，或有职员违反安全规则时，也应进行安全审查。对关键系统的应用人员可以强制放假，利用强制假期的时间发现问题，这样做也有助于避免对单个人员的过度依赖。

三、人员评估制度

组织应根据自己的战略目标、员工的文化背景建立完善的绩效评估体系。绩效评估的对象、目的和范围比较复杂，通常可以从德、能、勤、绩四个方面对人员进行评估。具体包括人员考核、薪酬管理、违规处理等。

1. 人员考核

组织应定期对从事与安全有关工作的人员进行考核，考核的内容包括人员品质、业务两方面。品质考核主要指思想政治方面的考核，包括是否遵守法律法规、执行政策、遵守纪律和规章制度、履行职业道德以及劳动服务态度等。业务及工作表现主要依据各自的职责进行考核，包括理论和操作技能等方面。

2. 薪酬管理

薪酬是组织根据员工付出劳动或创造价值的大小给予的回报，反映的是组织对员工工作业绩的评价和认可。组织在制定薪酬制度时应考虑当地劳动力市场的工资标准、有关劳动报酬方面的法律法规、文化倾向等。组织提供给员工的报酬可以包括物质和精神两方面。物质报酬通常包括基本工资、奖金、津贴等。精神报酬通常包括授予某种荣誉或者在工作权限、自由度、决策参与等方面的提升。

3. 违规处理

组织应制定违规处理程序，对安全违规的员工采取处理措施。对被怀疑的安全违规员工，应确保给予正确和公平的对待。对已确认的安全违规员工，在处理时应考虑业务、法律等多方面因素，例如违规的性质、严重性及对于业务的影响等因素。违规处理过程也可对员工形成一种威慑，防止他们违反组织的安全策略和规程。对于故意的违规，需要立刻采取相应的措施。

第三节　备份与恢复制度

电子商务对电子商务系统的连续性、可用性要求很高，以计算机网络系统为基础的电子商务系统在运行过程中会积累大量数据，这些数据日益成为企业的重要资产。一旦遭遇安全事件，如来自组织内部和外部的破坏或不可抗的灾害等，对业务系统及数据将造成巨大损失。数据备份与恢复是实现电子商务领域数据安全的有效方式，是完整的电子商务系统必不可少的组成部分。组织应建立备份与恢复制度，以保证业务系统的高可用性。图 8-2 为典型的局域网备份恢复系统结构图。

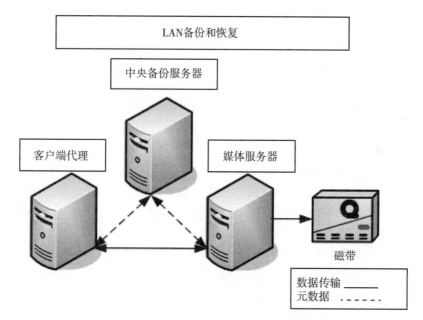

图 8-2　典型的局域网备份恢复系统结构图

一、系统备份

1. 系统备份策略

应按照既定的备份策略，对信息、软件和系统镜像进行备份，并定期测试。企业应提供足够的备份设备，以确保所有必要的信息和软件能在灾难或介质故障后恢复。操作规程宜监视备份的执行情况，解决执行备份计划过程中出现的故障，以确保备份策略实施的完整性。应定期测试单个系统和服务的备份安排，以确保其满足业务连续性计划的要求。对于关键系统和服务，备份安排应包括在发生灾难时恢复完整系统必需的所有系统信息、应用和数据等。主机应支持实时备份。

2. 数据备份

数据备份就是采用某种技术手段保存数据源的副本，能在数据源遭到破坏时使用保存的数据副本进行恢复。企业应建立数据备份与恢复制度。应定期对数据进行备份，数据备份可利用多种存储介质。

数据备份系统由备份源、备份目标、备份通路、备份引擎、备份策略等组成。其中，备份源通常指运行系统中的重要数据。备份目标通常是一个存储设备，在这个设备上存储备份源的副本。备份目标的容量、可靠性和吞吐率需满足系统的规模、重要程度和性能。备份目标可以和备份源在同一计算机中，也可以分属于同一地理位置甚至不同地理位置的不同设备中。备份通路是将备份源数据复制到备份目标的数据通路，如总线、网络等。备份引擎是备份系统的执行单元。备份策略是备份引擎运行依据的规则，目前采用的备份策略主要有完全备份、增量备份、差分备份。完全备份是无论备份源有无更改，都完整地复制到备份目标中。增量备份和差分备份都是备份前先检测当前备份源与前一次备份的数据的差异，备份时只备份变化的数据，不同的是增量备份依据的是前一次备份的数据，差分备份依据的是前一次完全备份的数据。

3. 网络备份

网络备份技术根据数据备份实现的方式，可分为单机备份和网络备份。

（1）单机备份。单机备份是一种传统数据备份的解决方案，指备份源和备份部署在同一台主机上，备份引擎将备份源复制到本机其他磁盘等存储介质上，或者复制到与备份源同一磁盘上的其他分区或目录中。单机备份的数据流动完全限定在单机范围内，不影响任何其他服务器及公用网络。但是单机备份具有一定的局限性，因为单机备份数据全部存储在本机中，如果本机硬件遭受破坏，如磁盘失效、主机被盗等，备份的数据则会同时被破坏。

（2）网络备份。网络备份是针对整个网络系统的解决方案。网络备份不仅要备份系统中的数据，也要备份网络中的应用程序、数据库系统、用户设置、系统参数等。

网络备份的工作原理是在网络上选择一台服务器作为整个网络的备份服务器，在服务器上安装网络数据存储管理服务器软件，并且连接大容量的存储设备。选择网络中需要进行数据备份的服务器作为客户端，在服务器上安装备份客户端软件，通过网络将数据集中备份到存储设备上。

网络备份实际上不仅是网络上各台计算机的文件备份，还包括了整个网络系统的一套备份体系。具体包括文件备份和恢复、数据库备份和恢复、系统灾难恢复、备份任务管理、集中式管理等。网络备份系统的主要功能组件通常由以下几个部分组成：

第一，备份客户端。备份客户端指所有需要进行数据备份的计算机，不仅包括应用程序、数据库和文件服务器，还包括一个能从在线系统存储介质上读取数据源并将其传送到备份服务器的软件。图 8-3 为 Win10 的备份与恢复设置界面。

第二，备份服务器。备份服务器负责将备份数据复制到备份介质上，同时将历

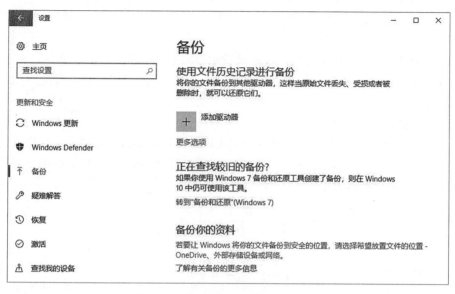

图 8-3　Win10 的备份与恢复设置界面

史备份信息保存在自己的存储介质上的计算机系统。在大型网络系统中，备份服务器根据功能分为主备份服务器和介质服务器。主备份服务器负责安排管理备份和恢复工作，同时还要维护备份记录；介质服务器执行主备份服务器发出的指令，将数据复制到备份介质上。

第三，备份存储单元。备份存储单元是用于存储备份数据的介质，由介质服务器控制及管理。备份存储单元通常是磁盘、磁带或光盘等。

网络备份应在网络配置发生改变时立即备份到专用备份服务器，每周定期备份网络设备的操作系统及配置等。

二、数据恢复

数据恢复是数据备份的逆过程，可以在故障或灾害发生时将数据尽可能地还原到备份时的状态。数据恢复包括硬件系统恢复、备份软件恢复、操作系统恢复、应用软件恢复和数据库恢复等。

1. 数据恢复的流程

数据恢复采用的技术取决于数据备份时采用的技术，数据恢复的流程受备份内容的影响而各不相同，但一般来说包括以下五个步骤：

第一步是数据系统硬件恢复，就是恢复系统的网络结构，构造与原系统一致的硬件配置。

第二步是备份系统恢复，就是重新安装备份服务器和恢复备份软件日志。

第三步是主机操作系统恢复，借助恢复盘启动临时系统，从而恢复所有备份数据。

第四步是应用软件/文件恢复，恢复指定时间的应用软件到指定位置。

第五步是数据库恢复，根据系统重构时间，按照备份策略，恢复相应时间的数据和日志。

2. 数据恢复计划

在实施数据恢复之前，应对数据恢复工作进行合理的规划，以保证数据恢复顺畅完成。具体包括估计可容忍的故障恢复时间和实际数据恢复需要的时间，安排专门的恢复人员，准备备份系统结构图等相关资料。

第四节 应急反应机制

应急反应机制是组织应对突发事件，使突发事件给组织带来的影响和损失降到最小的机制。应急组织和应急计划或应急预案是应急反应机制的基础，也是电子商务安全管理制度的基本内容。顺丰公布电商高峰应急预案、率先起跑备战"双11"、泰国普吉岛游船倾覆、途牛启动重大突发事件应急预案等案例，说明了企业良好的应急反应机制的重要性。

一、应急响应概述

1. 应急响应的概念

应急响应是指一个组织为应对各种突发事件进行的响应、处理、恢复、跟踪的方法和过程，是组织应对突发事件采取的措施和行动。电子商务运行中的突发事件是导致参与交易活动的系统不能正常运行的事件。引起事件发生的原因是多方面的，如人为因素、技术因素和管理因素等，当然有一些是由不可抗力引发的，如洪水、地震等自然灾害。

2. 应急响应相关概念

与应急响应关系密切的概念是应急响应计划，它们的关系就好比"作战行动"和"作战计划"，应急响应计划是应急响应的基础和依据。另外，应急响应和风险评估是一个有机整体，应急响应能力是风险评估内容的一部分。任何防护都应该以预防为主，防患于未然。

二、应急响应组织

1. 应急响应组织概述

(1)国际信息安全应急响应组织。

美国等发达国家除拥有高级别的应急管理机构，统一组织协调应急管理工作外，还建立了50多个应急管理组织协同工作。国际信息安全应急响应组织有：美国计算机紧急事件响应小组协调中心（CERT/CC）、事件响应与安全组织论坛、亚太地区计算机应急响应组织、欧洲计算机网络研究教育协会等。

（2）我国信息安全应急响应组织。

我国信息安全应急响应组织有：国家计算机网络应急技术处理协调中心（CNCERT/CC）、中国教育和科研计算机网络紧急响应组织、国家计算机病毒应急处理中心、国家计算机网络入侵防范中心、国家863计划反计算机入侵和防病毒研究中心等。

2. 我国应急组织体系

目前我国的应急组织体系由国家网络与信息安全协调小组办公室领导，下设三个层次，具体包括国家政府层次、国家非政府层次、地方非政府层次等。

国家政府层次以工信部互联网应急处理协调办公室为中心，向下领导国家非政府层次的工作，横向与我国其他部委之间进行协调联系，同时负责与国外同层次的政府部门（如APEC经济体）之间进行交流和联系。

国家计算机网络应急技术处理协调中心（简称“国家互联网应急中心”，英文简称CNCERT或CNCERT/CC），成立于2001年8月，为非政府非营利性质的网络安全技术中心，是中国计算机网络应急处理体系中的牵头单位。作为国家级应急中心，CNCERT的主要职责是：按照“积极预防、及时发现、快速响应、力保恢复”的方针，开展互联网网络安全事件的预防、发现、预警和协调处置等工作，维护公共互联网安全，保障关键信息基础设施的安全运行。

国家非政府层次以CNCERT为中心，向上接受工信部的领导，向下领导国家计算机网络应急技术处理协调中心各省分中心，指导、协调骨干互联网运营商总部应急小组、中国互联网信息中心（CNNIC）应急小组、国家级互联网应急支撑单位、国家计算机网络入侵防范中心。CNCERT同时负责与国际民间CERT组织之间的交流和联系，负责利用自身的网络安全监测平台对全国互联网的安全状况进行实时监测。

地方非政府层次主要以CNCERT各省分中心为中心，协调当地的IDC应急组织，指导公共互联网应急处理服务省级试点单位开展面向地方的应急处理工作。

整个体系由国家网络与信息安全协调小组、工信部、CNCERT及其各省分中心构成核心框架，协调和指导各互联网单位应急组织、专业应急组织、安全服务试点单位和地方IDC应急组织共同开展工作，各自明确职责和工作流程，形成了一个有机的整体。

三、应急响应计划

1. 应急响应计划的含义

应急响应计划也可称为事故响应计划，是组织为了应对突发/重大信息安全事件而编制的，对包括信息系统运行在内的业务运行进行维持或恢复的策略和规程。

2. 应急响应计划的编制

应急响应计划的制定是一个周而复始、持续改进的过程，这个过程包括准备、编制和实践三个关键环节。应急响应计划的准备是指应急响应需求分析和应急响应策略确定。需求分析和策略确定是建立在风险评估的基础上，并且紧紧围绕着组织的业务战略来展开的。应急响应计划的编制是在明确了应急响应的需求和策略的基础上，将其细化成应急响应的各项措施，并形成响应计划文档。应急响应计划的实践是指应急响应的参与人员按照计划进行培训、演练(实战)和更新。

四、灾难恢复与业务连续性管理

1. 灾难恢复计划

这里的灾难(disaster)，是指由于人为或自然的原因，造成信息系统出现严重故障或瘫痪，使信息系统支持的业务功能停顿或服务水平不可接受而达到特定的时间的突发性事件，通常导致信息系统需要切换到灾难备份中心(也称备用站点，可提供灾难备份系统、备用基础设施、专业技术支持及运行维护、生活设施等)运行。

典型的灾难事件包括：自然灾害，如火灾、水灾、地震、闪电、塌方或泥石流、龙卷风或风暴、飓风或台风、海啸等；技术风险和提供给业务运营的服务的中断，如设备故障，重要的系统软件、应用软件或数据受损，计算机病毒危害，通信网络中断和电力故障等；人为灾难，包括网络恐怖主义或黑客的攻击、战争、一些人为的破坏行为，如操作员操作错误，植入有害代码，机密文件、敏感数据、系统被盗，系统受到人为的物理破坏等。

(1)灾难恢复计划的概念。

灾难恢复计划是为了减少灾难带来的损失，保证信息系统所支持的关键业务功能在灾难发生后能及时恢复和继续运作所做的事前计划和安排。其中关键业务功能是指如果中断一定时间，将显著影响组织运作的服务或职能。灾难恢复计划如图8-4所示。

(2)灾难恢复计划的制定。

企业根据自己的规模和实力，可以通过三种方式完成灾难恢复计划的制定、落实和管理，即：由企业独立完成；聘请具有相应资质的外部专家指导完成；委托具有相应资质的外部机构完成。灾难恢复计划的内容可包括：

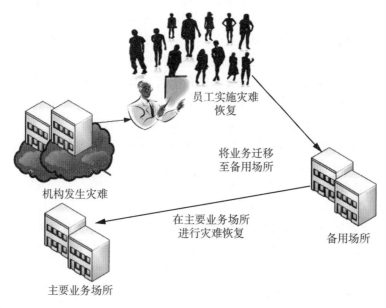

图 8-4 灾难恢复计划

第一，目标和范围。定义灾难恢复计划中的相关术语和方法论，并说明灾难恢复的目标，如恢复时间目标（RTO）和恢复点目标（RPO）。说明计划的作用范围，要解决哪些问题，不解决哪些问题。

第二，组织和职责。描述灾难恢复组织的组成、各个岗位的职责和人员名单。灾难恢复组织应包括应急响应组、灾难恢复组等。

第三，联络与通信。列出灾难恢复相关人员和组织的联络表，包含灾难恢复团队、运营商、厂商、主管部门、媒体、员工家属等。联络方式包括固定电话、移动电话、对讲机、电子邮件和住址等。

（3）灾难恢复的基本流程。

首先是突发事件响应流程。第一，事件通告。任何人员在发现信息系统相关突发事件发生或即将发生时，应按预定的流程报告相关人员，并由相关人员进行初步判断、通知和处置。第二，人员疏散。提供指定的集合地点和替代的集合地点，还包括通知人员撤离的办法、撤离的组织和步骤等。第三，损害评估。在突发事件发生后，应由应急响应组的损害评估人员，确定事态的严重程度。由灾难恢复责任人召集相应的专业人员对突发事件进行慎重评估，确认突发事件对信息系统造成的影响程度，确定下一步将要采取的行动。一旦系统的影响被确定，应将最新信息按照预定的通告流程通知给相应的团队。第四，灾难宣告。应预先制定灾难恢复计划启动的条件。当损害评估的结果达到一项或多项启动条件时，组织将正式发出灾难宣告，宣布启动灾难恢复预案，并根据宣告流程通知各有关部门。

其次是恢复及重续运行流程。第一，恢复。按照业务影响分析中确定的优先顺序，在灾难备份中心恢复支持关键业务功能的数据、数据处理系统和网络系统。描述时间、地点、人员、设备和每一步的详细操作步骤，同时还包括特定情况发生时各团队之间进行协调的指令，以及异常处理流程。第二，重续运行。灾难备份中心的系统应替代主系统，支持关键业务功能的提供。这一阶段包含主系统运行管理所涉及的主要工作，即重续运行的所有操作流程和规章制度。

最后是灾后重建和回退。最后阶段是主中心的重建工作，中止灾难备份系统的运行，回退到组织的主系统。

(4)灾难恢复计划的实践与管理。

具体包括：

第一，灾难恢复计划的教育、培训和演练。为了使相关人员了解信息系统灾难恢复的目标和流程，熟悉灾难恢复的操作规程，组织应定期开展灾难恢复预案的教育、培训和演练。

第二，灾难恢复计划的管理。经过审核和批准的灾难恢复计划，应由专人负责；具有多份拷贝在不同的地点保存；分发给参与灾难恢复工作的所有人员；在每次修订后所有拷贝统一更新，并保留一套，以备查阅；旧版本应按有关规定销毁。为了保证灾难恢复计划的有效性，业务流程的变化、信息系统的变更、人员的变更都应在灾难恢复计划中及时反映。计划在测试、演练和灾难发生后实际执行时，其过程均应有详细的记录，并应对测试、演练和执行的效果进行评估，根据评估结果对计划进行相应的修订。灾难恢复计划应定期评审和修订，至少每年一次。

2. 业务连续性管理

(1)业务连续性管理的概念。

业务连续性管理(Business Continuity Management，BCM)是组织面临灾难时为保护组织利益、声誉、品牌和价值创造而提供的，提高组织反应和恢复能力的整个管理过程，包括业务连续性计划的培训、演练、检查及对组织业务的恢复和连续性管理。业务连续性管理具体包括危机管理、应急管理和业务连续性计划三个部分。危机管理是指关联组织的危机管理、危机通信及危机公关。应急管理是指突发事件(包括事故和灾难)应急响应处置。业务连续性计划包括风险分析、业务影响分析、恢复策略或方案、重建及回退计划等。

(2)业务连续性计划。

业务连续性计划是业务连续性管理的重要组成部分。业务连续性计划(Business Continuity Planning，BCP)是灾难事件的预防和反应机制，是一系列事先制定的策略和规划，确保组织在面临突发的灾难事件时，关键业务功能持续运作、有效发挥作用，以保证业务的正常和连续。业务连续性计划与灾难恢复计划联系紧密，因此大多数机构同时准备了这两者，并且可能会把它们结合为一个计划。

（3）业务连续性计划的关键组成部分。

业务连续性计划的关键部分是风险分析、业务影响分析（BIA）、恢复策略或方案。其中，风险分析就是确定风险的类型、程度、发生的可能性等。风险分析最终要形成一份详细的陈述报告，报告中描述风险及风险发生的可能性，同时说明需要采取的保障业务连续性和缓和风险的措施，以及分析因为克服风险带来的收益。这份报告还应该描述清楚任何现有的前提或者限制因素。业务影响分析实质上就是对关键性的企业功能，以及当这些功能失去作用时可能造成的损失和影响的分析，为下一阶段制定业务连续性策略提供依据。恢复策略或方案包括预防策略、响应策略、业务连续性策略、业务恢复、复原。在风险分析和业务影响分析阶段之后，企业的关键业务、基础业务、必要业务、有利业务已比较清晰，业务恢复的目标就可以用恢复时间目标（RTO）、恢复点目标（RPO）、实施 BCP 的成本等进行量化。

（4）业务连续性计划（BCP）的制定流程。

业务连续性计划的制定实施一般共有七个阶段，分别为：项目初始化、风险分析、业务影响分析、业务连续性策略及其实施、BCP 开发、培训计划、测试及维护。

第一，项目初始化。首先，计划必须获得管理层的支持与投入。为了确保该程序能够成功，高级管理层必须参与其中。BCP 计划必须成为公司的战略性业务计划之一。同时，公司必须设定合理预算，并为 BCP 提供独立的预算。其次，建立团队。建立一个单独的 BCP 计划团队，包括财务部、审计部、信息技术部、人事部、行政部等。当灾难开始时，这些部门在继续承担其责任的同时，也必须实施重大的机构转变以援助受影响的区域。法律部、公关部与投资部在事件发生后需要向公众及股东通告公司的运作状况。

第二，风险分析及业务影响分析。第一，业务影响分析的目的是回答以下问题：保护何种资产？（资产识别与评估）资产的威胁与脆弱点是什么？（威胁和脆弱点评估）有没有控制措施？控制措施能否预防或减少潜在的威胁？（评估控制）投入的金额/劳力是多少？（决定）投入资金的效率如何？（通信和监控）第二，当进行业务影响分析时，应考虑金额、客户、法律、内部依赖关系的影响。业务影响分析，应该评估业务允许中断的时间长短，组织能提供多长时间的信息，当信息重新可用时，允许损失的信息是多少。这些可以通过恢复时间目标和恢复点目标来决定。第三，决定 BCP 需求的一个重要因素是"灾难实际发生的可能性"。此因素由威胁的级别和组织具有的薄弱点范围决定，威胁的程度取决于下列因素：恶意性的破坏，如轰炸、纵火、工业间谍等；意外事故，涉及组织的办公场所、环境、内部系统和处理程序的质量。

第三，业务连续性策略及其实施。首先，业务连续性策略。业务影响分析为制定业务连续性策略提供了必要的信息，根据提供的信息，可以确定多种满足组织业务持续管理的方案。必须为各种业务持续方案进行成本、效益及风险分析，包括：满足业务持续目标的能力；影响的可能性；安装设备的成本；维护、测试及调用设备的成本；中断对于技术、组织、文化和管理的干扰及未采取持续管理的潜在影响。另外，应该仔细考虑采取业务持续方案化解了具体风险的同时，是否会增加其他风险。其次，业务持续性策略实施。应设立组织及准备实施计划书；实施备份安排；实施降低风险的措施。

第四，BCP 开发。开发业务连续性计划之前，应确定灾难发生的情况下要执行的行动。相关人员需要熟悉每天的操作任务，这意味着需要熟悉每一个业务处理过程的基本文档。在开发业务连续性计划之前，须考虑下列因素：变更控制流程；最终用户的标准操作流程；操作人员的具体需求和特殊外围设备需求；数据流图表及问题管理程序；重要记录；磁带备份/记录管理日常安排；异地存储。开发业务连续性计划时，需考虑在计划执行的各阶段中为每个恢复小组分派任务，包括：评估与声明；通告；应急响应；过渡期处理；抢救；重新安置及启动；重新正常运作。

第五，培训计划。一些员工需要特殊的培训，包括：有紧急情况时可应用替代的技术流程；当自动操作系统正在恢复时可按人工操作流程继续工作，等等。

第六，测试及维护。制定好的 BCP 需要进行适当的测试才能投入使用。这一过程必须经常周期性地进行。省略了这一过程就意味着 BCP 只能等灾难实际发生之后进行实地测试，这样做的风险太大，恐怕任何一家企业都不敢做这种尝试。

一个 BCP 必须周期性地加以检查和维护。有新的系统、新的业务流程或者新的商业行动计划加入企业的生产系统或者信息系统，引起企业整体系统发生变化时，就更应该强制启动这种检查程序。除此之外，像联系人名单更改这样微小的变动，都可能触发 BCP 计划的更新。每一次启动这种检查程序时，最好是与对 BCP 的改进相互结合。每一次对 BCP 计划所作的改动，都应该及时通知所有的 BCP 团队，并具体落实到每一次的培训和测试过程中。人员会通过培训和测试程序受到影响，设备会通过维护程序受到影响。只有当这些资源始终处于良好状态，才能在危机发生时成为可靠和可依赖的资源。公司没有业务持续性计划，就像是不设防，很难阻止不可预测的破坏会造成的各种损失。所以公司必须认真地对待业务连续性计划。

本 章 小 结

电子商务安全管理制度是实现电子商务安全管理的基本保证。日常管理制度与组织的活动和业务密切相关，硬件维护不当，相关操作不符合规程，保密制度不完善，跟踪和安全审计缺失等，都将导致安全事件的发生。人员是组织风险的重要因素，内部人员的控制、管理、评价、培训是保证内部人员安全的主要方面，同时要防范离职人员对组织造成危害。可用性是电子商务安全需求要素之一，要求电子商务系统具有很高的连续性、可用性，而备份与恢复制度是实现这一安全目标的重要手段。自然灾害、人为破坏持续威胁着电子商务的安全，建立应急反应机制是组织应对不确定损害的必要手段，是提高组织对意外事件的反应、处理能力，减少影响和损失的重要保证。

课后习题

1. 你认为电子商务安全管理制度应包括哪些内容？
2. 结合案例谈谈安全意识及安全文化在企业安全管理中的作用。
3. 简述企业在病毒防范方面应采取哪些措施。
4. 简述我国个人隐私信息保护的现状及存在的问题。
5. 简述电子商务企业应如何保证业务的连续性。

案例分析

离职员工成为企业泄密的高发人群

很多企业都经历过离职人员泄露企业机密的事件，给企业造成严重损失，如下面的几个案例。

1. 海尔前高管跳槽窃取商业秘密 获刑三年

2015年1月，针对4名海尔前员工的商业窃密案，青岛法院进行了一案二审公开宣判。2010年5月间，海尔前职工齐某某违反与公司的保密协议，通过邮件形式，向同行业某公司非法透露海尔洗衣机重要生产数据，并在当年7月辞去海尔职务到该公司就职。而后通过邮件，又从张某某、王某、张某三人处获取海尔洗衣机生产和采购环节重要商业数据。经评估，齐某某、张某某给海尔集团分别造成直接经济损失372.44万元和2579.81万元。

2. 原中兴员工与合作方"私通"盗取商业机密 企业损失百万

2015年4月消息，秦某原系大型国企中兴公司的技术员工，负责主流产品IPTV游戏业务开发，跳槽后与企业合作方田某开设新企业。为加快自己公司IPTV游戏平台研发速度，秦某违反与中兴公司签订的保密协议，将中兴公司IPTV游戏平台相关保密文档和程序发送给田某，田某又转发给技术人员于某等人。而后三人公司的IPTV游戏平台上线，共造成中兴公司损失人民币161.6万元。

3. 离职员工靠机密图纸组建同类企业牟利 300 万元

2015 年 4 月消息，南京某知名品牌压缩机生产公司发生机密图纸窃密事件。因觊觎单位巨大的市场利润，原公司销售职员陈某辞职后擅自组建同类企业，并伙同保管公司机密图纸的同事李某窃取公司机密图纸。趁公司进行 2005 版、2011 版 CAXA 图纸加密系统更换交替之际，李某将所有型号压缩机的图纸拷贝至其私人电脑，或将图纸打印出来，并通过 QQ 传输、U 盘传递、临摹画图等方式，将公司的压缩机的全部图纸交给陈某。陈某通过生产与原公司同类型品牌的压缩机，非法牟利近 300 万元。

4. 阿里员工泄露内网

2016 年 9 月 14 日晚，阿里巴巴员工利用内网"秒杀"月饼，5 名员工有炫技嫌疑并使用工具作弊，触及了诚信红线。阿里巴巴针对此次参与的 5 名员工作出全部劝退的决定。参与决定的包括阿里巴巴董事局主席马云、CEO 张勇等多位核心管理层人员。

5. 华为员工泄密 6 人被抓

2017 年 1 月 18 日上午，华为内部发布公告通报前消费者终端业务 6 名员工一个月前进入看守所，昨日(1 月 17 日)被正式批捕。华为一位内部人士向记者透露，该 6 名员工已经从 2015 年开始陆续从华为离职，其中有硬件架构工程师等设计岗位员工，离职后拿着华为终端的知识产权结果赚钱。

(来源：佰佰安全网 https://www.bbaqw.com/pd/18.htm)

讨论：

1. 分析离职人员泄露企业机密的原因。
2. 企业可以采取哪些措施防范离职人员泄密？
3. 结合案例说明应如何完善人员的雇佣制度。
4. 此类泄密事件发生后，企业应采取哪些应对措施？

第九章　电子商务法律法规

【本章主要内容】

电子商务法律法规概述

电子商务网络安全法律法规

电子商务信息安全法律法规

电子商务交易安全法律法规

电子商务中的知识产权保护

【本章学习方略】

本章重点内容

(1)电子签名法

(2)电子支付法律规范

(3)电子商务法

(4)著作权保护与专利权保护

本章难点内容

(1)电子商务经营者的一般法律义务

(2)电子商务平台经营者的一般法律义务

(3)软件著作权保护与软件专利权保护的区别

　　电子商务在全世界范围内促进贸易便利化、推动各国就业与经济增长、提升资源配置水平与效率、带动传统产业转型升级的同时，也带来了商务规则和贸易方式的改变。电子商务特有的交易模式、交易手段和交易环境，对传统法律法规产生了冲击与挑战。电子商务交易过程涉及诸多环节、诸多主体、诸多方面，任何一个环节出现问题，都可能引发纠纷，这就需要相关法律法规来进行规范和约束。

　　本章首先介绍了电子商务法的概念、特征及其分类，然后从电子商务安全的角度，分别介绍了电子商务网络安全法律法规、电子商务信息安全法律法规以及电子商务交易安全法律法规，最后对电子商务知识产权保护中的著作权保护、域名保护以及专利权保护问题进行了探讨。

第一节　电子商务法律法规概述

一、电子商务法的概念

电子商务法是调整平等主体之间通过电子行为设立、变更和消灭财产关系和人身关系的法律规范的总称；是调整政府、企业和个人以数据电文为交易手段，通过信息网络所产生的，因交易形式所引起的各种商事交易关系，以及与这种商事交易关系密切相关的社会关系、政府管理关系的法律规范的总称。

电子商务法是一个新兴的综合法律领域，从定义可以看出，其调整对象主要包括两个方面：一方面，是调整以数据电文为交易手段而形成的各种商事交易关系，解决的问题主要集中在计算机网络通信与信息传输、电子合同的签订与执行、电子签名、电子支付等方面，如电子签名的效力、电子合同的效力；另一方面，调整的是由这种商事交易关系所引起的社会关系、政府管理关系，如知识产权保护、个人隐私权保护等问题。

在理解电子商务法的概念时，需要注意两点：一是电子商务与传统商务的主要区别在于，它是以数据电文方式进行的商事活动。联合国国际贸易法委员会在《电子商务示范法》中对数据电文的定义为："数据电文，是指以电子手段、光学手段或类似手段生成、发收或存储的信息，这些手段包括但不限于电子数据交换、电子邮件、电报、电传或传真。"当以数据电文为交易手段，即为无纸化交易时，一般应由电子商务法来调整。二是电子商务虽然采用了数据电文这种新的交易手段，但它本质上还是一种商事行为，应当遵循传统商法的一般规则，所以电子商务法并不是试图涉及所有的商业领域，重新建立一套新的商业运作规则，而是将重点放在探讨因交易手段和交易方式的改变而产生的特殊商事法律行为，这就界定了电子商务法的管辖范围，即电子商务法主要规范商业行为在互联网环境下的特殊问题。

图 9-1 所示为中国电子商务法律网(www.chinaeclaw.com)主页，提供了较丰富的电子商务法律法规信息资源。

二、电子商务法的特征

1. 技术性

网络信息技术是电子商务活动产生的基础，因此技术性是电子商务法的首要特征。传统民商法因不具备技术性特点，不能解决电子商务活动中的数字签名、身份认证、数据传输加密等问题，而催生出了电子商务法。电子商务法在传统法律法规的基础上，结合现代信息技术，对电子商务运作中的相关技术问题进行了界定与规范，使电子商务活动步入规范化、法制化轨道。电子商务中的不少法律规范都是直

图 9-1 中国电子商务法律网

接或间接地由技术规范演变而来的。比如一些国家将运用公共场所公开密钥体系生成的数字签名规定为安全的电子签名，这样就将有关公开密钥的技术规范转化成了法律要求，对当事人之间的交易形式和权利义务的行使，都有极其重要的影响。另外，关于网络协议的技术标准，当事人若不遵守，就不可能在开放环境下进行电子商务交易。

2. 安全性

电子商务的所有活动都需要安全体系的有力支持。电子商务的安全体系既包括严密的技术措施、精心规划的管理体系，还包括完善的法律体系，因此安全性是电子商务法的重要特征。电子商务法通过对电子商务安全性问题进行规范与管制，有效地预防和打击了各种计算机犯罪，保障了电子商务网络安全、电子交易数据传输安全、电子商务支付安全，使电子商务乃至整个计算机信息系统安全运行。

3. 开放性

电子商务法是关于以数据电文进行意思表示的法律制度，而数据电文在形式上是多样化的，并且还在不断发展之中，因此必须以开放的态度对待任何技术手段与信息媒介，设立开放型的规范，让所有有利于电子商务发展的设想和技巧都能容纳进来。目前，国际组织及各国在电子商务立法中，大量使用开放型条款和功能等同性条款，其目的就是为了开拓社会各方面的资源，以促进科学技术及其社会应用的广泛发展。它具体表现在电子商务法的基本定义的开放、基本制度的开放以及电子商务法律结构的开放等方面。

4. 国际性

在电子商务活动中，交易主体面对全球市场环境，需要有高度一体化的商业规则。互联网技术标准的全球性，也对电子商务法律法规的全球化和国际化提出了要求。各国单独制定的国内电子商务法规通常难以适用于跨越国界的电子商务交易，因此先通过国际组织制定国际性法规进而推广到世界各国，就成为电子商务常用的立法途径。如1996年6月，联合国国际贸易法委员会制定的《电子商务示范法》就成为各国制定国内电子商务法规的指导依据。国际性电子商务法规对各国的电子商务立法起到了引导、示范和协调的作用，同时也推动了资源在全球范围内的有效配置。

5. 复合性

电子商务法的复合性主要体现在电子商务交易关系的复合性，而电子商务交易关系的复合性来源于其技术手段的复杂性和多样性，它通常表现为当事人必须在第三方的协助下才能完成交易活动。比如在电子合同订立中，需要有网络服务商提供接入服务，需要有第三方认证机构提供数字证书等；在电子支付中，需要有银行提供网络化服务，这就使得每一笔电子商务交易的进行都必须以多重法律关系的存在为前提。

三、电子商务法的分类

1. 调整交易形式与调整交易内容的电子商务法律规范

按照数据电文在商务活动中所起的作用，电子商务可分为交易形式上的电子商务与交易内容上的电子商务。前者是指以电子邮件、网页信息等方式替代传统的书面形式来表达交易条款或条件以达成交易的情况，数据电文在其中仅充当交易当事人意思表达的形式，如电子订单。后者则是指以数据电文方式履行交易内容，实现交易人的权利，即全部或部分地在线完成交易的情况，如通过网络银行划账支付货款、在线下载软件或数据、网上信息咨询等。

与上述电子商务类型相对应，电子商务法可以分为调整交易形式的电子商务法律规范和调整交易内容的电子商务法律规范两大类。前者主要是对电子信息、电子签名、电子认证等方面进行规范和调整，如联合国国际贸易法委员会制定的《电子商务示范法》、1998年6月29日新加坡国会通过的《电子交易法》、我国2005年4月1日开始实施的《中华人民共和国电子签名法》等，学术上又称之为狭义的电子商务法。而后者主要包括电子支付制度、电子信息交易制度和有关物流服务的制度等，如联合国国际贸易法委会制定的《电子资金传输示范法》、美国制定的《统一计算机信息交易法》、中国人民银行 2005 年 10 月 26 日公布的《电子支付指引》等。随着电子商务应用领域的不断扩大，调整交易内容的电子商务规范将会大量出现。

2. 电子商务网络安全、信息安全与电子交易安全的法律规范

按照电子商务系统技术架构及功能组成，电子商务安全可以分为网络安全、信息传输安全与交易安全，与此相关的法律规范则可以分为电子商务网络安全规范、电子商务信息安全规范和电子商务交易安全规范。

网络安全是互联网环境下的电子商务主体进行业务活动的基本保障，《中华人民共和国网络安全法》(2016 年版)中对网络安全的定义为：通过采取必要措施，防范对网络的攻击、侵入、干扰、破坏和非法使用以及意外事故，使网络处于稳定可靠运行的状态，以及保障网络数据的完整性、保密性、可用性的能力。与此相关的网络安全规范主要包括 1994 年颁布的《中华人民共和国计算机信息系统安全保护条例》、1997 年出台的《计算机信息网络国际互联网安全保护管理办法》、2000 年出台的《计算机信息系统国际联网保密管理规定》、2016 年 11 月 7 日颁布的《中华人民共和国网络安全法》等(图 9-2 为部分条例示例)。

图 9-2 《中华人民共和国网络安全法》条例示例

电子商务中大量的交易数据需要在互联网上传输，因此保障数据安全并防止数据被他人破坏和篡改就显得非常重要。人们采用数据加密技术来保证电子商务交易数据传输的保密性，采用数字签名和数字摘要技术来保证电子商务交易数据传输的完整性。与此相关的信息安全法律规范主要有：1993 年 10 月联合国国际贸易法委员会电子交换工作组审议通过的《电子数据交换及贸易数据通信有关手段法律方面的统一规则草案》，1999 年 12 月欧洲议会通过的《电子签名指令》，2000 年 5 月日本法务省制定的《电子签名法》，2000 年 6 月美国颁布的《全球及全国商务电子签名法案》，2000 年 9 月联合国国际贸易法委员会电子商务工作组制定通过的《电子签名统一规则》，2004 年 8 月 28 日中华人民共和国全国人大常委会审议通过并在 2015 年、2019 年两次修订的《中华人民共和国电子签名法》等。

电子商务实施过程中，交易双方如何确认对方身份，电子合同如何洽谈、签订与实施，电子支付如何实现等，都关系到电子交易能否成功实现。为了保证电子商务交易安全及参与交易各方的利益，促进电子商务交易安全的综合性与专项性规范应运而生。综合性规范主要包括：1996 年 6 月联合国国际贸易法委员会制定的《电子商务示范法》，1998 年 6 月 29 日新加坡国会通过的《电子交易法》以及 1999 年制定的《新加坡电子交易规则》，1999 年初澳大利亚政府颁布的《电子交易法》，2018 年 8 月 31 日我国颁布的《中华人民共和国电子商务法》等。专项性规范主要包括：1999 年新加坡政府制定的《新加坡认证机构安全方针》，2005 年 11 月联合国国际贸易法委员会通过的《联合国国际合同使用电子通信公约》，2009 年 2 月由我国工信部公布并于 2015 年 4 月再次修订的《电子认证服务管理办法》等。

在本章第二、三、四部分，将分别对电子商务网络安全法律规范、电子商务信息安全法律规范和电子商务交易安全法律规范中的代表性法规进行详细介绍。

3. 电子商务核心法律规范与其他相关法律规范

我国建设电子商务法律制度的历史并不长，它与我国电子商务发展实践紧密相连。在我国电子商务蓬勃发展的过程中，我国政府高度重视电子商务立法工作，立法机关敏锐地捕捉到电子商务给传统法律制度造成的冲击与挑战，在立法方面进行了积极有益的探索，目前已经初步形成一套具有特色的电子商务法律体系。按照相关法律规范在促进电子商务发展过程中的地位与作用，我国电子商务法律体系可以分为核心法律规范与其他相关法律规范，其中，核心法律规范以《中华人民共和国电子签名法》和《中华人民共和国电子商务法》为代表。其他相关法律规范，按照立法及出台部门，又可以分为基本法律、行政法规、司法解释、部门性规章和地方性规章，它们也是调整电子商务活动的重要法律渊源。

在基本法律层面，《中华人民共和国合同法》《中华人民共和国刑法》与《中华人民共和国网络安全法》等虽然不专门针对电子商务问题，但其中分别含有电子合同、打击电子商务犯罪与违法行为的重要条款。

在行政法规层面，《计算机信息网络国际联网管理暂行规定》（2014 年修订）提出了对国际互联网实行统筹规划、统一标准、分级管理、促进发展的基本原则。《中华人民共和国著作权法实施条例》（2013 年修订）、《计算机软件保护条例》（2015 年修订）、《中华人民共和国商标法实施条例》（2014 年修订）与《中华人民共和国专利法实施细则》（2010 年修订）等规则的提出，既适应了国际通行趋势，又符合中国国情，对我国电子商务快速稳定发展起到了促进作用。

在最高人民法院、最高人民检察院颁布的司法解释层面，《关于审理涉及计算机网络著作权纠纷案件适用法律若干问题的解释》（2006 年修订）、《关于办理利用互联网、移动通讯终端、声讯台制作、复制、出版、贩卖、传播淫秽电子信息刑事案件具体应用法律若干问题的解释(二)》、《关于民事诉讼证据的若干规定》以及《关于行政诉讼证据若干问题的规定》等，分别对如何处理电子商务案件的管辖权、实体认定与证据规则等做了规定。

在部门性规章层面，我国一些行政机关在其业务范围内制定了一些具体的行政规章，如证监会的《网上证券委托暂行管理办法》，教育部的《教育网站和网校暂行管理办法》，国家工商总局(现已撤销)的《经营性网站备案登记管理暂行办法》及其实施细则、《网站名称注册管理暂行办法》及其实施细则等。

在地方性规章层面，上海市《国际经贸电子数据交换管理规定》与《电子商务价格管理暂行办法》、海南省《数字证书认证管理办法》、广东省《对外贸易实施电子数据交换暂行规定》与《电子交易条例》、北京市《网上经营行为备案的通告》与《关于对利用电子邮件发送商务信息的行为进行规范的通告》等，均对推动地方电子商务的发展功不可没。除大陆地区外，香港地区的《电子交易条例》与台湾地区的"电子签章法"及其施行细则、"电脑犯罪罚则(刑法修正案)"也对电子商务有所规定，它们都是重要的地区性规范。①

第二节　电子商务网络安全法律法规

一、电子商务网络安全要求

企业在实施电子商务策略的过程中，需要将主机或内部网连接到互联网上，当企业的计算机系统暴露在公用网上成千上万的使用者面前时，在保证合法用户正常使用功能的同时，计算机系统也将遭到多种来自网络的攻击，面临多种安全威胁。例如，黑客可能借助工具软件拦截或猜测合法用户的账户和密码，然后伪装成合法用户进入系统进行破坏。因此，为了保证企业电子商务策略顺利实施，必须确保计算机网络系统安全。

计算机网络系统安全包括两个方面，即物理安全和逻辑安全。物理安全指系统设备及相关设施受到物理保护，免于破坏、丢失等；逻辑安全包括信息的完整性、保密性和可用性。因此，电子商务网络安全要求也分为物理安全要求和逻辑安全要求。物理安全要求就是利用技术措施、管理控制以及法律法规约束等多种手段，确保构成电子商务系统的设备、网络以及数据库系统等物理设施安全、可靠；而逻辑安全要求就是利用技术措施、管理控制以及法律法规约束等多种手段，对网络故障、操作错误、应用程序错误、硬件故障、系统软件错误及计算机病毒所产生的潜

---

① 王玉珍：《电子商务概论》，清华大学出版社 2017 年版，第 303~304 页。

在威胁加以控制和预防，确保贸易数据的完整性、保密性和可用性。

二、我国现行涉及电子商务网络安全的法律规范

自 1973 年世界上第一部保护计算机数据安全的《瑞典国家数据保护法》问世以来，各国与有关国际组织相继制定了一系列的网络安全法规。我国的计算机立法工作开始于 20 世纪 80 年代。1981 年，公安部开始成立计算机安全监察机构，并着手制定有关计算机安全方面的法律法规和规章制度。1986 年 4 月开始草拟《中华人民共和国计算机信息系统安全保护条例》（征求意见稿）。1991 年 5 月 24 日，国务院第 8 次常委会议通过了《计算机软件保护条例》。1994 年 2 月 18 日，国务院第 147 号令发布了《中华人民共和国计算机信息系统安全保护条例》，为保护计算机信息系统安全、促进计算机的应用和发展、保障经济建设的顺利进行提供了法律保障。

1994 年我国接入全球互联网，随着网络的迅速普及，我国政府也十分重视网络安全立法问题。1996 年成立的国务院信息化工作领导小组曾设立政策法规组、安全工作专家组，并和国家保密局、安全部、公安部等职能部门进一步加强了信息安全法制建设的组织领导和分工协调。

为保障互联网环境下国际计算机信息交流的健康发展，1996 年 2 月 1 日国务院发布了《中华人民共和国计算机信息网络国际联网管理暂行规定》，提出了对国际联网实行统筹规划、统一标准、分级管理、促进发展的基本原则。1997 年 5 月 20 日，国务院对这一规定进行了修改，设立了国际联网的主管部门，增加了经营许可证制度，并重新发布。1997 年 6 月 3 日，国务院信息化工作领导小组在北京主持了召开"中国互联网络信息中心成立暨《中国互联网络域名注册暂行管理办法》发布大会"，宣布中国互联网络信息中心（CNNC）成立，并发布了《中国互联网络域名注册暂行管理办法》和《中国互联网络域名注册实施细则》。1997 年 12 月 8 日，国务院信息化工作领导小组根据《中华人民共和国计算机信息网络国际联网管理暂行规定》，制定了《中华人民共和国计算机信息网络国际联网管理暂行规定实施办法》，详细规定了国际互联网管理的具体办法。与此同时，信息产业部也出台了《国际互联网出入信道管理办法》。1997 年 12 月 16 日，公安部发布了《计算机信息网络国际联网安全保护管理办法》，并于 2011 年对该办法进行了修订。

1997 年 10 月 1 日起我国实行的新刑法，第一次增加了计算机犯罪的罪名，包括非法侵入计算机系统罪，破坏计算机系统功能罪，破坏计算机系统数据、程序罪，制作、传播计算机破坏程序罪等。这表明我国计算机安全管理法制化步入了新阶段。

2000 年 9 月，国务院审议并通过了《中华人民共和国电信条例（草案）》和《互联网内容服务管理办法（草案）》，以规范电信市场秩序，加强对互联网内容服务的

监督管理，维护国家安全、社会稳定和公共秩序。①

2005 年 11 月，公安部发布了《互联网安全保护技术措施规定》，并于 2016 年 3 月 1 日起实施，以加强和规范互联网安全技术防范工作，保障互联网网络安全和信息安全，促进互联网健康、有序发展。

2007 年，公安部、国家保密局、国家密码管理局、国务院信息工作办公室四部委根据《中华人民共和国计算机信息系统安全保护条例》等有关法律法规，联合制定下发了《信息安全等级保护管理办法》，以规范信息安全等级保护管理，提高信息安全保障能力和水平。

2016 年 11 月 7 日，全国人大常委会发布了《中华人民共和国网络安全法》，并于 2017 年 6 月 1 日起正式施行，该法作为我国网络安全治理领域的基础性立法，为今后我国构建完整全面的网络安全法律体系奠定了基础。《网络安全法》共七章 79 条，重点突出了六部分内容：一是明确了网络空间主权的原则；二是明确了网络产品和服务提供者的安全义务；三是明确了网络运营者的安全义务；四是进一步完善了个人信息保护规则；五是建立了关键信息基础设施安全保护制度；六是确立了关键信息基础设施重要数据跨境传输的规则。

第三节　电子商务信息安全法律法规

一、电子商务信息安全要求

对于电子商务各参与方而言，每次交易都涉及在互联网上传输数据，包括客户信息、订单信息、付款信息等，而这些信息都涉及交易各方的机密，因而数据与信息的传输安全是电子商务交易安全的重要保障。在电子商务交易数据与信息传输过程中，其安全要求有：信息的保密性、完整性以及交易本身的不可抵赖性。

1. 信息保密性

电子商务需要在网络上进行大量的数据信息传递，对于在网上传递的各种敏感信息，例如信用卡账号、密码等，一旦被人非法截获或盗用，势必会给交易双方带来巨大的经济损失，因此必须采取有效的安全措施以及相应的法律手段来保证电子交易的数据不会被人非法获取或滥用。

2. 信息完整性

在数据传输过程中，信息丢失、重复或者信息传送次序发生变化等问题，会导致交易各方所持有信息存在差异，同时恶意竞争者也会利用篡改和冒名顶替等手段来破坏信息的完整性。因而在数据和信息到达目的地时，要有一定的技术手段以及

---

①　李建军等：《电子商务概论》，哈尔滨工业大学出版社 2011 年版，第 235~236 页。

相应的法律措施来保证所得到的数据和信息与原始发出的数据和信息是一致的。

3. 交易本身的不可抵赖性

在传统贸易中，交易双方通过在合同、契约或贸易单据等书面文件上签名或盖章来鉴别交易对手，确定合同、契约、单据的可靠性并预防抵赖行为的发生。在无纸化的电子商务方式下，还要通过这种"白纸黑字"的线下签名和盖章方式进行交易对手鉴别及交易凭证确认，是不可行的。因此，要在交易信息传输过程中，为参与交易的个人、企业或政府机构提供可靠的标识。不可抵赖性可通过对发送的消息进行电子签名来实现。

二、我国现行涉及电子商务信息安全的法律法规

《中华人民共和国电子签名法》在 2004 年 8 月 28 日由全国人大常委会审议通过，自 2005 年 4 月 1 日起开始实施，经历了 2015 年、2019 年两次修订。该法共五章 36 条，包括电子签名的原则、数据电文制度、电子签名与认证制度以及电子认证服务者等的法律责任。这既是我国电子商务领域的基本法，也体现出我国电子商务立法的"后发优势"，对电子政务活动、电子司法活动等其他社会活动同样适用（见图 9-3）。

图 9-3　《中华人民共和国电子签名法》法律文本封面图

1. 电子签名的定义及其法律效力

《中华人民共和国电子签名法》（以下简称《电子签名法》）第 2 条规定，电子签名是指数据电文中以电子形式所含、所附用于识别签名人身份并表明签名人认可其中内容的数据。数据电文是指以电子、光学、磁或者类似手段生成、发送、接收或

者储存的信息。通俗来讲，电子签名就是通过密码技术对电子文档进行电子形式的签名，这些电子文档里包括了用于识别签名人身份并表明签名人认可其中内容的程序或者符号、声音等数据，签名人把加密后的签名文件发送给交易方，交易方收到的签名文件是一堆"乱码"，需解密后验证签名人身份及签名文件的真伪。这种电子签名类似于手写签名或印章，也可以称其为电子印章。由此可知，电子签名必须起到两个作用：识别签名人的身份和保证签名人认可文件的内容。

在此基础上，《电子签名法》确立了"功能同等原则"，即电子签名是符合法律规定的"签名"，这种签名与传统签名方式具有同等的法律效力。该法第 3 条规定，民事活动中的合同或者其他文件、单证等文书，当事人可以约定使用或者不使用电子签名、数据电文。当事人约定使用电子签名、数据电文的文书，不得仅因为其采用电子签名、数据电文的形式而否定其法律效力。第 14 条规定，可靠的电子签名与手写签名或者盖章具有同等的法律效力。

具有法律效力的电子签名必须是"可靠的"。《电子签名法》第 13 条规定，当电子签名同时符合"电子签名制作数据用于电子签名时，属于电子签名人专有""签署时电子签名制作数据仅由电子签名人控制""签署后对电子签名的任何改动能够被发现""签署后对数据电文内容和形式的任何改动能够被发现"四个条件时，即可被视为可靠的电子签名。

2.《电子签名法》的意义

《电子签名法》的意义体现在五个方面：一是确立了电子签名的法律效力；二是规范了电子签名行为；三是明确了认证机构的法律地位及认证程序；四是规定了电子签名的安全保障措施；五是明确了电子认证服务行政许可的实施机关。

《电子签名法》是电子商务法中的基本法。商务的核心是合同，合同的核心是签名；电子商务的核心是电子合同，电子合同的核心是电子签名。因此，有了电子签名法，有了虚拟世界与现实世界的对应，再谈责任承担、权益保护问题才比较现实；才能去考虑电子合同、消费者保护、隐私权保护等问题。[1]

3.《电子签名法》的适用范围

《电子签名法》的制定初衷是保障电子商务交易安全，促进电子商务的发展。因此在该法制定过程中，曾一度将电子政务排除在适用范围之外，一些部门从安全性角度考虑，也认为政务和商务不能使用同样的电子签名。在后来的立法讨论中，经过有关专家反复论证，认为电子政务与电子商务只是加密程度不同，其所依赖的原理与技术手段是一样的，不应该人为割裂。因此电子政务最终被纳入《电子签名法》草案的范畴，按照最终出台的《电子签名法》，数据电文、电子签名主要适用于电子商务，但不局限于商务活动，可以相应地使用在电子政务中。同时，考虑到在

① 郭振华：《电子商务教程》，清华大学出版社 2011 年版，第 273 页。

某些政务活动中使用数据电文、电子签名的特殊情况，电子签名法授权国务院可依据本法另行制定行政规章。

《电子签名法》在实施后相当长的一段时期内，主要应用于电子商务领域。随着我国电子政务信息化水平的不断提高，政府部门在对一些经济、社会事务的管理中，也开始采用电子手段，例如电子报关、电子报税、电子年检，以及行政许可法规定的可以采用数据电文方式提出行政许可申请等，这些也都涉及电子签名的法律效力问题，同样适用于电子签名的有关规定。因此，电子签名法的实际适用范围开始扩大。

此外，由于电子签名技术本身还有待成熟，基于交易安全和社会公共利益的考虑，借鉴一些国家的做法，《中华人民共和国电子签名法》将一些涉及人身关系、权益转让、公共事务的重要文件暂时排除在电子签名的适用范围之外，称为"适用例外"。具体体现在《电子签名法》第 3 条规定，在一些特定范围内的文书不适用于电子签名法，包括：涉及婚姻、收养、继承等人身关系的；涉及停止供水、供热、供气、供电等公用事业服务的；法律、行政法规规定的不适用电子文书的其他情形。在《中华人民共和国电子签名法》2004 年版、2015 年版中，第 3 条还包括"涉及土地、房屋等不动产权益转让的"一项，2019 年修订后的《电子签名法》中，将这一项删除，这就意味着涉及土地、房屋等不动产权益转让的合同类型可适用电子签名，电子签名法的适用范围有所扩大。

第四节　电子商务交易安全法律法规

电子商务的法律保护问题涉及两个基本方面。第一，电子商务交易是通过计算机网络及其信息传输实现的，其安全与否依赖于计算机网络自身的安全程度及其信息传输的保密性、完整性。我国目前已经颁布了《电子签名法》《网络安全法》等一系列法律规范来解决电子商务的网络安全与信息安全问题。第二，电子商务本质上是一种商品交易，其安全问题还涉及交易本身，应当通过民商法以及专门规范电子商务的法律规范加以保护。本部分将在分析电子商务交易安全要求的基础上，对我国现行涉及电子商务交易安全的法律规范进行介绍。

一、电子商务交易安全要求

1. 交易双方身份的可认证性

确认交易主体的身份是保障电子商务交易安全的基础条件。在传统商业模式下，买卖双方面对面进行交易活动，比较容易确认交易主体的真实身份。在电子商务模式下，企业或个人通常都是在虚拟的网络环境中进行交易，所以对个人或实体进行身份确认成了电子商务中很重要的一环。对交易双方进行身份鉴别，为其身份的真实性提供保证，这意味着当某人或某个实体声称具有某个特定的身份时，需要认证服务机构提供一种方法来验证其声明的正确性，这样交易双方就能够在相互不见面的情况下确认对方的身份。

2. 电子交易过程的有效性

保证电子交易过程的有效性是开展电子商务活动的必要条件。电子商务以电子形式代替了纸张，与书面合同相比，以数据电文形式订立的合同是否具有同等法律效力？契约达成后如何确定合同订立的时间与地点？数据电文的证据效力如何？电子支付是电子商务得以进行的基础条件，在网络交易过程中，完成交易的各方通过无纸化票据来进行支付与结算，在电子支付中有关当事人的权利和义务如何界定？电子商务经营者与消费者在交易中又各自有何权利与义务？……这些问题决定着电子商务能否顺利开展，电子交易过程是否真实有效。

二、我国现行涉及电子商务交易安全的法律法规

1. 我国现行涉及交易安全的法律法规分类

我国现行涉及交易安全的法律法规可以分为四类：一是综合性法律，主要是《民法通则》和《刑法》中有关保护交易安全的条文；二是规范交易主体的有关法律，如《公司法》《合伙企业法》《外资企业法》等；三是规范交易行为的有关法律，如《合同法》《经济合同法》《产品质量法》《保险法》《价格法》《消费者权益保护法》《广告法》《反不正当竞争法》等；四是监督交易行为的有关法律，如《会计法》《审计法》《票据法》《商业银行法》等。电子商务本质上还是一种商事行为，上述法律规范虽然并非专门针对电子商务活动而制定，但其中涉及交易的条款依然适用于电子商务活动。还有一些法律规范，在修订过程中加入了涉及电子商务的内容，如《中华人民共和国合同法》。

2.《中华人民共和国合同法》

1999 年 3 月 15 日，我国颁布了新的《中华人民共和国合同法》，其中涉及电子商务合同的内容有三个方面。第一，将书面合同形式扩大到数据电文形式。《合同法》第 11 条规定："书面形式是指合同书、信件以及数据电文（包括电报、电传、传真、电子数据交换和电子邮件）等可以有形地表现所载内容的形式。"这也就是说，不管合同采用什么样的载体，只要可以有形地表现所载内容，即视为符合法律对"书面"的要求。这一规定符合联合国国际贸易委员会建议采用的"同等功能法"。第二，确定了电子商务合同的到达时间。《合同法》第 16 条规定："采用数据电文形式订立合同，收件人指定特定系统接收数据电文的，该数据电文进入该特定系统的时间，视为到达时间；未指定特定系统的，该数据电文进入收件人的任何系统的首次时间，视为到达时间。"第三，确定了电子商务合同的成立时间与地点。《合同法》第 33 条规定："当事人采用信件、数据电文等形式订立合同的，可以在合同成

立之前要求签订确认书。签订确认书时合同成立。"《合同法》第 34 条规定："采用数据电文形式订立合同的，收件人的主营业地为合同成立的地点；没有主营业地的，其经常居住地为合同成立的地点。"

3.《电子认证服务管理办法》

我国目前调整电子认证服务领域的法律规范主要有 2005 年 4 月 1 日开始实施的《电子签名法》和 2009 年 3 月 31 日起施行的《电子认证服务管理办法》。其中，《电子签名法》第三章第 16 条至第 26 条规定了电子认证服务机构应具备的条件及其责任与义务，同时该法第 25 条授权国务院信息产业主管部门制定电子认证服务业的具体管理办法，对电子认证服务提供者依法实施监督管理。《电子认证服务管理办法》虽然是由信息产业部公布的部门规章，但因为它是国家法律特别授权制定的，与《电子签名法》配套同步实施，具有重要法律效力和作用，所以其又有别于一般的部门规范。

在《电子签名法》出台之前，我国已经存在多家不同类型、不同性质的认证服务机构，这些机构普遍存在着无法律依据、无标准规范、无主管部门等问题。《电子签名法》和《电子认证服务管理办法》的制定与实施，解决了由于法律不确定所带来的行业发展障碍，对于认证服务机构及其行业发展具有特殊的现实意义。2005年 2 月 8 日，信息产业部以第 35 号令形式首次发布《电子认证服务管理办法》。2009 年 2 月 18 日，工业和信息化部第 1 号令公布了新的《电子认证服务管理办法》，同时 2005 年版《电子认证服务管理办法》予以废止。2015 年，《电子认证服务管理办法》部分条款进行了修订。

《电子认证服务管理办法》共八章 43 条，内容包括总则，电子认证服务机构，电子认证服务，电子认证服务的暂停、终止，电子签名认证证书，监督管理，罚则。一直以来，关于"应该由何种机构承担电子认证服务的职能"存在争议，有一种观点认为政府承担认证服务更为公正。《电子认证服务管理办法》对这一问题进行了澄清，该规范第 5 条第一项规定，电子认证服务机构应当具有独立的法人资格，这明确了政府机关在认证服务法律关系中的地位，排除其以竞争者的身份进入到认证服务关系中，保证了政府行使监管职能所要求的独立地位。政府担当认证服务机构存在角色错位的问题，作为监管者的政府，只有保持中立的法律地位，才能有效地履行监管职能，既作为竞争者又作为管理者，必然产生行政垄断，不利于作为私法范畴调整的电子商务良性发展。

4. 电子支付法律规范

我国目前调整电子支付领域的法律规范主要是中国人民银行发布三个部门性规范，包括 2005 年 10 月 26 日正式公布的《电子支付指引（第一号）》、2010 年 9 月 1 日起施行的《非金融机构支付服务管理办法》以及 2015 年 12 月 28 日颁布的《非银行支付机构网络支付业务管理办法》。其中，《电子支付指引（第一号）》仅适用于发起行是银行的电子支付，《非金融机构支付服务管理办法》适用于非金融机构的支付服务，《非银行支付机构网络支付业务管理办法》适用于非银行支付机构的网络支付。

《电子支付指引（第一号）》（以下简称《指引》）共六章 49 条，内容包括总则、电子支付业务的申请、电子支付指令的发起和接收、安全控制、差错处理、附则。这部规范的特点体现在以下三个方面：一是《指引》规定发起电子支付的必须是银行，电子支付账户必须是在银行开立的支付清算账户。非银行的第三方服务机构只能从事接收、传送电子支付指令或电子支付数据交换的服务，不能设立支付账户发起电子支付交易。二是规定了电子支付系统的各参与方主体间的权利义务关系和风险责任分配机制，加强了对电子支付中消费者合法权益的保护。三是对电子指令在电子支付中的法律效力做出了明确规定。

随着网络信息、通信技术的快速发展和支付服务的分工不断细化，越来越多的非金融机构借助互联网、手机等信息技术广泛参与支付业务，大大丰富了服务方式，拓展了银行业金融机构支付业务的广度和深度，有效缓解了因银行业金融机构网点不足等产生的排队等待、找零难等社会问题。非金融机构支付服务的多样化、个性化等特点，较好地满足了电子商务企业和个人的支付需求，在支持"刺激消费、扩大内需"等宏观经济政策方面发挥了积极作用。

但随之也产生了新的风险，如客户备付金的权益保障问题、预付卡发行和受理业务中的违规问题、反洗钱义务的履行问题、支付服务相关的信息系统安全问题，以及违反市场竞争规则、无序从事支付服务的问题等。这些问题仅仅依靠市场的力量难以解决，必须通过必要的法规制度和监管措施及时加以预防和纠正。为此，2010 年中国人民银行制定并发布了《非金融机构支付服务管理办法》。该规范旨在建立统一的非金融机构支付服务市场准入制度和严格的监督管理机制。

《非金融机构支付服务管理办法》明确了非金融机构支付服务是指非金融机构在收付款人之间作为中介机构提供的货币资金转移服务，包括网络支付、预付卡的发行与受理以及银行卡收单等。该规范共五章 50 条，其中，第一章总则，主要规定了该《办法》的立法依据、立法宗旨、立法调整对象、支付业务申请与许可、人民银行的监管职责以及支付机构支付业务的总体经营原则等。第二章申请与许可，主要规定了非金融机构支付服务市场准入条件和人民银行关于《支付业务许可证》的两级审批程序。第三章监督与管理，主要规定了支付机构在规范经营、资金安全、系统运行等方面应承担的责任与义务。第四章罚则，主要明确了人民银行工作人员、商业银行、支付机构等各责任主体相应承担的法律责任等。第五章附则，主要明确该《办法》的过渡期要求、施行日期等。

为规范网络支付业务，防范支付风险，保护客户合法权益，2015 年中国人民银行出台了七章 46 条的《非银行支付机构网络支付业务管理办法》，内容包括总则、客户管理、业务管理、风险管理与客户权益保护、监督管理、法律责任、附则。该规范的特点主要体现在以下三个方面：

一是明确了该《办法》的适用对象与范围。第一章第 2 条中规定，该《办法》适用于依法取得《支付业务许可证》，获准办理互联网支付、移动电话支付、固定电话支付、数字电视支付等网络支付业务的非银行机构，而适用范围（网络支付业务）是指收款人或付款人通过计算机、移动终端等电子设备，依托公共网络信息系统远程发起支付指令，且付款人电子设备不与收款人特定专属设备交互，由支付机构为收付款人提供货币资金转移服务的活动。

二是区分了支付账户与银行账户。支付账户最初是支付机构为方便客户网上支付和解决电子商务交易中买卖双方信任度不高而为其开立的，与银行账户有明显不同。首先，提供账户服务的主体不同，支付账户由支付机构为客户开立，主要用于电子商务交易的收付款结算。银行账户由银行业金融机构为客户开立，账户资金除了用于支付结算外，还具有保值、增值等目的。其次，账户资金余额的性质和保障机制不同。支付账户余额的本质是预付价值，类似于预付费卡中的余额，该余额资金虽然所有权归属于客户，却未以客户本人名义存放在银行，而是支付机构以其自身名义存放在银行，并实际由支付机构支配与控制。同时，该余额仅代表支付机构的企业信用，法律保障机制上远低于《人民银行法》《商业银行法》保障下的央行货币与商业银行货币，也不受存款保险条例保护。一旦支付机构出现经营风险或信用风险，将可能导致支付账户余额无法使用，不能回提为银行存款，使客户遭受财产损失。因此，该《办法》规定，支付机构应当在客户清晰理解支付账户余额性质和相关风险的前提下，由客户本着"自愿开立、自担风险"的原则申请开立支付账户。

三是支付账户分类管理。该《办法》将个人支付账户分为三类。其中，Ⅰ类账户只需要一个外部渠道验证客户身份信息（例如联网核查居民身份证信息），账户余额可以用于消费和转账，主要适用于客户小额、临时支付，身份验证简单快捷。为兼顾便捷性和安全性，Ⅰ类账户的交易限额相对较低，但支付机构可以通过强化客户身份验证，将Ⅰ类账户升级为Ⅱ类或Ⅲ类账户，提高交易限额。Ⅱ类和Ⅲ类账户的客户实名验证强度相对较高，能够在一定程度上防范假名、匿名支付账户问题，防止不法分子冒用他人身份开立支付账户并实施犯罪行为，因此具有较高的交易限额。鉴于投资理财业务的风险等级较高，该《办法》规定，仅实名验证强度最高的Ⅲ类账户可以使用余额购买投资理财等金融类产品，以保障客户资金安全。上述分类方式及付款功能、交易限额管理措施仅针对支付账户，客户使用银行账户付款（例如银行网关支付、银行卡快捷支付等）不受上述功能和限额的约束。

三、《中华人民共和国电子商务法》

2013 年 12 月 27 日，全国人大常委会正式启动了《中华人民共和国电子商务法》的立法进程。2018年8月31日，十三届全国人大常委会第五次会议表决通过《中华人民共和国电子商务法》（以下简称《电子商务法》），自2019年1月1日起正式施行（见图9-4）。至此，这部历时五年、历经四审而定的《电子商务法》终于"千呼万唤始出来"。作为一部对电子商务活动全面作出规定的综合性立法，它为中国电子商务健康发展奠定了基本法律框架。

中华人民共和国电子商务法
（2018年8月31日第十三届全国人民代表大会常务委员会第五次会议通过）

图9-4　我国《电子商务法》通过报道

　　《电子商务法》共有七章89条，包括总则、电子商务经营者、电子商务合同的订立与履行、电子商务争议解决、电子商务促进、法律责任、附则，涉及电子商务经营主体、经营行为、合同、快递物流、电子支付等以及电子商务发展中比较典型的问题，如商家普遍关注的登记、税收问题，舆论反应强烈的搭售、大数据"杀熟"现象，央视焦点访谈曝光的刷单内幕，呼声日益高涨的平台安全责任以及ofo、途歌退押金事件等，在《电子商务法》中都作了相关规定。还有很多条例堪称"重磅"，如淘宝、京东等众多平台、微商领域的大量自然人经营者，都将需要进行工商登记成为市场经营主体，进行依法纳税。下面从适用对象、电子商务经营者的一般法律义务、电子商务平台经营者的一般法律义务三个方面对《电子商务法》进行解读分析。

1.《电子商务法》适用对象

　　《电子商务法》中所称的电子商务，是指通过互联网等信息网络销售商品或者提供服务的经营活动，中华人民共和国境内的电子商务活动均适用《电子商务法》。法律、行政法规对销售商品或者提供服务有规定的，适用其规定。金融类产品和服务，利用信息网络提供新闻信息、音视频节目、出版以及文化产品等内容方面的服务，不适用《电子商务法》。

2. 电子商务经营者的一般法律义务

（1）电子商务经营主体的定义与划分。

《电子商务法》第9条规定，电子商务经营者，是指通过互联网等信息网络从事销售商品或者提供服务的经营活动的自然人、法人和非法人组织，包括电子商务平台经营者、平台内经营者以及通过自建网站、其他网络服务销售商品或者提供服务的电子商务经营者。由此可以看出，《电子商务法》中将电子商务经营者分为四种类型：电子商务平台经营者、平台内经营者、自建网站经营者、通过其他网络服务销售商品或者提供服务的经营者。其中，电子商务平台经营者，是指在电子商务中为交易双方或者多方提供网络经营场所、交易撮合、信息发布等服务，供交易双方或者多方独立开展交易活动的法人或者非法人组织，如淘宝、京东、美团等。平台内经营者，是指通过电子商务平台销售商品或提供服务的电子商务经营者。自建网站经营者是指像海尔这类通过自己搭建网站或建立手机 App 等方式销售产品或提供服务的电子商务经营者。《电子商务法》之所以将"通过其他网络服务销售商品或者提供服务的经营者"纳入"电子商务经营者"的范畴，主要是考虑到技术发展可能会带来不同的电商经营模式，立法需要具有一定的前瞻性，同时也是为其他通过特殊信息网络进行电商活动的经营者提供一个兜底的界定。

（2）电子商务经营者的市场主体登记。

《电子商务法》第10条规定，电子商务经营者应当依法办理市场主体登记。但是，个人销售自产农副产品、家庭手工业产品，个人利用自己的技能从事依法无须取得许可的便民劳务活动和零星小额交易活动，以及依照法律、行政法规不需要进行登记的除外。这意味着，除法定豁免登记的情形外，电子商务经营者都应当进行市场主体登记。《电子商务法》没有规定电子商务经营者的具体登记方式，但《市场监管总局关于做好电子商务经营者登记工作的意见》对此有详细说明。

（3）电子商务经营者的税务登记及纳税义务。

《电子商务法》第11条对电子商务经营者的税务登记及纳税义务进行了规定。需要说明的是，市场主体登记和税务登记是两项不同性质的义务，市场主体登记义务不是纳税义务和税务登记义务的前提。也就是说，依法无须办理市场主体登记的电子商务经营者，仍然需要履行税务登记和纳税申报的义务。

根据《电子商务法》第28条第二款的规定，电子商务平台经营者除了自己要履行纳税申报和税务登记义务外，还负有提示和报送信息的义务，应当将平台内经营者的纳税身份及相关信息依法报送税务部门。在此基础上，如果平台内经营者不履行税务登记和纳税申报义务，责任承担主体是该平台内经营者，而非平台经营者。

（4）电子商务经营者依法取得行政许可的义务。

《电子商务法》第12条规定，电子商务经营者从事经营活动，依法需要取得相关行政许可的，应当依法取得行政许可。《电子商务法》第10条规定的市场主体登记，是一种经营主体资格的确认，并非特定经营事项的行政许可，因而通过商事登记制度专门予以规定，第12条所规定的就是从事相关经营活动的行政许可问题。

一般情形下，本法在行政许可具体事项上实行线下线上一致的原则。也就是说，某种类型的商品或服务经营活动，只要法律法规规定需要取得行政许可，无论是以线下方式经营还是以线上方式经营，都应当取得许可，如食品经营等。反之，线下经营不需要许可，线上经营原则上也不需要取得行政许可。

（5）电子商务经营者销售的商品或提供的服务应符合法定要求。

《电子商务法》第13条规定，电子商务经营者销售的商品或者提供的服务应当符合保障人身、财产安全的要求和环境保护要求，不得销售或者提供法律、行政法规禁止交易的商品或者服务。一方面，经营者销售商品或提供服务，应当符合《环境保护法》及相关标准的强制性规定；另一方面，《电子商务法》第52条第二款规定，快递物流服务提供者应当按照规定使用环保包装材料。《电子商务法》第75条规定，电子商务经营者违反上述义务的，与线下相同的违反行为适用相同的法律规定予以处罚，即按照相关领域中行政许可、产品和服务质量标准、禁止销售事项等法律、行政法规的规定处罚。

（6）电子商务经营者向主管部门提供数据信息的义务。

《电子商务法》第25条规定，有关主管部门依照法律、行政法规的规定要求电子商务经营者提供有关电子商务数据信息的，电子商务经营者应当提供。这一法定义务的履行涉及以下三个方面：一是主管部门要求电子商务经营者提供电子商务数据信息的，应当以法律、行政法规的规定为依据；二是从立法目的解释的角度，这里"法律、行政法规的规定"，既包括其他法律、行政法规中的相关规定，也包括《电子商务法》中的有关规定；三是其他法律、行政法规中所规定经营者应提供的内容，包含了电子商务数据信息的，可以作为适用依据。

（7）电子商务经营者不得为押金退还设置不合理条件。

《电子商务法》第21条规定，电子商务经营者按照约定向消费者收取押金的，应当明示押金退还的方式、程序，不得对押金退还设置不合理条件。消费者申请退还押金，符合押金退还条件的，电子商务经营者应当及时退还。第78条规定，电子商务经营者违反本法第21条规定，未向消费者明示押金退还的方式、程序，对押金退还设置不合理条件，或者不及时退还押金的，由有关主管部门责令限期改正，可以处五万元以上二十万元以下的罚款；情节严重的，处二十万元以上五十万元以下的罚款。上述条款对电子商务经营者押金退还问题及其惩治措施做了明确规定，能够有效防止实践中再次出现类似ofo、途歌退押金事件。

（8）电子商务经营者在搜索及搭售服务方面的义务。

针对电子商务中的大数据"杀熟"现象，《电子商务法》第18条规定，电子商务经营者根据消费者的兴趣爱好、消费习惯等特征向其提供商品或者服务的搜索结果的，应当同时向该消费者提供不针对其个人特征的选项，尊重和平等保护消费者合法权益。电子商务经营者向消费者发送广告的，应当遵守《中华人民共和国广告法》的有关规定。本条款明确规定电子商务经营者在针对消费者个人特征为其提供搜索服务时，要一并提供非针对性选项，通过提供可选信息，保护消费者的知情权、选择权。

一些电子商务经营者在销售商品或者提供服务的过程中，经常采取使用很小的字号、默认勾选等各种方式，使消费者在不知情、难以察觉的情况下，出让一些权利或者被捆绑搭售，不仅有违诚实信用，也侵害了消费者的知情权、选择权、公平交易权。针对这种情况，《电子商务法》第 19 条规定，电子商务经营者搭售商品或者服务，应当以显著方式提请消费者注意，不得将搭售商品或者服务作为默认同意的选项。第 77 条规定了违反有关条款的行政责任。

3. 电子商务平台经营者的一般法律义务

（1）平台经营者对平台内经营者具有身份核验与信息管理义务。

《电子商务法》第 27 条规定，电子商务平台经营者应当要求申请进入平台销售商品或者提供服务的经营者提交其身份、地址、联系方式、行政许可等真实信息，进行核验、登记，建立登记档案，并定期核验更新。电子商务平台经营者为进入平台销售商品或者提供服务的非经营用户提供服务，应当遵守本节有关规定。

本条款是对平台内经营者的身份信息管理义务的规定，平台对于进入平台进行经营活动的经营者以及其他主体，有身份信息的收集、登记、核验等义务。承担这一义务的主要目的在于保护交易相对人。如果平台不能提供平台内经营者的真实有效信息，将承担不真正连带责任。同时，条款的平台审核属于实质审核而非形式审查。现实生活中，平台对这一义务的履行存在很大的问题，导致严重的消费者保护问题，以及监管上的难题。要解决这一问题，除了需要多方面的配套措施之外，就是要求电子商务平台经营者把好入门关。

（2）平台经营者具有记录、保存商品和服务信息、交易信息的义务。

《电子商务法》第 31 条规定，电子商务平台经营者应当记录、保存平台上发布的商品和服务信息、交易信息，并确保信息的完整性、保密性、可用性。商品和服务信息、交易信息保存时间自交易完成之日起不少于三年；法律、行政法规另有规定的，依照其规定。

本条款规定了平台经营者的数据保存义务，这一义务与平台协助消费者维权的义务，以及配合执法机关查明事实的义务相联系。需要注意的是，平台经营者的数据记录和保存义务必须与其他条文中规定的平台责任结合起来，如果不履行这一义务，可能承担相应的法律责任。这一义务类似于"在自己经营的场所安装监控"，在发生纠纷的时候，协助查明发生的事件真相。此外，关于数据的完整性、保密性和可用性，也是平台履行数据保存义务的要求。

(3)平台经营者的连带责任与相应责任。

《电子商务法》第38条规定，电子商务平台经营者知道或者应当知道平台内经营者销售的商品或者提供的服务不符合保障人身、财产安全的要求，或者有其他侵害消费者合法权益行为，未采取必要措施的，依法与该平台内经营者承担连带责任。对关系消费者生命健康的商品或者服务，电子商务平台经营者对平台内经营者的资质资格未尽到审核义务，或者对消费者未尽到安全保障义务，造成消费者损害的，依法承担相应的责任。

在《电子商务法》的立法过程中，第38条第二款关于平台经营者责任的规定曾经引发了激烈的争论，经历了从"连带责任"到"补充责任"，最终定为"相应责任"的过程。如果电商平台承担的是"连带责任"，那么当消费者权益受损需要维权时，就既可以要求平台赔偿全部损失，也可以要求平台内的商家赔偿全部损失，对消费者维权而言无疑是更为有利的。如果电商平台承担的仅为"补充责任"，那就意味着消费者在维权时，只有在平台内的商家无法满足赔偿诉求时，平台才需要承担相应的补充赔偿责任，明显减轻了电商平台的责任。为了在保障消费者权益和避免电商平台背负沉重的责任包袱之间寻求平衡，《电子商务法》第38条第二款最终改为电商平台"依法承担相应的责任"。"相应的责任"包括但不限于"补充责任"，也包括"连带责任"。虽然司法实践中可能会产生新的问题，但单就立法而言，这是目前能给出的一个比较好的答案。

(4)平台经营者应当建立信用评价制度与信用评价规则。

《电子商务法》第39条规定，电子商务平台经营者应当建立健全信用评价制度，公示信用评价规则，为消费者提供对平台内销售的商品或者提供的服务进行评价的途径。电子商务平台经营者不得删除消费者对其平台内销售的商品或者提供的服务的评价。

信用评价在信息化时代具有重大的价值，平台内经营者往往基于信用状况而获得相应的交易机会，因此建立客观公正的信用评价机制是平台吸引平台内经营者以及消费者的重要手段，也是电子商务平台的重要责任。平台常常通过建立一定的信用评价规则来约束平台上的各类活动主体，如淘宝、京东、唯品会等都各有不同的评价体系。那么如何控制平台不滥用这一权利呢？《电子商务法》对此做出了具体规定，要求建立信用评价制度，公开信用评价规则，为消费者提供评价的途径，不得删除评价信息。此外，平台还应保持评价体系的开放性、可接近性，信用信息的汇集等。

(5)平台经营者的知识产权保护义务。

《电子商务法》第41条规定，电子商务平台经营者应当建立知识产权保护规则，与知识产权权利人加强合作，依法保护知识产权。第42条规定，知识产权权利人认为其知识产权受到侵害的，有权通知电子商务平台经营者采取删除、屏蔽、断开链接、终止交易和服务等必要措施。通知应当包括构成侵权的初步证据。电子商务平台经营者接到通知后，应当及时采取必要措施，并将该通知转送平台内经营者；未及时采取必要措施的，对损害的扩大部分与平台内经营者承担连带责任。因通知错误造成平台内经营者损害的，依法承担民事责任。恶意发出错误通知，造成平台内经营者损失的，加倍承担赔偿责任。第 43 条规定，平台内经营者接到转送的通知后，可以向电子商务平台经营者提交不存在侵权行为的声明。声明应当包括不存在侵权行为的初步证据。电子商务平台经营者接到声明后，应当将该声明转送发出通知的知识产权权利人，并告知其可以向有关主管部门投诉或者向人民法院起诉。电子商务平台经营者在转送声明到达知识产权权利人后十五日内，未收到权利人已经投诉或者起诉通知的，应当及时终止所采取的措施。第 44 条规定，电子商务平台经营者应当及时公示收到的本法第 42 条、第 43 条规定的通知、声明及处理。第 45 条规定，电子商务平台经营者知道或者应当知道平台内经营者侵犯知识产权的，应当采取删除、屏蔽、断开链接、终止交易和服务等必要措施；未采取必要措施的，与侵权人承担连带责任。

《电子商务法》中第 41 条至 45 条规定了电子商务平台知识产权保护制度，由平台经营者知识产权保护规则、治理措施与法律责任组成。首先，这里所指的知识产权保护制度并非法律意义上的保护制度，而是与平台自己的特点和能力相适应的保护制度。其次，与知识产权权利人加强合作，包括两个层面，即与平台内的权利人合作、与平台外的权利人合作。通过合作来解决"通知—删除—反通知"规则中可能存在的问题。最后，不建立相关制度可能导致的后果，主要体现在第四十五条。

(6)平台经营者的商品、服务质量担保机制和先行赔偿责任。

《电子商务法》第 58 条规定，国家鼓励电子商务平台经营者建立有利于电子商务发展和消费者权益保护的商品、服务质量担保机制。电子商务平台经营者与平台内经营者协议设立消费者权益保证金的，双方应当就消费者权益保证金的提取数额、管理、使用和退还办法等作出明确约定。消费者要求电子商务平台经营者承担先行赔偿责任以及电子商务平台经营者赔偿后向平台内经营者的追偿，适用《中华人民共和国消费者权益保护法》的有关规定。

该条规定主要包含三个方面：一是鼓励电子商务平台经营者建立质量责任担保机制，二是设立消费者权益保证金，三是对平台经营者承担先行赔偿责任的规定。该条文主要针对电商平台经营者和平台内经营者而设立，切实保障了消费者的权益。但值得注意的是，建立商品、服务质量担保机制属于倡导性规定，而非强制性要求，但对于保障商品、服务质量的积极作用是不可否定的。

第五节　电子商务中的知识产权保护

知识产权，也称知识所属权，指权利人对其智力劳动所创作的成果享有的专有权利，一般只在有限时间内有效。各种智力创造，比如发明、文学和艺术作品，以及在商业中使用的标志、名称、图像以及外观设计，都可以被认为是某个人或组织所拥有的知识产权。传统的知识产权包括工业产权与著作权。其中，工业产权包含专利权、商标权、商业秘密、集成电路布图设计等；著作权包括狭义的著作权与邻接权等。随着科学技术的迅速发展，知识产权保护对象的范围不断扩大，如网络作品、计算机软件、数据库产品等。电子商务的发展要求建立清晰、有效的网上知识产权保护体系，以解决包括网络作品著作权、计算机软件著作权、数据库产品著作权、域名以及数字化产品专利权在内的许多新的知识产权保护问题。本节主要就电子商务活动中涉及的著作权保护、域名保护以及专利权利保护问题进行分析与论述。

一、著作权保护

著作权，也称为版权，指作者或其他人（包括法人）依法对某一著作物享受的权利。著作权包括人身权和财产权，其中人身权具有不可转让性、永久性的特点，包括发表权、署名权、修改权等；财产权主要包括复制权、发行权、展览权、表演权、广播权等。在学理上，根据性质不同，著作权又可以分为狭义著作权与邻接权。其中狭义著作权是针对原创相关精神产品的人而言的；而邻接权是针对表演或者协助传播作品载体的有关产业的参加者而言的，如表演者、录音录像制品制作者、广播电视台、出版社等。

著作权的取得有两种方式：自动取得和登记取得。在中国，按照著作权法规定，作品完成就自动有版权。所谓完成，是相对而言的，只要创作的对象已经满足法定的作品构成条件，即可作为作品受到著作权法保护。著作权保障作者因创作作品而获得的正当权益，协调作品的创作者、传播者和广大公众因作品的传播和使用而产生的法律关系，鼓励作者创作，促进作品传播，发展科学文化事业。

1. 数字化作品

《中华人民共和国著作权法实施条例》（2013 年修订）第二条规定，作品是指文学、艺术和科学领域内具有独创性并能以某种有形形式复制的智力成果。根据这一定义，只要具备独创性和可复制性这两个实质要件，就可成为《中华人民共和国著作权法》（2010 年修订）的保护客体。数字化作品与传统作品的区别在于作品形式和载体不同，传统作品的形式和载体以文字和纸面为主；数字化作品的形式是计算机能够识别的二进制代码，载体为 U 盘、硬盘、CD-ROM 等多种形式。

依照作品来源，数字化作品可以分为两类：一类是指进入网络前已经借助传统载体存在，只是通过键盘、扫描仪等工具输入计算机，然后通过网络传播的作品；另一类就是在网络上创作的作品，即从被创作之日起就直接以数字化形式在网络上传播的作品。对于第一种类型，原作品被直接数字化后改变的只是作品的存在形式，数字化过程本身并不具有独创性，不产生新的作品，因此该数字化作品的著作权仍由原作品的著作权人享有。对于第二种类型，直接以数字化形式创作的作品，其表现形式不会因数字化而有丝毫改变，也不会因数字化而丧失其独创性和可复制性，因此以数字化形式存在于磁盘等介质上的网络信息，受《著作权法》保护；同时与该数字化作品著作权有关的邻接权也是《著作权法》保护的客体。

2. 计算机软件

计算机软件著作权是指软件的开发者或者其他权利人依据有关著作权法律的规定，对于软件作品所享有的各项专有权利。我国计算机软件的著作权保护依据《著作权法》和《计算机软件保护条例》。2001年12月20日，国务院第339号令公布了新的《计算机软件保护条例》，同时废止了1991年版的《计算机软件保护条例》。该条例自2002年1月1日起施行，经过2011年、2013年两次修订，共分为五章33条，分别对软件著作权、软件著作权的许可使用和转让以及法律责任等方面进行了规范。2002年2月20日，国家版权局为贯彻《计算机软件保护条例》，颁布了《计算机软件著作权登记办法》，对软件著作权登记、软件著作权专有许可合同和转让合同登记的流程及费用进行了规范。经过登记后，软件著作权人享有发表权、开发者身份权、使用权、使用许可权和获得报酬权。

3. 数据库

数据库是电子商务运行的重要基础，它承担着对商务信息的存储、管理、查询、结算和处理等功能，从供应商选择、原材料采购、物流配送到电子支付的所有网上贸易活动都离不开数据库的支持，由此引发的知识产权保护问题也日益突出。目前世界各国及国际公约组织对数据库的法律保护主要采取三种模式：版权保护模式、特殊权利保护模式和反不正当竞争法保护模式。

数据库作为作品、作品片段或者不构成作品的数据或其他资料的汇集体，是其制作者通过对数据库内容的选择或编排而成的。只要数据库在内容选择或编排上体现独创性，即可获得版权法保护，具有独创性的数据库一般被归入"汇编作品"加以保护。

目前世界上大部分国家对具有独创性的数据库给予版权法保护。但版权法对数据库的保护也存在一些不足，比如，各国对独创性的认定标准存在差异，这影响了数据库的国际保护；版权法只保护数据库的结构，而无法对数据库的内容提供保护；版权法只保护具有独创性的数据库，而无法保护大量缺乏独创性的数据库。为了克服版权法的不足，欧盟于1996年颁布了《数据库法律保护指令》，对具有独创性的数据库采用版权保护，对不具有独创性的数据库赋予了制作者特殊权利保护。

从国外数据库法律保护实践看，在没有建立数据库特殊权利保护制度的国家，是以反不正当竞争法来保护不具有独创性的数据库，以弥补版权法对数据库保护的不足。反不正当竞争法保护模式与特殊权利保护模式的保护重点是一致的，都是为了保护数据库制作者在材料收集、整理、证明、编排等方面的投资，以制止擅自利用他人制作的数据库中信息牟取利益的"搭便车"行为。①

我国目前还没有专门的法律法规来对数据库进行保护，各级司法机关主要依据《著作权法》《反不正当竞争法》《专利法》等对数据库提供保护。在实践中，现行各法律制度也只对符合各自保护范围的数据库提供一定的法律保护。比如，《著作权法》仅保护具有独创性的数据库，对缺乏独创性的数据库不给予保护。《反不正当竞争法》虽然可以为不具有独创性的数据库提供保护，但也只局限于禁止竞争者的"搭便车"行为，而对非竞争者的不当利用行为则无能为力；《专利法》只能对符合新颖性、创造性和实用性的数据库提供专利保护。由此可见，我国现行各法律制度在数据库保护方面还缺乏足够的协调性、互补性，为了能使电子商务及数据库产业快速健康发展，还需要对现行相关法律制度进行修改。

二、域名保护

1. 域名的概念及特征

域名，又称网域，它是用一系列有代表意义的字母或字母缩写来代替由阿拉伯数字组成的 IP 地址。域名是企业或组织在互联网上的标记或"门牌号"，是互联网上企业或组织间相互联络的网络地址。随着互联网的发展，大量的企业或组织通过建立自己的站点来宣传产品与服务，一些商家会根据自己的商号或者产品商标来命名域名，域名和企业及产品的关系越来越密切，其商业价值也越来越大，已经成为一种类似商标的无形资产，受到人们的普遍重视。

域名具有标识性、唯一性与排他性三个特征。标识性是指域名可以用来区分互联网上不同的计算机用户。唯一性是指在全球范围内每个域名在互联网上都是独一无二的。排他性是指在全球范围内不可能出现两个完全相同的域名，在互联网上，域名遵循"先申请先注册"的原则。

2. 域名引发的法律冲突

随着域名商业价值的提高，由域名引发的法律冲突也不断增加，其主要表现在两个方面：一是域名与名称权的法律冲突。域名在电子商务中的价值蕴藏在其知名度中，在虚拟世界中要想依靠传统营销手法创造域名知名度难度较大，为了及时抓住网上商机，借助知名组织的名称或知名人士姓名的声誉，将其注册为自己的域名

---

① 郭洪波：《数据库法律保护的研究》，《河北法学》2005 年第 6 期。

而引发的网络纠纷已屡见不鲜。二是域名与厂商名称权、商标权的法律冲突。厂商名称和商标是用来区分不同的生产者和销售者的，驰名的厂商名称与商标在公众中享有良好的商业信誉，对广大消费者具有巨大的吸引力，是企业宝贵的无形资产。由于域名注册而侵犯厂商名称权和商标权的纠纷时有发生。

3. 域名的法律保护

域名作为一种无形的资产，在我国受到《中华人民共和国民法通则》《中华人民共和国商标法》《中华人民共和国反不正当竞争法》《中国互联网络域名管理办法》（2017年版）等相关法律法规的保护。由于域名的全球性，要解决此类纠纷，在全球范围内建立合理稳定的域名管理新体系，需要各国的不懈努力。目前世界知识产权组织、国际电信联盟、互联网协会等国际组织共同发布了《通用顶级域名管理操作最终方案》《互联网域名系统通用顶级域名谅解备忘录》等，用于解决域名纠纷。[1]

三、专利权保护

1. 专利权的概念及特征

专利权，简称专利，是指发明创造人或其权利受让人对特定的发明创造在一定期限内依法享有的独占权。作为一种知识产权，专利权既包括人身权，又包括财产权。专利权的发生以公开发明成果为前提，它的取得必须经过专利局授予。

专利权具有排他性、时间性及地域性特点。排他性，也称独占性或专有性，是指专利权人对其拥有的专利权享有独占或者排他的权利，未经其许可或者出现法律规定的特殊情况，任何人不得使用，否则即构成侵权。时间性是指法律对专利权所有人的保护不是无期限的，超过这一时间限制则不再予以保护，专利权随即成为人类的共同财富，任何人都可以利用。地域性是指任何一项专利权，只有依据一定地域内的法律才得以产生并在该地域内受到法律保护。这是专利权区别于有形财产的一个重要法律特征。根据该特征，依一国法律取得的专利权只在该国领域内受到法律保护，而在其他国家则不受该国家的法律保护，除非两国之间有双边的专利（知识产权）保护协定，或共同参加了有关保护专利（知识产权）的国际公约。

2. 专利权的法律保护

随着网络信息技术的发展，在电子商务领域不断涌现出一些新技术与新产品，如电子产品图形用户界面外观设计、云计算等，这些新生事物在给电子商务应用带来便利的同时，也使得电子产品的专利权保护问题日益突出。下面以"计算机软件能否成为专利制度保护的客体"为例，对计算机软件类电子产品的专利权保护与著作权保护问题进行分析。

---

[1]　赵芳：《电子商务概论》，东北财经大学出版社2015年版，第292~293页。

《与贸易有关的知识产权协定》(Agreement on Trade-Related Aspects of Intellectual Property Rights，TRIPS)简称《知识产权协定》，是世界贸易组织管辖的一项多边贸易协定，其在附录中对授予专利的事物描述为：任何一项发明创造，无论是产品还是程序，无论在何种技术领域，只要它们是新颖的，具有创造性的和具有工业实用性的，都可以被授予专利。1984 年我国颁布了《中华人民共和国专利法》，经过 1992 年、2000 年、2008 年三次修订，现行专利法共八章 76 条，其中第 22 条规定，授予专利权的发明和实用新型，应当具备新颖性、创造性和实用性。由此可见，专利制度能够成为保护计算机软件的一种法律手段。

在现实中，计算机软件可以通过著作权或者专利权两种不同的知识产权形式进行保护，软件专利权与软件著作权的区别主要体现在以下四个方面：

一是两者法律依据不同。计算机软件著作权的保护依据是《著作权法》和《计算机软件保护条例》；计算机软件专利权的保护依据是《专利法》。

二是两者的保护原则不同。计算机软件著作权在软件创作完成后自动产生，自愿进行软件著作权登记，登记的目的是体现公证的效力，主要用于声明著作权权属，同时使后续维权时的证据力度更大；而计算机软件专利权则必须向专利局提出申请才能获得保护，并以"用公开换保护"为原则。

三是申请审查程序和通过率不同。计算机软件著作权实行登记制，一般不需要经过实质审查，只要形式审查时提交的材料符合要求，且不违反《著作权法》的规定即可获权，登记通过率极高；而计算机软件专利权申请需要经过严格的形式审查和实际审查，形式审查主要审核专利材料是否符合申请要求，形式审查通过后就会公开，再进入实质审查，审核该专利是否符合《专利法》的要求，并且要满足新颖性、创造性和实用性等要求。著作权侧重保护"作品"，而专利权测重保护"产品"，一般纯软件型的专利不易获权，通过软硬件结合的方式会提高其授权率。

四是保护期限和维护费用不同。在保护期限方面，自然人的软件著作权，保护期为自然人终生及其死亡后 50 年；法人或者其他组织的软件著作权，保护期为 50 年。通常计算机软件只能申请发明专利，保护期限从申请日起算 20 年。在费用方面，计算机软件著作权申请只需要缴纳前期的申请费，后续没有维护费用；而发明专利每年都需要缴纳年费，过期不缴纳即视为放弃专利权。

相比较而言，计算机软件专利保护要求更高、程序更复杂、难度也更大，但专利保护的是设计构思和方案，因此其保护力度更强。计算机软件发展速度快、时效性强，软件权利人应根据实际需要选择适当的保护模式。

本 章 小 结

电子商务法是指调整平等主体之间通过电子行为设立、变更和消灭财产关系和人身关系的法律规范的总称；是调整政府、企业和个人以数据电文为交易手段，通过信息网络所产生的，因交易形式所引起的各种商事交易关系，以及与这种商事交易关系密切相关的社会关系、政府管理关系的法律规范的总称。电子商务法具有技术性、安全性、开放性、国际性、复合性等特征。我国的电子商务核心法律规范以《中华人民共和国电子签名法》和《中华人民共和国电子商务法》为代表。

计算机网络系统安全包括物理安全和逻辑安全两个方面。我国现行涉及电子商务网络安全的法律规范主要有：《中华人民共和国计算机信息系统安全保护条例》《中华人民共和国计算机信息网络国际联网管理暂行规定》《中国互联网络域名注册暂行管理办法》《国际互联网出入信道管理办法》《计算机信息网络国际联网安全保护管理办法》《中华人民共和国电信条例（草案）》《互联网内容服务管理办法（草案）》和《中华人民共和国计算机信息系统安全保护条例》等。2016年11月7日颁布的《中华人民共和国网络安全法》，作为我国网络安全治理领域的基础性立法，为今后我国构建完整全面的网络安全法律体系奠定了基础。

在电子商务交易数据与信息传输过程中，其安全要求包括：信息的保密性、完整性以及交易本身的不可抵赖性。2004年8月28日颁布的《中华人民共和国电子签名法》是我国电子商务领域的基本法，在实现电子商务交易数据传输安全，保障电子商务交易安全，促进电子商务发展方面具有极其重要的作用，在经历了2015年、2019年两次修订后，其适用范围进一步扩大。

电子商务交易安全的要求主要有：交易双方身份的可认证性和电子交易过程的有效性。我国现行涉及电子商务交易安全的法律规范分为三大类。第一类是并非专门针对电子商务活动而制定的，但由于电子商务本质上还是一种商事行为，其中涉及交易的条款依然适用于电子商务活动，如《反不正当竞争法》《消费者权益保护法》等；第二类是有一些法律规范，在修订过程中加入了涉及电子商务的内容，如《中华人民共和国合同法》；第三类是专门针对电子商务活动而制定的，如《电子认证服务管理办法》《电子支付指引（第一号）》《非金融机构支付服务管理办法》《非银行支付机构网络支付业务管理办法》《中华人民共和国电子商务法》等。2018年8月31日颁布的《中华人民共和国电子商务法》是一部对电子商务活动全面作出规定的综合性立法，为中国电子商务健康发展奠定了基本法律框架。其主要内容包括总则、电子商务经营者、电子商务合同的订立与履行、电子商务争议解决、电子商务促进、法律责任、附则，涉及电子商务经营主体、经营行为、合同、快递物流、电子支付等以及电子商务发展中比较典型的问题。

知识产权是指权利人对其智力劳动所创作的成果享有的专有权利，一般只在有限时间内有效。电子商务的发展要求建立清晰、有效的网上知识产权保护体系，以解决包括网络作品著作权、计算机软件著作权、数据库产品著作权、域名以及数字化产品专利权在内的许多新的知识产权保护问题。

课 后 习 题

一、填空题

1. 电子商务法的主要特征有( )、( )、开放性、( )和复合性。

2. 按照数据电文在商务活动中所起的作用,电子商务可分为( )与( )。

3. 2016 年 11 月 7 日,全国人大常委会发布了( ),该法作为我国网络安全治理领域的基础性立法,为今后我国构建完整全面的网络安全法律体系奠定了基础。

4. 在电子商务交易数据与信息传输过程中,其安全要求主要有( )、( )以及交易本身的不可抵赖性。

5. 电子商务交易安全要求主要包括( )和( )。

6. 2004 年 8 月 28 日,我国颁布了( ),这既是我国电子商务领域的基本法,对电子政务活动、电子司法活动等其他社会活动也同样适用。

7. 2018 年 8 月 31 日,全国人大通过( ),作为一部对电子商务活动全面作出规定的综合性立法,它为中国电子商务健康发展奠定了基本法律框架。

二、选择题

1. 按照立法及出台部门,法律法规可以分为基本法律、行政法规、司法解释、部门性规章和地方性规章。下列法律法规中,不属于调整电子商务活动的基本法律的是( )。

A.《中华人民共和国电子签名法》　　B.《中华人民共和国电子商务法》

C.《中华人民共和国网络安全法》　　D.《计算机软件保护条例》

2. 电子签名必须起到的作用有( )。

A. 识别签名人的身份　　　　B. 保证信息传输的安全性

C. 保证签名人认可文件的内容　　D. 保证加密信息的完整性

3.《电子签名法》将一些涉及人身关系、权益转让、公共事务的重要文件暂时排除在电子签名的适用范围之外,称为"适用例外"。2019 年修订的《电子签名法》中,不属于"适用例外"是( )。

A. 涉及婚姻、收养、继承等人身关系的

B. 涉及土地、房屋等不动产权益转让的

C. 涉及停止供水、供热、供气、供电等公用事业服务的过程

D. 法律、行政法规规定的不适用电子文书的其他情形

4. 我国现行的《合同法》中,涉及电子商务合同的内容包括( )。

A. 将书面合同形式扩大到数据电文形式

B. 确定了电子商务合同的到达时间

C. 确定了电子商务合同的成立时间与地点

D. 确定了电子商务合同的违约责任

5. 下列法规中，(　　)仅适用于发起行是银行的电子支付。

A.《电子支付指引(第一号)》

B.《非金融机构支付服务管理办法》

C.《非银行支付机构网络支付业务管理办法》

D.《人民银行法》

6.《电子商务法》中涉及下列哪些典型问题？(　　)

A. 大数据"杀熟"现象 　　　　　B. 搭售

C. 刷单 　　　　　D. ofo、途歌退押金事件

7. 目前世界各国及国际公约组织对数据库的法律保护模式主要有(　　)。

A. 版权保护模式 　　　　　B. 特殊权利保护模式

C. 反不正当竞争法保护模式 　　　　　D. 合同保护模式

三、名词解释

1. 电子商务法

2. 知识产权

3. 著作权

4. 专利权

5. 域名

四、简答题

1. 政府机关在电子认证服务中的法律地位及其职能是什么？

2.《非银行支付机构网络支付业务管理办法》有哪些特点？

3. 电子商务经营者的一般法律义务有哪些？

4. 电子商务平台经营者的一般法律义务有哪些？

5. 软件著作权与软件专利权的区别有哪些？

案 例 分 析

"视觉中国"黑洞事件，让版权保护走出黑洞

2019 年 4 月 10 日人类历史上首张黑洞照片发布后不久，一家图片版权代理公司"视觉中国"就将这张照片收录到自家网站，并标记为"版权所有"，商业性使用需要付费。视觉中国的员工还在社交网络上警告自媒体人注意版权风险。

这引起了之前饱受视觉中国版权诉讼之苦的媒体人的愤怒。人们很快发现，这张照片的版权属于主导"事件界限望远镜"国际合作项目的欧洲南方天文台(ESO)，

而 ESO 在其网站上明确宣布，包括黑洞照片在内，其网站上发布的照片、视频、新闻稿等版权归属于 ESO 的素材都采用"知识共享署名 4.0 国际许可协议"（Creative Commons Attribution 4.0 International License，CCBY 4.0）授权，只要对其版权素材进行清晰的署名，就可以自由使用这些材料，无论是非商业性质的使用，还是商业性质的使用。欧洲南方天文台在回复中国媒体的问题时明确表示，视觉中国从未就版权问题联系过他们，但根据该机构网站所采用的 CC 许可协议，视觉中国可以自由使用黑洞照片，但是无权出售黑洞照片的版权。

近年来，随着中国自媒体的迅速膨胀，对照片等素材的使用需求剧增。但是早期自媒体多数不重视版权问题，从网上随便搜索图片使用。于是，不少像视觉中国这样的图片版权代理公司（图片库）开发了一种新的商业模式——"维权式营销"，即以发侵权律师函或者侵权诉讼的方式获取赔偿金，或者逼迫违法使用者签订一揽子使用协议和解。为了监测自家图片的使用情况，各大图片库还开发了专门的搜索系统，可以在整个互联网上搜索比对图片的使用情况，一旦发现未经授权的使用，就会启动维权模式。商业大数据网站天眼查的数据显示，视觉中国的运营公司及旗下其他两家公司涉及法律诉讼案件共 12000 多起，其中绝大部分是起诉他人图片侵权。这只是进入诉讼程序的案件数量，没有进入诉讼程序的就更多了。

维护版权当然是合法正当的。但问题在于，图片库对其宣称拥有版权的作品，并不一定真的有权售卖，比如此次的黑洞照片。网友们还发现很多视觉中国号称拥有版权的图片，实际上已经过了版权保护期（我国版权法规定，摄影作品自发表时间起享有 50 年版权保护期，过期后其财产性权利不受保护），还有很多法律规定不能进行商业性使用的作品（比如国旗、国徽的图案），还有其他公司的标识等不可能授权给视觉中国的作品，也在视觉中国网站上被售卖。此外，以高额索赔逼迫签署长期使用协议，也是图片库引起广大自媒体人反感的一大原因。很多自媒体人称图片库的作为是"敲诈勒索"。

虽然黑洞照片本身的版权问题很容易就弄清了，视觉中国也在自己的网站上做了修改。但是针对"视觉中国"的怒火并没有平息。很快，又有一家图片库"全景网络"也宣布关站自查。图片库的兴起对促进中国互联网上版权意识的提高、维护创作者权益起到了一定的作用。但是授权状态不透明、把自己无版权的作品拿来出售、对中小图片使用者威胁利诱等乱象也广泛存在。图片库公司理应维护自己和创作者的权利，但是首先自己要真的有权才行。

国家版权局关注到了黑洞图片引起的关注，在 4 月 12 日发布公告表示，国家版权局重视图片版权保护，依法维护著作权人合法权益；要求各图片公司要健全版权管理机制，规范版权运营，合法合理维权，不得滥用权力。公告还称，国家版权局将把图片版权保护纳入即将开展的"剑网 2019"专项行动，进一步规范图片市场版权秩序。

不仅是图片，知识产权保护在中国一直都存在许多问题。而这一次，借助黑洞事件，越来越多的人开始想要厘清，版权究竟归属于谁、具体包括哪些权利、如何维权、版权中介的边界在哪里……一场黑洞引发的版权大讨论还在继续深入中。希望黑洞照片事件过后，中国的版权市场能够更加规范。版权中介们的行为也要更加规范，授权状态要更加透明，收入分配要更加合理。

（资料来源：《南方周末》企鹅号 2019.4.12）

根据案例回答问题：

1. 结合案例谈谈：互联网环境下的版权保护存在哪些问题？

2. 从政府监管部门、版权中介以及创作者的角度思考，如何解决互联网环境下的版权保护问题？

第十章　电子商务信用体系

【本章主要内容】
社会信用体系
电子商务信用机制
我国电子商务信用体系建设
【本章学习方略】
本章重点内容
(1)信用的概念与分类
(2)社会信用的概念及作用机理
(3)电子商务信用概念及特征
(4)我国电子商务信用体系发展现状
本章难点内容
(1)社会信用的概念及作用机理
(2)我国电子商务信用体系发展现状

近年来，我国电子商务持续保持快速发展态势，在促进经济增长、推动消费升级、增加城乡就业、助力脱贫攻坚、服务绿色产业、提高开放水平等方面的作用日益明显，已经成为社会经济生活中不可或缺的组成部分。然而与实体经济相比，电子商务网络交易的虚拟性、隐蔽性、开放性和随机性等特征使得失信现象频发，如"刷单炒信""制假售假""恶意欺诈""倒卖个人信息"等。这些失信行为不仅会增加电子交易成本、制约交易契约实现，还影响着电子商务市场的发展趋势。本章将对电子商务信用问题进行介绍。

本章主要包括信用及社会信用、国外社会信用体系建设与发展、我国社会信用体系建设与发展、电子商务信用评价、电子商务信用管理、我国电子商务信用体系建设等内容。

第一节　社会信用体系

一、信用及社会信用体系概述

1. 信用的概念

人类最早的信用活动产生于原始社会末期，私有制的出现导致了贫富分化，产生了借贷关系，信用也随之而生。社会经济交易方式在漫长的发展历史中经历了以物易物的自然经济时期、以货币为媒介的货币经济时期和以信用交易为主导的信用经济时期，信用的内涵与外延也从最初以道德约束为主的信任关系及其相关活动，发展到围绕借贷行为展开的信用信息与服务活动以及相应的制度规范。从这个角度来理解，信用是指"建立在信任基础上的基于各种财产的当期或者跨期交易并维护双方利益的制度规则"。这是从经济学角度对信用进行的定义，西方国家普遍采用这种定义，如《牛津法律大辞典》中对信用的解释是："在得到或提供货物或服务后并不立即付款，而是允诺在将来给付报酬的做法。"

由于信用主体的广泛性，信用在经济学、社会学、伦理学等范畴内均有概念界定。综合来讲，在中文里"信用"有三种含义：一是对他人或物品等的信任使用；二是遵守诺言，实践成约，从而取得别人的信任；三是以偿还为条件的价值运动的特殊形式，即不需要立即付款或财产抵押担保而进行价值交换的一种制度，多产生于货币借贷和商品(服务)交易的赊销和预付当中。[1]

2. 信用的分类

根据中文信用的定义，信用可以划分为经济信用和社会信用两个方面。经济信用是指以信任为基础，以按期偿还为条件的交易关系和价值转移方式，它形成交易主体间的债权债务关系。经济信用形式有商业信用、银行信用和消费信用等。所有主体的经济信用关系构成了市场的交易秩序。而社会信用是指人们在为人处世及各种社会交往中必须遵守的道德规范和行为准则，是一种基于伦理的信任关系，可以理解为我们平常所说的诚信。具体表现为各主体在社会活动中遵守法规和道德规范、履行合约、兑现承诺的行为能力及信任度。所有主体的社会信用关系构成了整个社会的信用环境和社会秩序。

信任的基础是信用，而信用的基础是信息。市场主体的信用状况可通过其信用信息、信用记录，按照一定的方法进行度量。社会信用状况主要通过市场主体的公共信用信息来体认，披露的主体是公共管理部门、行业组织和社会公众。经济信用状况则可通过交易信用信息来体现，披露的主体是供应商、客户、银行等授信方，以及行业组织和征信机构等。[2]

3. 社会信用体系的概念及作用机理

社会信用体系有广义与狭义之分。广义的社会信用体系是一种有效的社会、经济管理机制，它以道德、产权和法律为基础，以信用制度为核心，通过对市场主体信用记录的采集、分析、传播、预警等功能，解决经济和社会生活中信用信息不对称的矛盾，从而惩戒失信行为，褒扬诚实守信，维护经济活动和社会生活的正常秩

---

①　韩家平：《我国社会信用体系建设的内涵与外延》，《中国改革报》2014 年 7 月 28 日第 2 版。

②　韩家平：《关于我国社会信用体系建设的再认识》，《征信》2016 年第 11 期。

序，促进经济和社会的健康发展。而狭义的社会信用体系则是指作用于经济交往领域的信用风险保障体系，主要解决信用交易的安全和效率问题，不包括社会成员的社会行为规范等诚信问题。更狭义的社会信用体系主要指企业和个人的信用服务体系，一般认为应是一个商业化的运作系统，主要作用是通过专业化的信用服务活动，帮助授信方规避商业和金融信用风险。①

社会信用体系的组成结构如图 10-1 所示。

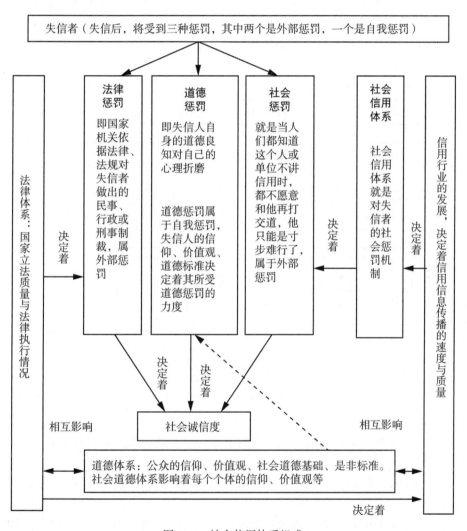

图 10-1　社会信用体系组成

---

① 韩家平：《我国社会信用体系建设的内涵与外延》，《中国改革报》2014 年 7 月 28 日第 2 版。

　　我国社会信用体系建设的重要纲领性文件《社会信用体系建设规划纲要(2014—2020)》中，采用了广义社会信用体系的定义，将社会信用体系定位为社会主义市场经济体制和社会治理体制的重要组成部分，认为其是一种有效的经济社会治理手段。近年来社会信用体系又被上升到实现国家治理体系和治理能力现代化的重要途径，这种变化一方面体现了社会信用体系的内在逻辑正是基于广义的社会信用体系概念演变而来的，另一方面也体现了在我国建设社会信用体系的重要意义。

　　社会信用体系是包含一维诚信体系、二维社会管理体系、三维信用交易体系的三维信用建设的系统性工程，是由信用立法、信用交易、信用监管、信用服务、失信惩戒机制、信用文化与教育等管理与服务体系共同作用、交织形成的社会综合管理机制(见图 10-2)。

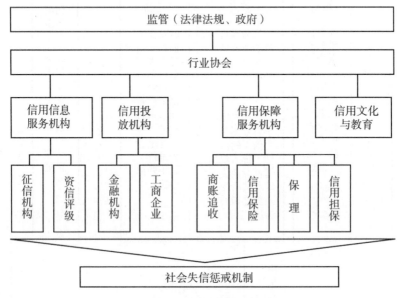

图 10-2　我国社会信用体系

　　(1)信用监管体系：一是法律法规的监管；二是政府相关部门的监管；三是行业自律监管。

　　(2)信用投放体系：一般是指公共部门、金融部门、工商类企业等实体开展的信用活动。

　　(3)信用服务体系：这是技术性支持各类授信业务的体系，主要涉及信用信息服务体系和信用保障服务体系。

　　(4)信用文化与教育：市场经济追求道德、精神和规则。这一切的形成，既需要利益的平衡，也需要制度的安排，更不能忽视社会道德伦理中信用文化的宣传、引导。信用管理的发展，离不开信用管理人才。信用管理教育的发展可为现代信用活动培养人才。

（5）失信惩戒机制：是建立健全褒扬诚信、惩戒失信的机制。

信用产生于社会交往和经济交易活动。无论是传统市场还是现代市场，抑或电子交易市场，普遍存在着信息不对称。从博弈论的角度分析，当交易次数有限，且违约惩罚成本较低时，交易各方极易产生机会主义行为，这不利于市场的稳定与发展。如果将信用作为消除信息不对称的一种非正式合约安排和手段，通过建立健全信用体系，加强信用管理，由信息不对称所带来的信用风险将被控制在可接受的范围内。也就是说，只要我们能够全面、及时、准确地采集到所有市场主体的信用记录，并依据该记录对市场主体进行有效奖惩，让失信者一处一时失信、处处受限，那么人们就会逐渐建立起对守信激励和失信惩戒的共同预期，就会自觉理性地选择诚信、摒弃失信。社会信用体系就是基于这种原理进行建设和运作的。

二、国外信用体系建设与发展

社会信用体系是随着市场经济的发展而建立的。各国国情不同，决定了其信用体系要解决的社会信用领域的主要矛盾也不相同。发达国家市场经济发展成熟，法制相对健全，社会诚信缺失问题已基本解决，不再是其社会信用的主要矛盾。同时，发达国家信用经济高度发达，市场交易的80%以上都是信用交易，金融创新异常活跃，信用交易风险是其社会信用问题的主要矛盾。因此发达国家的信用体系主要是围绕经济交易展开的，属于经济金融领域的信用风险管理体系。不同国家根据各自的国情与历史文化等方面的特征，建设出了具有本国特色的社会信用体系，如美国的市场主导型模式、德国的政府主导型模式以及日本的会员制模式等。下面以美国、欧洲、日本为例，对其社会信用体系建设与发展状况进行介绍。

1. 美国信用体系——市场主导型

美国是当今世界上信用管理体系最为完善的国家之一，其社会信用体系萌芽于自然经济时期，发展于货币经济时期。美国于1776年宣布独立，之后经过1861—1865年南北战争，资本主义迅速发展，到19世纪末工业生产跃居世界首位，垄断组织开始形成，美国进入了真正的货币经济时期，即自由竞争的资本主义时期。在这一时期，美国近代工业初步形成，市场也随着工业经济的发展而逐步扩大，地区间专业分工逐渐形成。全国形成一个循环市场，即东部把制成品运到西部，西部把粮食卖给南部和东北部，南部把棉花卖给北部。随着美国工业化的逐步建立以及国内贸易区的形成，银行和企业的信用交易不断增加。但当时美国实行单一银行制，严禁跨州设立银行，因此银行交易范围狭小，交易对象有限，市场自发信用机制在银企信用关系维护中发挥着重要作用。

19世纪末20世纪初，美国进入了信用经济时期，又称垄断资本主义时期。在两次世界大战中，美国巩固了其在资本主义世界的领先地位。"二战"之后，美国经济快速发展，带来市场交易额迅速增加，同时促成了各种信用工具广泛应用，征信和信用评级等行业快速发展起来。到 20 世纪 60 年代，美国已有 2200 多个民营消费者信用调查机构，主要业务为收集、整理、加工、储存、评估和销售消费者信用报告。美国政府对这些受市场需求刺激自发产生的征信行业没有干预，而是出台了一系列信用法律进行规范。市场调节加上政府提供的法治保障，美国逐渐形成了发达完善的市场主导型社会信用体系模式。

美国社会信用体系主要表现出三个特征：一是法律体系不断完善。美国政府在 20 世纪 60 年代末到 80 年代的近 20 年时间里，相继出台了一系列与信用管理相关的法律，将信用产品从加工、生产、销售到使用的全过程纳入法律范畴，建立起较完备的信用管理法律框架体系。目前美国共有 16 部基本信用法律，形成了以《公平信用报告法》为核心的法律体系。二是监督体系分工明确。"二战"后，美国政府在不断加强信用法制建设的同时，也重视信用监管体系的建设，形成了以银行类监管和非银行类监管为特征的分工明确、相互配合的监管体系。美国政府将信用管理法案的主要监督和执行机构分为两类：一类是银行系统的机构，包括财政部货币监管局、联邦储备系统和联邦存款保险公司；另一类是非银行系统的机构，包括联邦贸易委员会、司法部、国家信用联盟办公室和储蓄监督局。这些政府管理部门负责对信用执行情况进行严格监管。三是征信体系市场化运作。20 世纪 90 年代，随着经济的发展以及信用立法体系和信用监管体系的不断完善，美国征信体系也迅速建立起来。美国征信体系按照所服务的对象和内容可分为企业征信系统和个人征信系统，并实行民营市场化运作方式。在美国的企业征信领域，经过 100 多年的市场竞争，邓白氏公司最终独占鳌头，成了美国乃至世界上最大的全球性征信机构。目前邓白氏公司在 150 个国家和地区设有 300 多个分公司或办事机构，使用 95 种语言生产涉及 181 种货币种类的信用产品。该公司拥有的"世界数据库"是世界上最大的数据库，库内涵盖了全球超过 6500 万家企业的信用档案，可以及时地向所需者提供企业资信调查报告。

2. 欧洲信用体系——政府主导型向市场主导型转变

从发展趋势来看，欧洲信用体系经历了从政府主导向市场主导的发展历程。

1934 年，德国成立了欧洲第一家公共征信机构——联邦银行信贷登记中心系统。此后欧洲各国相继成立以中央银行为主导的公共征信机构。20 世纪 60—80 年代，欧洲征信业进入高速发展时期，国内外贸易量大幅度增加，交易范围日益广泛，企业征信的业务量也随之迅速增大，从而进入了大规模信用交易时代。在 20 世纪 80 年代以前，欧洲银行资金充沛，大公司和固定客户很容易从银行获得融资款。因此市场对企业征信的需求量不大，主要是由公共征信系统采集公司和贷款数额较大的个人客户的信息，为中央银行更好地监督金融市场、防范金融风险提供服务。

20 世纪 80 年代以后，全球市场格局发生了重大变化，间接融资地位下降，新兴产业不断崛起，征信又重新被投资人和金融家们加以重视，用来评估企业申请贷款和信用额度的资质。私营企业征信机构开始兴起，尤其在德国和意大利逐渐居于国内市场主导地位。这类机构主要为商业银行、保险公司、贸易和邮购公司等主要的信息使用者提供服务，其采集的信息具有覆盖人群广、总量大、信息来源渠道多、信用记录全面等特点。

20 世纪 90 年代以后，由于征信业并购的盛行，欧洲的私营征信机构，特别是个人征信机构，逐渐被几家大的跨国公司所控制，欧洲私营征信机构具有明显的美国特点。

与美国以私营征信机构为主导的市场征信体系不同，欧盟国家征信机构可分为公共征信机构和私营征信机构。前者由中央银行主导建设和运行；后者是其他机构通过商业协议或约定等手段形成信息共享系统，一般由银行业协会、征信协会或者专门从事征信的独立商业组织主导。在许多欧洲国家，中央银行要求其所监管的金融机构向公共征信机构提供有关贷款及借款人的数据，然后将公共数据库中积累的数据自动或应要求提供给每个参加机构。这种由中央银行组织的强制性信用信息交换机制，与私营协调机制并存。在私营协调机制中，放款机构自愿地通过私营征信机构共享各自借款人的信息。向征信局提供其信息的放款机构，只要提供的数据是及时和准确的，就准许进入公共数据库。在个人借贷市场和公司借贷市场，这两种体系类型并存，只是程度不同。

由于政治、经济、法律及文化背景的差异，欧洲国家不存在统一的征信模式，欧洲国家现有的征信模式主要有三种：以英国为代表的单一私营征信模式；以法国为代表的单一公共征信模式；以德国为代表的兼容征信模式。欧洲各国现行信用体系模式分类如表 10-1 所示。

表 10-1   欧洲国家信用体系模式分类

信用体系模式类型	代表性国家
公共征信模式	法国、比利时、拉脱维亚
私营征信模式	英国、瑞典、波兰、荷兰、马耳他、爱尔兰、匈牙利、希腊、芬兰、爱沙尼亚、丹麦、塞浦路斯
公共与私营兼容征信模式	意大利、德国、西班牙、斯洛文尼亚、斯洛伐克、罗马尼亚、葡萄牙、立陶宛、捷克共和国、保加利亚、奥地利

备注：卢森堡尚未建立征信机构

3. 日本信用体系——会员制模式

19 世纪末至 20 世纪中期，是日本信用体系的起始阶段。在这一阶段，大量企业与个人涌入信用行业进行分散经营。1868 年明治维新开始，日本逐步走上资本主义发展道路。随着经济的初步发展，商品交换日益增多，社会中开始出现赊销赊购现象。1892 年，日本最早的征信公司——东京商工所成立；1899 年，帝国数据银行成立。从社会大环境方面看，企业、个人对于信用的态度经历了从警惕、拒绝到逐步接受的转变，社会信用意识、诚信文化逐渐增强。

20 世纪 60 年代至 80 年代，是日本信用业的发展阶段。在这一阶段，日本信用业的发展呈现出三个特征：一是集团化经营与垄断趋势出现。自 20 世纪 60 年代起，随着信用市场日渐成熟，日本信用业集团化经营和垄断趋势逐渐明显，日本最大的两家信用机构——帝国数据银行和东京商工所占据了日本信用业整体市场份额的 60% 以上，体现出明显的垄断性。二是数据库建设。随着电子信息技术的日臻成熟，日本信用业开始重视数据库建设，并对建立起来的数据库进行建模分析，得出企业偿债能力、破产情况预期模型，提高了预测准确度，同时也提高了行业的整体信誉度。三是社会信用意识进一步加强。伴随着信用业的不断发展，日本社会中的信用意识不断加强，诚信文化得到进一步宣传，这也为 20 世纪 80 年代以后信用业的进一步发展打下了坚实的基础。

20 世纪 80 年代以来，日本信用业高速发展并趋于成熟。在这一阶段，日本信用业的发展也呈现出三个特点：一是信息公开日臻完善，社会公众对信用信息的知情权得到了法律保障。日本政府对其掌握的信用信息逐步公开，特别是 2001 年《政府信息公开法》实施后，日本民众可以免费查询到大量信用信息，包括企业登记、破产申请、企业个人纳税、土地房屋状况等原始资料，这些信用信息对征信调查具有重要参考价值，同时也在社会中强化了信用意识。二是行业协会的作用逐步加强。20 世纪 80 年代以来，日本信用业的发展已经不再由单独一两个企业所垄断，而是逐步形成了以银行协会建立的会员制征信机构为主导、以商业性征信机构为补充的社会信用管理模式。在会员制征信机构模式下，由行业协会主导建立信用信息中心，为协会会员提供个人和企业信用信息互换平台；会员单位有义务向信用信息中心提供全面准确的信用信息；信用信息的交换仅限于协会会员之间，严禁向非会员单位提供此类信息。信用信息中心负责消费者个人征信和企业征信、会员银行共享信息等；信用信息中心为保持发展，在收集信息时要付费，在提供信息服务时要收费。三是日本信用业已经转型为综合情报产业。经过一百多年的发展，日本信用业已经转型为综合情报产业，其产品呈现出系列化、定期化、高附加值化的特征。信用业已经成为日本市场经济体系的重要组成部分，在整个经济发展中扮演着不可替代的角色。

三、我国信用体系建设与发展

在我国，自中华人民共和国成立到 1978 年的计划经济时代，国家通过指令性计划调控经济活动，因此并不存在市场经济意义上的信用制度与信用体系。十一届三中全会以后，市场经济比重逐渐加大，商品生产与交换得到大力发展，信用活动也日渐广泛与多元化。总体来看，我国社会信用体系的发展大致经历了三个阶段：萌芽阶段、探索阶段和快速发展阶段。

1. 萌芽阶段（1990—2006 年）

我国社会信用体系建设开始于 20 世纪 90 年代初期。1990 年 3 月 26 日，国务院发布《关于在全国范围内开展清理"三角债"工作的通知》，标志着我国社会信用体系建设工作正式开展。此后陆续出台了一系列相关法律、法规和规章制度，从不同的角度对信用问题进行了规范。与此同时，信用评估、信用调查、专业担保等因社会信用体系发展而萌生的中介机构也开始出现。各商业银行也逐步开展以控制自身信贷风险为主要目的的贷款企业信用等级评价工作。信用理念逐渐被企业和投资者所关注。

1999 年，童石军、黄闻云等人关于建立我国国家信用管理体系的建议，得到了党和国家领导人的高度重视。2002 年，党的"十六大"强调"整顿和规范市场经济秩序，健全现代市场经济的社会信用体系"。2003 年 10 月，十六届三中全会提出"把建立健全社会信用体系作为完善市场体系、规范市场秩序的一项重要任务"，这为之后中国建设社会信用制度指明了方向。2005 年，国家"十一五"规划提出了加快建设社会信用体系的具体要求。

在萌芽阶段，我国社会信用体系建设的主要特点是自发性。在此阶段，社会刚开始萌生信用意识，市场中的经营主体大多根据自身发展需求，自发性地开展信用活动，信用服务机构也基本以自发成立为主。

2. 探索阶段（2007—2010 年）

我国社会信用体系建设进入探索阶段的标志是：2007 年社会信用体系建设部际联席会议制度的建立。此"会议"主要负责研究社会信用体系建设，协调采取重大政策措施，妥善处理社会信用体系建设中遇到的困难，调查信用相关政策的实施情况等工作。与此同时，信用中介机构的种类增多、规模扩大，国外信用机构也开始着手发展中国市场。我国的信用中介服务行业已初具规模。

21 世纪初期，多部门联合开展了对我国信用担保机构现状的调查。同时，人民银行实现跨省市进行企业信贷登记咨询工作。在此阶段，我国的社会信用体系建设全面启动，中央和地方政府都开始重视并部署信用体系建设工作。市场中的信用活动日渐频繁，信用行为逐渐受到约束。信用机构逐渐增多，规模不断扩大，业务种类也有所拓展。

3. 快速发展阶段（2011 年至今）

从 2011 年开始我国的社会信用体系建设进入了快速发展阶段，中央和地方政府都加速推进社会信用体系建设，信用领域不断拓展。2011 年，党的十七届六中全会提出"把诚信建设摆在突出位置，大力推进政务诚信、商务诚信、社会诚信和司法公信建设，抓紧建立健全覆盖全社会的征信系统，加大对失信行为惩戒力度，在全社会广泛形成守信光荣、失信可耻的氛围"，这标志着我国社会信用体系建设正式进入快速发展的进程。2012 年，党的十八大提出"深入开展道德领域突出问题专项教育和治理，加强政务诚信、商务诚信、社会诚信和司法公信建设"，明确了信用制度建设的四大重点领域。2013 年颁布的《征信业管理条例》规定，对个人征信机构的设立实行审核制，企业征信机构设立实行备案制。2014 年，国务院颁布《社会信用体系建设规划纲要（2014—2020 年）》，明确提出建立"以信用信息资源共享为基础的覆盖全社会的征信系统"的总体建设目标。2015 年年初，人民银行启动了个人征信业务市场化试点工作。2016 年，国务院出台《国家"十三五"规划纲要》第 71 章指出要加快推进政务诚信、商务诚信、社会诚信和司法公信等重点领域信用建设，推进信用信息共享，健全激励惩戒机制，提高全社会诚信水平。

在此阶段，我国社会信用体系建设开始加速发展，以政府为首，开始大力、快速推进社会信用体系建设，对社会信用体系建设进行指导和部署，各行业协会、民间组织等在政府的指导下开始进行本行业或本地区的社会信用体系建设。

第二节　电子商务信用机制

电子商务是以网络信息技术为手段，以商品交换为中心的商务活动，即在互联网、企业内部网和增值网、移动互联网上以电子交易方式进行交易活动和相关服务的活动，是传统商务活动各环节的电子化、网络化、信息化。在互联网环境下实现商品或服务交易，涉及多个相关主体，包括多个流程与环节，如采购、生产、销售、贸易磋商、价格比较、经营决策、营销宣传、售前/售后服务、客户关系管理、咨询服务等。电子商务网络交易的虚拟性、隐蔽性、开放性和随机性等特征，使得电子商务交易中的信用问题尤为突出。那么什么是电子商务信用？又该如何解决电子商务信用问题呢？本节主要对这两个问题进行论述。

一、电子商务信用的概念及特征

电子商务信用是指电子商务领域的信用，即买方、卖方、电子商务平台、物流企业、银行等多方主体之间的相互信任关系。在电子商务活动中，交易参与者通过识别对方信用情况以及对自身信用进行管理，从而能够利用信用优先排序获得更大的市场机遇。

电子商务信用具有复杂性、风险性以及脆弱性的特点。一是复杂性。在互联网环境下，电子商务面向全球市场，跨地区和跨国界交易的特点造成了电子商务信用的复杂性。在不同国家之间进行交易时所体现的各种差异中，最为突出的就是各国法律制度以及价值观念的差异，这些因素都会对电子商务信用产生影响。二是风险性。任何形式的信用都存在风险，只是风险的大小存在差别。电子商务信用与传统商务信用相比，由于其交易的无国界性、无固定时间、无实体店等特点，风险相对更大一些；而且由于网络的虚拟性，交易者很难对其交易对手身份的真实性进行核实，当交易中出现信用问题后，对其追责也很困难。三是脆弱性。电子商务信用的脆弱性主要表现在信用建立时间与信用消失时间的不对称性。在网络交易中，信用的建立是一个漫长的过程，可能需要进行上百笔的交易累积才能建立一个初级程度的信用，但是信用的消失却是瞬间的，一笔不满意的交易就可能使辛苦建立起来的信用毁于一旦。

加强电子商务领域诚信建设靠的是信用体系建设，是制度性的多方协同，而不是临时性的单方面努力，因此必须注重强化电子商务信用体系和信用机制建设。针对电子商务领域存在的多种诚信缺失问题，2016年国家发改委等九部门联合出台了《全面加强电子商务领域诚信建设的指导意见》，旨在多方协同，多方位、全流程共同构建电子商务信用体系，完善电子商务信用机制，不断提高诚信水平，促进电子商务更健康发展。电子商务信用机制是指电子商务信用信息采集、信用评价以及联合奖惩等信用管理与使用方面的一系列内容与活动，即电子商务的采信、评信和用信。

二、电子商务信用信息采集

信用信息采集是电子商务信用体系建设的首要环节。信息采集的质量直接影响着信用信息的评价与使用效果。从相关主体看，电子商务信用信息涵盖电子商务平台以及为电子商务提供支撑服务的代运营、物流、咨询、征信等相关机构和从业人员，还将包括入驻商家、个人卖家等市场主体。从业务流程看，电子商务信用信息包括交易前的电商企业实名登记与认证信息、产品溯源信息等，交易中的电子支付信息、物流信息等，交易后的售后服务信息、商品与服务评价信息等。

在电子商务信用信息采集过程中，有两个需要重点关注的问题：信息采集与信息公开共享。在信用信息采集方面，首先应明确信用信息的采集主体、采集对象，然后对信用信息的来源、范围、边界以及信用信息的有效性、准确性等方面进行规范，重点解决信用信息由谁采集、从哪儿采集、采集范围、采集有效性等问题，可以通过制定相关标准统一规划部署、协调推进电子商务企业信用信息采集工作。在信用信息公开共享方面，应制定相关标准对信用信息公开方式、公开范围、公开程度、公开对象、公开主体以及信用信息共享主体、共享方式、共享数据字段等方面进行规范，解决信用信息由谁公开、公开程度以及由谁共享、由谁归集、共享技术标准等问题，推动跨部门、跨区域信用信息互联互通，引导电子商务平台企业与电子商务企业自愿公示更多信用信息。

三、电子商务信用评价

信用评价是电子商务信用体系建设的核心环节。电子商务平台以及第三方信用机构是电子商务信用评价的主体。电子商务平台通过收集、整理平台商家的交易运营数据，构建有效的评价模型，对平台内商家的信用状况进行识别与监控。第三方信用评价机构以需求为导向，依法采集电子商务平台、交易主体及其物流等相关服务企业的信用信息，进行信用评价与信用产品开发。经济利益是驱动这两类评价主体进行电子商务信用评价的主要动机，为促进电子商务信用评价行业的健康发展，政府需要加强对这两类机构的规范与引导。比如 2017 年国家质量监督检验检疫总局和国家标准委联合发布了《电子商务信用网络信用评价指标体系》，从交易商品质量、交易规则和流程、配套辅助服务、信息披露等维度对自营型零售网店以及第三方电商平台上的网店进行信用评价作出了具体规定。对于第三方信用评价机构，政府还应该制定相应规范对其资质与条件进行限定，同时注意保障信息安全，规范信用服务机构利用相关信息的范围，确保信用信息依法依规使用。

四、电子商务信用管理

电子商务信用管理包括信用产品应用、信用监管与联合奖惩等活动，是电子商务信用体系建设的最终环节。电子商务信用体系建设的目的是遏制电子商务活动中的失信行为，维护正常的市场秩序，保护消费者合法权益，提高市场监管和社会治理水平，促进电子商务健康发展。

在电子商务信用管理过程中，政府的主要职能有强化监管，组织实施联合惩戒措施，以及客观公正地使用第三方信用评价结果。在强化监管方面，应建立政府部门协同监管机制，构建以信用为核心，以实时监控、智能识别、风险预警、科学处置为主要特点的电子商务新型市场监管体系，建立常态化、长效化的多部门联合执法检查工作机制。联合奖惩措施意在提升市场主体的守信收益而增大其失信成本，使各主体在进行信用决策时更倾向于选择守信而不是失信。实施电子商务信用联合奖惩将大大增强信用约束的力量，由政府部门牵头，加大信用信息公示力度、激励力度、惩戒力度和对违法失信行为的打击力度，建立和规范电子商务领域守信主体红名单制度和失信主体黑名单制度，加强对违法失信行为的打击整治。通过监管部门、金融机构、平台企业等多个主体协同作用，让守信者一路畅通、失信者寸步难行，以全面真实的信用信息基础为基础，成本收益为手段，推动市场主体自觉守信，形成良好的电子商务信用环境。政府部门在使用第三方信用服务机构的信用产品和服务时，要注意保持第三方机构的独立客观性，应建立相应遴选和隔离机制，规范流程，防止第三方机构与被评价主体产生利益关联从而使评价有失公允。

在电子商务信用管理过程中，第三方信用评价机构应加大信用产品研发力度，客观公正地为政府、企业及个人消费者提供信用调查、信用评估、信用担保、信用保险等形式多样的信用产品和服务。第三方电商平台应建立健全内部信用约束机制，运用大数据技术加强信用管控；建立商家信用风险预警制度，对销售假冒伪劣商品、恶意刷单炒信的严重失信商家，及时公示、发布风险提示；建立完善举报投诉处理机制，及时将相关线索报送相关行业主管、监管部门，配合有关部门进行查处。

第三节　我国电子商务信用体系建设

一、我国电子商务信用体系建设的意义

1. 促进我国电子商务深度发展的迫切需要

信用是电子商务发展的重要基础。经过多年的探索与创新，我国电子商务已经从 20 世纪 90 年代中后期的萌芽与酝酿阶段，21 世纪第一个十年里的蓄势调整阶段、高速增长阶段，步入现在的纵深发展阶段，电子商务领域信用体系建设也取得了一定进展。然而与持续增长的发展速度相比，目前我国电子商务领域的失信问题还较为严重，假冒伪劣、服务违约、虚假广告与交易、恶意差评以及滥用、泄露和倒卖个人信息等违法违规行为时有发生，这些失信行为在侵害消费者合法权益、影响正常市场秩序的同时，也威胁着电子商务的健康发展。

电子商务深度发展需要建立规范完善的信用体系，从商品生产、销售、物流配送、售后服务等各环节开展信用监测，建立健全市场主体信用记录、信用评价体系以及联合奖惩机制，从源头、过程到最终处置机制形成闭环信用链条，使电子商务企业的核心业务流程、客户关系、供应链管理以及战略联盟实现持续增值与扩展。

2. 提升我国大国及强国地位的重要保障

近年来，随着经济的发展，我国综合国力大幅度提升，民族凝聚力不断增强，国际地位不断提高，世界影响力也在逐渐增大。在电子商务领域，跨境电商呈现出飞速发展的态势，然而信用不对称问题在一定程度上制约了相关行业国际影响力的发挥。

正本清源，我们必须从营造良好的国际国内信用环境入手，加大电子商务信用体系建设力度和强度，让社会公众和企业真正认识到信用就是财富、是名誉，是"走出去"的立身之本；树立诚实守信的信用观念和信用行为，打造出一批以华为、格力、海尔为标杆的国际知名品牌与企业，使中国产品与中国制造成为质量过硬的

标志，而非假冒伪劣的代表，在商务领域树立我国的大国及强国地位与形象。

3. 增强文化自信、促进社会和谐的重要途径

自古以来，诚信文化一直是中华传统文化的核心内容之一。成语"一言九鼎""一诺千金""一言既出，驷马难追"，以及商鞅的"立木取信"、曾参的"杀猪取信"等，无不体现出诚信的重要性。党的"十八大"提出"深入开展道德领域突出问题专项教育和治理，加强政务诚信、商务诚信、社会诚信和司法公信建设"，进一步明确了社会主义经济建设时期信用制度建设的重要性。

电子商务信用体系是我国商务诚信建设的重要组成部分，是促进社会和谐、增强民众文化自信的重要途径。要通过建立电子商务信用体系，在商务领域以及全社会范围内形成以诚实守信为核心的道德观念，大力弘扬中华传统诚信文化，使民众和企业充分认识到、深切感受到诚信在社会生活以及经济建设中的价值与作用，自觉自愿维护社会信用制度，增强民族自豪感，提升文化自信，促进社会和谐。

二、我国电子商务信用体系发展现状

1. 电子商务信用环境

（1）电子商务信用问题逐渐得到重视。

2014 年，国务院印发的《社会信用体系建设规划纲要（2014—2020 年）》对电子商务领域信用建设提出了明确要求，阿里巴巴、腾讯、京东、顺丰速运及滴滴出行等多家企业都作出承诺，参与由国家发改委主导的电商信用体系建设。2016 年，国家发改委等九部委发布《关于全面加强电子商务领域诚信建设的指导意见》，明确要求加强电子商务诚信建设。2016 年，国家工商总局发布《关于促进网络服务交易健康发展规范网络服务交易行为的指导意见（暂行）》，提出"信用监管是网络市场监管的基本方式和手段，是维护网络市场良好秩序的关键"。2017 年 11 月 1 日实施的《电子商务信用 网络零售信用评价指标体系》，主要针对自营型零售网站以及第三方网络零售平台上的网店进行信用评价。

2019 年 1 月 1 日，我国正式实施的《电子商务法》第 3 条规定"推进电子商务诚信体系建设，营造有利于电子商务创新发展的市场环境"，第 39 条和第 70 条分别对电商平台以及第三方信用评价机构开展电子商务信用评价进行了规定。2019 年 12 月 2 日，中国网络诚信大会在西安召开，电子商务诚信建设成为会上的重要讨论议题。

（2）电子商务信用建设缺乏规划，市场主体信用意识淡薄。

虽然电子商务信用已经引起我国电子商务理论与实践领域的广泛关注，国家及一些地方政府也相继出台了电子商务信用体系建设规范，但落实相关工作的整体性、系统性和协调性还不够，电子商务信用体系建设工作的内涵、标准、路线、组织体系、任务分解等方面还缺少成熟的框架设计和规章制度体系，还有待完善与健全。

从整体来看，我国缺乏科学周密的电子商务信用体系和完备的基础设施，还未能对市场主体的信用行为进行有效登记与记录。信用在资源配置方面只是一种辅助性手段，很多企业和个人信用意识淡薄，信用缺失现象大量存在。比如一些企业未建立信用管理制度，会计信息失真、违反合同义务等情况依然存在。

2. 信用信息采集与共享

（1）信用数据来自多渠道，信用信息难以共享。

丰富的信用信息是开展电子商务信用监管的基础。电子商务信用信息主要来源于三个渠道：一是由政府部门管理的信息，如商事登记、行政处罚、行政许可、司法、信贷等；二是由企业自身掌握的信息，如企业财务状况、运营情况等；三是由第三方交易平台所掌握的在第三方交易平台经营活动中产生的信用信息。

目前国家鼓励各单位实现信用信息公开共享，但由于还未建立配套完善的电子商务信用信息采集、共享、使用标准，这就使得各单位间还存在信息孤岛，政府掌握的信用信息与市场上的信用信息的联合应用还未被完全开发。因此，全面推动电子商务信用信息共建共享，进一步加快相关标准的制定，是建立健全电子商务信用体系的迫切工作。

（2）各电商平台数据采集标准不统一、信用评价数据来源单一。

近年来，我国一些大型电商平台都建设有自己的信用评价体系，如阿里巴巴、京东等。这些平台在各自企业生态圈内，以电子商务信用评价为目标，逐级归集相关部门的信用信息，进行信用系统和平台的研发，并将信用评价结果在企业生态圈内进行推广应用。但从总体来看，这些平台各自为政的信用评价体系数据来源单一，并且由于缺乏统一的数据标准和信息规范，各平台采集的信息在数据类型、数据指标、数据格式等方面各不相同，数据质量也参差不齐，不利于数据进一步整合、加工、共享和应用。

3. 信用评价与管理

（1）信用评价活动不规范，第三方机构缺乏权威性。

信用评价是电子商务信用监管的核心工作内容。目前我国电子商务信用评价主体分为政府部门、电商平台以及第三方信用评价机构，这三者制定的信用评价体系在数据来源、指标体系、评估模型以及评价机制等多方面存在差异。为保护客源，各电商平台与第三方信用评价机构不愿意共享评价体系及评价结果。在信用评价活动中，一些电商平台的评价规则公示不显著，平台评价删除权限过大；同时由于信用评价体系各自为营，电商平台与第三方评价机构的权威性也难以得到确认。

（2）评价指标设置不合理，评价规则的公正性难以评断。

评价指标体系是电子商务信用评价的核心内容。目前，我国电子商务信用评价普遍存在评价指标单一、指标体系设置不合理、评价规则的公正性难以评断等问题。例如，为了解决农产品电商的信用问题，2010 年我国商务部直属机构中国国际电子商务中心在其官网"诚信新农商平台"推出了新农商指数信用评级体系，该信用评级体系包括两部分——针对会员的诚信评价和会员发布产品信息的质量评价，旨在从官方角度监督农产品电商的交易行为，降低其信用风险。但是该体系所采用的信用评价指标过于单一，代表性差，而且使用的评价方法也是最基本的数学方法，难以在云计算、大数据背景下继续发挥效用。

一些第三方电商平台的信用评价指标体系也存在着同样的问题，如天猫、京东等平台所采用的评价体系彼此相似，指标固化、简单，没有考虑交易价值及消费者自身信用水平，过度依赖"好评""中评"和"差评"三个评价等级，不能有效地避免信用风险问题。而且这些平台开发的评价系统属于独立商业行为的产物，缺乏必要的稳定性和普遍的约束力，也很难解决信任与权威性的问题。

在中国网络零售市场中，占据主导地位的就是淘宝网。它的一举一动影响着整个网络零售市场。淘宝网已经成为中国市场经济的重要基础，而且信用问题对淘宝网有着重大的影响。建立一套完善的信用评价体系是其发展的重要保障，还可以大大提高交易的成功率，并且有利于促进我国的个人信用体系的建设（图 10-3 为淘宝网对商家的信用评价体系）。传统淘宝信用机制还存在着无法避免虚假信息、恶意差评、单调的评价等级等问题，随着市场经济的发展和技术的进步，淘宝评价体系也在不断改进和提高，相继推出芝麻信用、掌柜信用、淘信用等新的评价机制和措施。

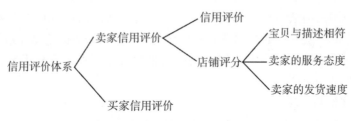

图 10-3　淘宝网商信用评价体系

（3）失信行为界定不统一。

国家质量监督检验检疫总局和国家标准委发布的《信用基本术语（GB/T 22117—2008）》将信用定义为：建立在信任基础上，不用立即付款或担保就可获得资金、物资或服务的能力。那么失信就是不守信用，失去或者不能获得上述能力。失信行为可以分为一般失信、较重失信和严重失信三个等级。目前一些政府部门根据其职能出台了相关的失信企业或当事人名单制度，如原工商总局设有"严重违法失信企业名单"，质检总局设有"严重质量失信企业名单"，最高人民法院设有"失信被执行人名单",海关总署设有"海关失信认证企业名单"。

但目前对一般失信、较重失信和严重失信的界定标准并未十分明确,严重失信企业在划分标准的设定上主要以结果为导向,未充分考虑企业或个人主观因素。由于网络交易的虚拟性、隐蔽性和随机性等特征,电子商务领域是失信行为的高发区,电商企业在运营过程中又涉及多部门管辖的问题,因此各相关管理部门共同对失信行为进行科学合理的统一界定,对惩戒失信企业和其行为,规范电子商务市场发展意义重大。

(4)联合奖惩机制不健全,信用评价结果难以应用。

联合奖惩是解决失信问题的治本之策。促进跨地区、跨部门、跨领域信用评价结果联合应用,形成守信者一路畅通、失信者寸步难行的社会氛围,是电子商务信用监管的主要目的。2016年《关于全面加强电子商务领域诚信建设的指导意见》的发布,标志着我国电子商务联合奖惩逐步进入制度化发展的新阶段,政府主导、部门配合、社会各界参与的共治格局初步形成。

但我国社会信用体系建设还在逐步完善,各部门在信用评价结果联合应用方面还未完全打通,红黑名单的认定部门及名单有效期等内容还不够统一,红黑名单信息发布的标准还有待于进一步明确,这一定程度上阻碍了电子商务信用监管工作的开展。从总体来看,我国电子商务信用评价联合奖惩机制还不够健全,信用评价结果较难应用。

三、我国电子商务信用体系建设构想与建议

1. 政府层面

(1)统筹布局电子商务信用体系建设顶层设计。

国家层面要统筹布局电子商务信用体系建设的顶层设计。《社会信用体系建设规划纲要(2014—2020年)》部署了四大领域的信用建设工作,在商务诚信领域专门列出了电子商务领域。《关于全面加强电子商务领域诚信建设的指导意见》贯彻执行了《纲要(2014—2020年)》中关于电子商务诚信建设的内容。

《关于全面加强电子商务领域诚信建设的指导意见》对我国电子商务信用体系建设做了全面系统的部署,既针对现阶段的典型问题,更注重构建长效机制。一是着力构建全流程电子商务信用体系,明确信用建设链条上各项工作以及关键节点;二是注重发挥政府、电商平台、第三方机构和社会组织等多主体力量协调治理;三是广泛开展电子商务信用联合奖惩机制;四是加强电子商务领域诚信保障措施。

(2)加快推动电子商务信用立法与标准建设。

为从根本上更长远地提升电子商务领域诚信水平,促进我国电子商务产业健康发展,政府还应加快推动制定电子商务领域诚信建设相关法律法规和标准,让该领域的各事项推进都有法可依、有规可循。

在立法方面，《电子商务法》第 3 条和第 39 条分别对电子商务诚信建设与信用评价做了规定。在标准建设方面，从信用信息的生命周期来看，政府主要应考虑建设四类信息标准：第一类是电子商务信用信息采集、公开共享及使用标准；第二类是电子商务信用评价及管理标准；第三类是电子商务失信行为标准；第四类是电子商务信用联合奖惩制度与规范。信用信息记录与信用产品应用是电子商务信用体系建设中最为关键的两个节点，这四类信息标准的制定与实施，将为这两项关键活动的顺利实施提供保障。

（3）加快建立电子商务统一公共信用信息平台。

电子商务信用信息涵盖电子商务平台以及为电子商务提供支持服务的代运营、物流、咨询、征信等相关机构和从业人员，还包括入驻商家、个人卖家等市场主体，这些信息分别来自政府管理部门、企业自身以及第三方电子商务交易平台。

政府应依托全国信用信息共享平台，建立电子商务统一公共信用信息平台，依法依规归集电子商务领域信用信息，实现跨地区、跨部门、跨行业的信用信息互联互通和共享交换。在信用信息共建共享的基础上，可以电子商务统一公共信用信息平台为依托，对信用记录进行开发和使用，实现电子商务信用监管与联合奖惩。

（4）管理扶持第三方信用评价机构。

权威公正的第三方信用评价机构可以有效地解决电子商务领域的失信现象。《电子商务法》第 70 条规定，国家支持依法设立的信用评价机构开展电子商务信用评价，向社会提供电子商务信用评价服务。

国家在推动第三方信用评价机构建设过程中起到两种作用，一是决定由谁来构建，二是引导如何构建。对于第一种作用，政府可以制定相应规范来设置第三方信用评价机构的资质与条件，在对意向单位进行初步筛选后，采用政府主导方式建立第三方信用评价公司，等到评级体系发展到成熟阶段，再过渡为以市场为主导的第三方信用评价公司模式。政府在第三方信用评价机构发展初期，为其权威性"背书"，将更有利于评价机构的建立与发展。对于第二种作用，需要平台与政府共同努力，如双方共享各自与信用评价相关的数据，第三方信用评价机构作出评价结果，再由政府在行政管理事务中运用这些评价结果，逐渐引导社会形成对第三方信用评价机构的认可与信赖。

2. 行业层面

（1）贯彻电子商务信用立法与标准。

国家制定的电子商务信用法律法规与标准体系是针对整个电子商务领域的，不同行业的电子商务又有其典型特点，在贯彻落实过程中还需要结合行业特征进一步细化与解析。比如与其他行业相比，农业具有地域性强、季节性强、农产品标准化程度低、需保鲜、不易存储，生产者分散且部分素质较低等特征，而且农产品是体验性很强的商品，对于新鲜度、口感、净重、农药残留量、物流配送等要求极高。

在农产品电子商务信用评价方面，如何充分利用现有政策法规，构建指标体系全面的信用评价模型，采集到可信可靠的评价数据，让消费者从 B2C 农产品电商平台上识别出产品质量过硬、服务质量一流的诚信商家，行业发挥着至关重要的作用。

在贯彻落实电子商务信用立法与标准体系过程中，行业是连接政府与企业的桥梁纽带，是企业的参谋助手，需要承担调查研究、专业指导、行业监督、沟通协调等任务。

(2)推进信用联合奖惩工作。

在推进电子商务信用联合奖惩工作过程中，行业也发挥着重要的作用。为营造公平竞争的环境，确保行业成员之间正当有序地竞争，行业协会需要依据行业公约赋予的职责，进行有效的监督，保护合法经营，纠正业内违规行为。

行业协会可以利用其在业内的权威身份与专业地位，对列入严重失信黑名单、破坏行业秩序、影响行业声誉的企业予以行业惩治；对列入守信红名单、维护行业秩序、提升行业声誉的企业给予行业奖励。通过惩戒失信、褒扬守信，教育督促业内成员自觉履行诚信义务，主动化解失信纠纷，共同促进本行业健康稳步发展。

(3)增强第三方机构的权威性。

第三方信用评价机构在电子商务信用体系建设中担负着重要的角色，在发起时，可以采用政府主导的第三方信用评价公司模式。在运作过程中，行业协会可以利用自身在信息资源上的优势以及在行业指导上的权威性，参与到第三方信用评价公司的工作中。如共享各自拥有的信用评价数据，利用行业公信力为第三方信用评价公司做品牌推荐，在行业内推行信用评价结果，逐渐引导本行业形成对第三方信用评价机构的认可与信赖。在行业认可的基础上，再向政府管理部门推荐，让第三方信用评价机构的评价结果、权威性与影响力逐渐扩展到更广阔的范围。

3. 第三方电子商务平台

(1)建立电子商务信用信息基础数据库。

建设覆盖范围全面的电子商务信用信息基础数据库，是开展电子商务信用评价工作的基础，也是促进电子商务信用体系建设规范发展的有力保障。

电子商务信用信息基础数据库应涵盖电子商务企业经营中能体现其信用的所有相关数据，包括来自政府工商管理、质监、税务、海关、环保等部门的信用数据，来自银行等金融机构的信贷记录、资信评级、资产状况、经营利润等方面的数据，来自电子商务企业内部的经营、财务等数据，以及电子商务企业经营法人自身的消费信用记录、电子支付过程中的分期付款、个人贷款等数据。

据此归类，电子商务信用信息可以分为四种：一是行政管理类数据，二是金融信用类数据，三是电商企业经营管理类数据，四是电商企业经营法人信用数据。这些数据对于电子商务信用信息基础数据库建设意义重大，第三方电子商务平台应对这些数据进行分类采集、整理、归纳、入库，以此作为电子商务企业信用综合评估的依据。

（2）完善电子商务信用管理信息系统。

建设电子商务信用管理信息系统的目的是实现电子商务企业信用信息收集、分析、评估及应用，实现不同用户信用信息的交流与共享。

电子商务信用管理信息系统必须和政府公共信息平台、金融机构的企业及个人信用数据库、电商企业信用信息数据库等实现有效对接，才能进行相关评价规则发布、相应评价数据采集，从而完成电子商务企业信用评价，用户单位或个人信用查询、索引等服务功能。从不同类型的数据库中检索出电子商务企业在信用信息服务过程中所需要的所有信用信息，便构成了信用管理信息系统，该系统应由专门的数据库管理人员进行维护和优化，以保证系统的完整性。

（3）健全电子商务信用评价制度。

在电子商务信用评价中，针对现行评价指标体系过于单一、固化、代表性差以及指标中"销量""好评数量"占据重要地位的问题，第三方电商平台可以对评价指标体系进行改进，以使其更为合理与多元化，比如在指标体系中引入商品或服务金额的加权计分、加入开店时间等。

为了健全电子商务信用评价制度，第三方电商平台一方面要根据平台内经营商家的典型特征来优化评价指标体系，另一方面还要积极落实执行政府发布的信用评价标准。各行业内的第三方电商平台应以该项标准为依据，指导信用评价工作，以使各自的信用评价更为规范化、科学化、合理化。

（4）建立动态信用评价制度。

在大数据时代，电子商务信用评价的数据来源更为丰富，更新更为迅速，处理也更为便捷。第三方电商平台或第三方信用评价机构在收集、处理及应用这些海量数据的过程中，应积极采用大数据、云计算技术，建立动态信用评价制度，及时对这些海量信用信息进行针对性分析，使评价结果更真实、准确、高效，成本更低。同时，这些动态更新的信用评价结果将成为政府项目审批、成果申报以及政策制定的数据来源和评估依据。

4. 电子商务企业

（1）完善企业信用管理组织结构。

在电子商务活动中，企业应建立独立的信用管理部门，加强交易信用管理，规避信用风险。企业信用管理部门的主要职责包括制定信用交易审批权限、监控办法、操作细则，以及发布信用风险预警报告等。

除信用管理部门外，财务、业务、信息技术以及法律事务部门也有其应承担的信用管理职责。财务部门在信用交易管理方面的主要职责是货款审批、财务核算、票据合法性审查和应收票据保管等；业务部门在信用交易管理方面的主要职责是对符合条件的客户在信用额度范围内开展信用交易；信息技术部负责提供全面准确的数据信息和系统支持；法律事务部负责对信用交易的合同进行审批，制定抵押、担保政策，审批备案和追讨应收款。各部门明确职责与权限，形成有效合力，共同做好企业信用管理工作。

（2）完善企业信用信息管理制度。

在电子商务活动中，信用优先排序能为企业带来更大的市场机遇。企业信用管理部门的另一项主要职责就是完善企业信用信息管理制度，收集、分析、处置企业信用信息。与企业自身信用相关的信息，既包括来自企业内部的经营财会数据、生产销售数据、劳资纠纷数据等，也包括来自企业外部的消费者投诉、电商平台交易记录与信用评价、政府管理部门的审核意见等。企业信用管理部门应建立常态化信用信息收集渠道，形成动态信用评估与反馈机制，让企业实时掌握自身信用状况，从容应对信用风险事件，稳步提高企业诚信度与知名度。

（3）推进企业诚信文化建设。

人无信不立，业无信不兴。诚信理念是企业兴衰存亡的试金石，只有诚信企业，才能赢得客户、赢得市场，赢得长期可持续发展的格局。电子商务企业应从企业精神、制度体系与物质文化三个方面入手推进企业诚信文化建设。

在企业精神层面，将诚信理念融入企业的价值观，这是电子商务企业推行诚信文化建设的基础，也是其践行诚信行为的誓言。信守承诺的企业将会树立良好的内外形象，并因此获得更大的市场价值，如海尔确立的"首先卖信誉，其次卖产品"的诚信文化理念使其步入了世界家电业领先者的行列。

在制度体系层面，建立激励诚信的制度体系，将诚信文化规范化为企业的行为准则，借助制度的反复强化作用，加强企业成员对诚信文化的认同。当制度内涵被企业成员所接受并自觉遵守时，制度就变成了一种文化。

在物质文化层面，通过在工作场所设置诚信文化墙，在企业内部定期出版的刊物、图册中宣传组织内外的诚信事件与守信人物，在企业统一定制的信封、名片以及便签纸上设计反映企业诚信文化的标识与格言等方式，将诚信文化固化为物质形式。

要从企业精神、制度体系与物质文化层面全方位塑造企业诚信文化，切实做到对内部员工诚信，对外部客户和社会诚信，这是电子商务企业提升社会形象、提高竞争力的有效途径。

本 章 小 结

信用是人们在经济、社会交往中因能够履行诺言而取得的信任。信用可以划分为经济信用和社会信用两个方面。社会信用体系有广义与狭义之分。广义的社会信用体系是一种有效的社会、经济管理机制，它以道德、产权和法律为基础，以信用制度为核心，通过对市场主体信用记录的采集、分析、传播、预警等功能，解决经济和社会生活中信用信息不对称的矛盾，从而惩戒失信行为，褒扬诚实守信，维护经济活动和社会生活的正常秩序，促进经济和社会的健康发展。狭义的社会信用体系则是指作用于经济交往领域的信用风险保障体系，主要解决信用交易的安全和效率问题，不包括社会成员的社会行为规范等诚信问题。

社会信用体系是随着市场经济的发展而建立的。发达国家社会诚信缺失问题已基本解决，国家信用体系主要是围绕经济交易展开的。不同国家根据各自的国情与历史文化等建设出了具有本国特色的社会信用体系，美国信用体系采用市场主导型模式，欧洲国家信用体系由政府主导型向市场主导型模式转变，日本信用体系采用会员制模式。我国社会信用体系建设开始于20世纪90年代初期，我国《社会信用体系建设规划纲要(2014—2020)》中将社会信用体系定位为社会主义市场经济体制和社会治理体制的重要组成部分，认为其是一种有效的经济社会治理手段。我国社会信用体系建设在经历了萌芽阶段、探索阶段之后，现在已经步入快速发展阶段，并已经取得了长足的进步。

电子商务信用是指电子商务领域的信用，即买方、卖方、电子商务平台、物流企业、银行等多方主体之间的相互信任关系。在电子商务活动中，交易参与者通过识别对方信用情况以及对自身信用进行管理，从而能够利用信用优先排序获得更大的市场机遇。电子商务信用具有复杂性、风险性以及脆弱性的特点。

在我国，电子商务信用问题逐渐得到重视，但在信用环境、信用信息采集与共享、信用评价与管理方面等还存在问题。在信用环境方面的问题主要是电子商务信用建设缺乏规划，市场主体信用意识淡薄。在信息采集与共享方面的主要问题有：信用数据来自多渠道，信用信息难以共享，各电商平台数据采集标准不统一，信用评价数据来源单一。在信用评价与管理方面存在的主要问题包括：信用评价活动不规范，第三方机构缺乏权威性，评价指标设置不合理，评价规则的公正性难以评断，失信行为界定不统一，联合奖惩机制不健全，信用评价结果难以应用等。

政府、行业、第三方电子商务平台或第三方评价机构以及电子商务企业应共同努力，协同构建电子商务信用体系。政府方面的主要职责有：统筹布局电子商务信用体系建设顶层设计，加快推动电子商务信用立法与标准建设，加快建立电子商务统一公共信用信息平台，管理扶持第三方信用评价机构。行业方面的主要职责有：贯彻电子商务信用立法与标准，推进信用联合奖惩工作，增强第三方机构的权威性。第三方电子商务平台或第三方评价机构的主要职责有：建立电子商务信用信息基础数据库，完善电子商务信用管理信息系统，健全电子商务信用评价制度，建立动态信用评价制度。电子商务企业的主要职责有：完善企业信用管理组织结构，完善企业信用信息管理制度，推进企业诚信文化建设。

课 后 习 题

一、填空题

1. ( )是指以信任为基础，以按期偿还为条件的交易关系和价值转移方式，它形成交易主体间的债权债务关系。

2. ( )是指人们在为人处世及各种社会交往中必须遵守的道德规范和行为准则，是一种基于伦理的信任关系，可以理解为我们平常所说的诚信。

3. 在电子商务活动中，交易参与者通过识别( )情况以及对( )进行管理，从而能够利用( )获得更大的市场机遇。

4. 电子商务企业应从企业精神、制度文化与物质文化三个方面入手，推进企业( )建设。

二、选择题

1. 根据中文信用的定义，信用可以划分为( )和( )两个方面。

    A. 经济信用   B. 金融信用   C. 商业信用   D. 社会信用

2. 我国《社会信用体系建设规划纲要(2014—2020 年)》中，将( )定位为社会主义市场经济体制和社会治理体制的重要组成部分，认为其是一种有效的经济社会治理手段。

    A. 社会信用   B. 社会信用体系 C. 经济信用   D. 经济信用体系

3. 美国信用体系是( )模式。

    A. 市场主导型   B. 政府主导型   C. 会员制   D. 政府主导型向市场主导型转变

4. 电子商务信用具有哪些特点？( )

    A. 复杂性   B. 风险性   C. 脆弱性   D. 多变性

5. ( )国家发改委等九部门联合出台《全面加强电子商务领域诚信建设的指导意见》，旨在多方协同，共同构建电子商务信用体系，完善电子商务信用机制，不断提高诚信水平，促进电子商务更健康发展。

    A. 2016 年   B. 2017 年   C. 2018 年   D. 2015 年

6. 行业层面在电子商务信用体系建设过程中，应起到( )作用。

    A. 贯彻电子商务信用立法与标准   B. 完善电子商务信用信息系统

    C. 推进信用联合奖惩工作   D. 增强第三方机构的权威性

7. 第三方电子商务平台在电子商务信用体系建设过程中，应起到( )作用。

    A. 建立电子商务信用信息基础数据库

    B. 完善电子商务信用管理信息系统

    C. 健全电子商务信用评价制度

 D. 建立动态信用评价制度

三、名词解释

1. 社会信用体系

2. 电子商务信用

四、简答题

1. 简述国外社会信用体系建设与发展的特点。

2. 我国电子商务信用体系建设中存在哪些问题？

3. 在我国电子商务信用体系建设过程中，政府应承担哪些职责？

案 例 分 析

继芝麻信用、京东小白信用之后，腾讯信用分也来了！

（一）在支付宝的芝麻信用分席卷行业之后，腾讯终于拿出了应对策略：腾讯信用分

目前，腾讯已经悄然开放了腾讯信用分的查询通道，但目前只有 QQ 超级会员可以查看，其余用户暂时还无缘查看。

从页面介绍来看，腾讯信用分同样是根据履约、安全、财富、消费以及社交这五项成绩来判定综合成绩，最低 300 分，最高 850 分。用户评价的"套路"和芝麻信用、小白信用相似，几乎可以一一对应。

特权方面，相比支付宝来说还有点逊色，具体的优惠方向还不明确，但至少已经包含了共享单车免押金和微粒贷额度。

（二）越来越强大的芝麻信用

6 月，芝麻信用宣布正式联手中国联通，今后，信用分 650 分以上的用户，不再需要预存话费。这意味着，从 6 月份左右开始，信用好的人可以先打电话后交钱，中国三大运营商实施了数十年的"欠费停机"模式，已被信用彻底颠覆。

保险业也在被信用改变。5 月底，某互联网保险公司与马云合作，首次将信用接入保险行业，保险公司通过不同的芝麻信用分，为不同用户进行区别定价，信用分 600 分以上的用户，购买保险享有特权，可以享受更便宜的价格、更快速的理赔，这是中国保险史上从未有过的实质改变。

酒店行业，信用也在大展拳脚。芝麻信用基于信用分推出了"信用住"服务，传统住酒店的流程，一般是先交押金和房费，退房后返还押金。"信用住"则颠覆

了这一传统模式，信用分达到一定分数可以免押金、免查房、免排队，有效提高了酒店营销效率和用户入住体验。

凶猛袭来的共享经济大潮，更是信用的重度用户。所谓共享经济，是以互联网为媒介，将闲置的物品或服务与陌生人共享，这种模式本质上就是信用经济。

共享充电宝、共享雨伞、共享租衣、共享篮球等都在与信用进行深度结合，它们或与征信机构互通数据，将用户信用行为接入征信系统，或将征信为己所用，建立自己的信用评分体系。

共享单车是与信用结合最深的行业，以"小黄车"为代表的公司以信用免押模式为主，一般是信用分满650分免押金。摩拜则另辟蹊径，选择自建信用评分机制，用户刚注册时有100分，每一次正常骑行加1分，违规扣分，当低于一定分数时，骑行费用增加，信用分降至0时，用户账号被永久冻结。就在昨天，深圳方面传出重磅消息，6月1日起，信用积分低的用户或将被取消用车资格。

同时，杭州也传出消息，6月底，全市所有公交车将全面介入支付宝和芝麻信用，届时，乘坐公交可直接刷支付宝，信用分550以上的乘客可以先乘车后付款。

有趣的是，6这个数字似乎与信用特别有缘，每年的6月6日，是阿里巴巴芝麻信用定义的"信用日"。无独有偶，金融科技平台你我金融，也在今年6月首次推出"信用月"活动。

(三)紧跟步伐的京东小白值

小白信用是根据用户在京东的浏览、购物、投资理财、信用产品使用和履约情况、个人信息完整度等多个维度的数据，通过大数据算法，对信用水平给出的综合评估。评分越高，表明信用越好，可以享受更多权益。

1. 会员 PLUS 购买资格

小白信用分 ≥ 30 分即可申请会员 PLUS 购买（或开通试用）资格，享受购物高于普通用户 5~10 倍的京豆回馈、京东自营免运费、畅读电子书等权益。

2. 成长值加速资格

小白信用各分值段可享受不同的成长值加速系数，分值越高，加速系数越大。购物得到的成长值等于结算金额乘以加速系数，成长值有助于京东商城会员升级。

3. 什么是成长值

成长值是京东会员通过登录、购物、评价、晒单所获得的，累积的成长值总额决定会员级别。

会员购物获取的成长值，可通过提升小白信用分加速，小白信用分越高，加速系数越大。

4. 白条提额资格

小白信用分≥30分，成功激活白条后即有可能享受白条提额资格，只要您保持小白信用良好，每个月可领取一次提额包。

(四)传统银行的积极跟进

不得不说，这两年互联网金融给传统银行业上了一课，让银行也放低姿态参与到用户体验上来。已经有陆续十几家银行推出了基于自身数据的信用评价，例如招行信用值、浦发评分、广发靠谱度、交行信用值等。

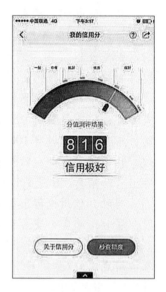

(五)拥有最全支付场景体验的中国，或将提前进入信用社会

随着2017年6月的到来，越来越多的经济活动加入了信用因素，基于信用的"先付后享"模式大行其道，衣、食、住、行、借，生活中的方方面面都因为信用变得更加便利。国务院2014年印发的《社会信用体系建设规划纲要》中指出，中国要在2020年基本建成社会信用体系，虽然现在还剩2年多的时间，但几乎可以脱口而出：中国将提前进入信用时代。

(来源：融360专栏 日期：2017.8.8)

根据案例：
1. 比较芝麻信用、小白信用、腾讯信用分三种信用机制。
2. 分析我国电子商务信用体系的现状和未来。

参 考 文 献

[1] 刘远生，等. 计算机网络安全：第 3 版[M]. 北京：清华大学出版社，2018.

[2] 陈孟建. 电子商务信息安全技术[M]. 北京：机械工业出版社，2015.

[3] 胡勇. 信息安全管理概论[M]. 北京：清华大学出版社，2015.

[4] 李飒，等. 电子商务安全与支付[M]. 北京：人民邮电出版社，2019.

[5] 陈吟. 电子支付安全问题及其解决策略[J]. 现代经济信息，2018.

[6] 唐四薪. 电子商务安全[M]. 北京：清华大学出版社，2013.

[7] 张明德，刘伟. PKI/CA 与数字证书技术大全[M]. 北京：电子工业出版社，2015.

[8] 劳国龄. 电子商务安全与管理：第 2 版[M]. 北京：高等教育出版社，2016.

[9] 闫强，胡桃，吕延杰. 电子商务安全管理[M]. 北京：机械工业出版社，2007..

[10] 祝凌曦. 电子商务安全：第 2 版[M]. 北京：清华大学出版社，北京交通大学出版社，2014.

[11] 王丽芳. 电子商务安全技术[M]. 北京：电子工业出版社，2015.

[12] 贾铁军. 网络安全管理及实用技术[M]. 北京：机械工业出版社，2010.

[13] 刘华群，等. 传统网络与现代网络安全[M]. 北京：电子工业出版社，2014.

[14] 赵彦，江虎，胡乾威. 互联网企业安全高级指南[M]. 北京：机械工业出版社，2017.

[15] 刘化君. 网络安全技术[M]. 北京：机械工业出版社，2015.

[16] 石磊，赵慧然. 网络安全与管理：第 2 版[M]. 北京：清华大学出版社，2015.

[17] 孟小峰. 大数据管理概论[M]. 北京：机械工业出版社，2017.

[18] 何平平，车云月. 大数据金融与征信[M]. 北京：清华大学出版社，2017.

[19] 徐继华，冯启娜，陈贞汝. 智慧政府 大数据治国时代的来临[M]. 北京：中信出版社，2014.

[20] 魏凯敏，翁健，任奎. 大数据安全保护技术综述[J]. 网络与信息安全学报，2016(4).

[21] 康红凯，吴礼发，李志刚，等. 大数据技术专题讲座(三)第 5 讲 大数据安全技术[J]. 军事通信技术，2015(9).

[22] 陈兴蜀，杨露，罗永刚. 大数据安全保护技术[J]. 工程科学与技术，

2017(9).

[23]刘建伟，王育民. 网络安全——技术与实践：第3版[M]. 北京：清华大学出版社，2017.

[24]寇晓蕤，王清贤. 网络安全协议原理、结构与应用：第2版[M]. 北京：高等教育出版社，2016.

[25]Stamp M. 信息安全原理与实践：第2版[M]. 张戈，译. 北京：清华大学出版社，2013.

[26]王凤英，程震. 网络与信息安全：第2版[M]. 北京：中国铁道出版社，2014.

[27]Kahate A. 密码学与网络安全：第2版[M]. 金名，等，译. 北京：清华大学出版社，2009.

[28]Stallings W. 密码编码学与网络安全——原理与实践：第7版[M]. 王后珍，等，译. 北京：电子工业出版社，2017.

[29] Chandra P, Messier M, Viega J. Network Security with OpenSSL [M]. O'Reilly, 2002.

[30]李飒，等. 电子商务安全与支付[M]. 北京：人民邮电出版社，2019.

[31]陈彩霞，等. 电子支付与网络金融[M]. 北京：清华大学出版社，2016.

[32]李蔚田，等. 网络金融与电子支付[M]. 北京：北京大学出版社，2015.

[33]张滨，等. 移动电子商务安全技术与应用实践[M]. 北京：人民邮电出版社，2018.

[34]中国银联：2018移动支付安全大调查分析报告[EB/OL]. http://www.199it.com/archives/826664.html.

[35]陈吟. 电子支付安全问题及其解决策略[J]. 现代经济信息，2018(20).

[36]胡云. 浅谈我国移动电子商务安全的构成及其保障技术[J]. 中国新通信，2019(1).

[37]彭辉. 论电子商务安全支付系统[J]. 中国市场，2015(36).

[38]齐新. 我国电子商务第三方支付平台的规范化研究[J]. 知识经济，2016(1).

[39]许阳. 电子商务支付与网上银行交易的安全分析[J]. 现代经济信息，2018(7).

[40]邱穆鑫. 第三方支付安全问题研究[J]. 现代经济信息，2018(10).

[41]胡勇. 信息安全管理概论[M]. 北京：清华大学出版社，2015.

[42]许峰. 电子商务安全原理[M]. 北京：清华大学出版社，2017.

[43]黄刚，李洪进. 电子商务安全体系研究[J]. 软件导刊，2014(7).

[44]黄开远. 计算机安全技术在电子商务中的应用探讨[J]. 中国新通信，2015(3).

[45]胡云. 浅谈我国移动电子商务安全的构成及其保障技术[J]. 中国新通信，

2019(1).

[46]丁佩佩. 电子商务安全的风险分析和风险管理[J]. 中外企业家，2019(6).

[47]浦一舟. 浅谈电子商务风险管理[J]. 现代商业，2018(1).

[48]王春东. 信息安全管理与工程[M]. 北京：清华大学出版社，2016.

[49]田永承，景国勋. 安全管理学：第2版[M]. 北京：机械工业出版社，2016.

[50]王玉珍. 电子商务概论[M]. 北京：清华大学出版社，2017.

[51]中国人民银行安康市中心支行课题组，王金红.《中华人民共和国网络安全法》初读[J]. 金融科技时代，2017(9).

[52]张润彤. 电子商务概论：第3版[M]. 北京：中国人民大学出版社，2018.

[53]人民银行有关部门负责人就《非银行支付机构网络支付业务管理办法》有关问题答记者问[EB/OL]. 人民银行网站，2015[2015-12-28]. http：//www. pbc. gov. cn/goutongjiaoliu/113456/113469/2996377/index. html.

[54]杨月，王欣. 互联网第三方支付法律规制问题研究[C]. 第十六届沈阳科学学术年会论文集(经管社科)，2019.

[55]电子商务法重点条文解读[J]. 人民法治，2019(5).

[56]为电子商务依法健康发展奠定基础——《电子商务法》重点条文解读(摘要)[J]. 上海质量，2019(6).

[57]薛虹. 电子商务平台知识产权保护制度解读[N]. 国际商报，2019-01-28.

[58]韩家平. 中国社会信用体系建设的特点与趋势分析[J]. 征信，2018(5).

[59]李清彬. 强化信用建设促进电子商务健康发展——解读《全面加强电子商务领域诚信建设的指导意见》[J]. 中国产经，2017(2).

[60]上海财经大学信用研究中心，上海国际金融中心研究院，上海财经大学金融学院. 2015中国金融发展报告：社会信用体系建设的理论、探索与实践[M]. 上海：上海财经大学出版社，2016.

[61]陈画. 我国B2B电子商务信用信息的中介服务机制完善[J]. 管理世界，2018(12).

[62]刘铭卿. 论电子商务信用法律机制之完善[J]. 东方法学，2019(2).

[63]吕宜亮. 新时代电子商务信用监管标准化思考[C]//中国标准化协会. 第十五届中国标准化论坛论文集. 中国标准化协会，2018.

[64]李怀栋. B2C农产品电子商务信用评价指标体系的构建[J]. 征信，2019(2).

[65]黄慧丹. 电子交易平台下网络商家的信用甄别与提升机制研究[J]. 南京理工大学学报(社会科学版)，2017(2).

[66]王旭，洪学智，宋旭升，等. 我国社会信用体系建设初探[J]. 中国卫生监督杂志，2017(6).